中国石油大学（华东）远程与继续教育系列教材

经济应用数学

线性代数

（第2版）

LINEAR ALGEBRA

崔俭春　何苏阳　费祥历　主编

$$D=\begin{vmatrix} a_{11} & a_{12} & a_{13} & a_{14} \\ a_{21} & a_{22} & a_{23} & a_{24} \\ a_{31} & a_{32} & a_{33} & a_{34} \end{vmatrix}$$

中国石油大学出版社
CHINA UNIVERSITY OF PETROLEUM PRESS

图书在版编目(CIP)数据

经济应用数学:线性代数 / 崔俭春,何苏阳,费祥历主编. —2 版. —东营:中国石油大学出版社,2016.11

ISBN 978-7-5636-5430-7

Ⅰ. ①经… Ⅱ. ①崔… ②何… ③费… Ⅲ. ①线性代数—高等学校—教材 Ⅳ. ①O151.2

中国版本图书馆 CIP 数据核字(2016)第 298211 号

书　　名:线性代数:经济应用数学(第二版)
主　　编:崔俭春　何苏阳　费祥历

责任编辑:满云凤(电话　0532—86981533)
封面设计:赵志勇

出 版 者:中国石油大学出版社
(地址:山东省青岛市黄岛区长江西路 66 号　邮编:266580)
网　　址:http://www.uppbook.com.cn
电子邮箱:yibian8392139@163.com
排 版 者:青岛天舒常青文化传播有限公司
印 刷 者:沂南县汶凤印刷有限公司
发 行 者:中国石油大学出版社(电话　0532—86983437)
开　　本:185 mm×260 mm
印　　张:11.75
字　　数:293 千字
版 印 次:2008 年 6 月第 1 版　2016 年 12 月第 2 版　2016 年 12 月第 1 次印刷
书　　号:ISBN 978-7-5636-5430-7
印　　数:1—3 000 册
定　　价:23.50 元

总序

Foreword

从1955年创办函授夜大学至今，中国石油大学成人教育已经走过了从初创、逐步成熟到跨越式发展的60年历程。多年来，我校成人教育紧密结合社会经济发展需求，积极开拓新的服务领域，为石油石化企业培养、培训了20多万名本专科毕业生和管理与技术人才，他们中的大多数已经成为各自工作岗位的骨干和中坚力量。我校成人教育始终坚持"规范管理、质量第一"的办学宗旨，坚持"为石油石化企业和经济建设服务"的办学方向，赢得了良好的社会信誉。

自2001年1月教育部批准我校开展现代远程教育试点工作以来，我校以"创新教育观念"为先导，以"构建终身教育体系"为目标，整合函授夜大学教育、网络教育、继续教育资源，建立了新型的教学模式和管理模式，构建了基于卫星数字宽带和计算机宽带网络的现代远程教育教学体系和个性化的学习支持服务体系，有效地将学校优质教育资源辐射到全国各地，全力打造出中国石油大学现代远程教育的品牌。目前，办学领域已由创办初期的函授夜大学教育发展为今天的集函授夜大学教育、网络教育、继续教育、远程培训、国际合作教育于一体的，在国内具有领先水平、在国外具有一定影响的现代远程开放教育系统，成为学校高等教育体系的重要组成部分和石油石化行业最大的成人教育基地。

为适应现代远程教育发展的需要，学校于2001年9月正式启动了网络课程研制开发和推广应用项目，斥巨资实施"名师名课"教学资源精品战略工程，选拔优秀教师开发网络教学课件。随着流媒体课件、WEB课件到网络课程的不断充实与完善，建构了内容丰富、形式多样的网络教学资源超市，基于网络的教学环境初步形成，远程教育的能力有了显著提高，这些网上教学资源的建设与研发为我校远程教育的顺利发展起到了支撑和保障作用。相应地，作为教学资源建设的一个重要组成部分，与网络教学课件相配套的纸质教材建设就成为一项愈来愈重要的任务。根据学校远程与继续教育发展规划，在"十三五"期间，学校将重点加强教学资源建设工作，选聘石油石化行业和有关石油高校专家、学者参与系列教材的开发和编著工作，计划用5年的时间，组织出版所开设专业的远程与继续教育系列教材。系列教材将充分吸收科学技术发展和成人教育教学改革最新成果，体现现代教育思想和远程教育教学特点，具有先进性、科学性和远程教育教学的适用性，形成纸质教材、多媒体课件、网上教学资料互为补充的立体化课程学习包。

为了保证远程与继续教育系列教材编写出版进度和质量，学校专门成立了远程与继续教育系列教材编审委员会，对系列教材进行严格的审核把关，中国石油大学出版社也对系列教材的编辑出版给予了大力支持和积极配合。远程与继续教育系列教材的建设经过探索阶段，逐步形成了稳定的开发模式，并形成了教材与数字化教学资源一体化设计、内容上以应用为轴心和以能力为本位、形式上适应成人学生自主学习需要的鲜明特色。我们相信，在广大专家、学者们的共同努力下，一定能够创造出体现现代远程教育教学和学习特点的，体系新、水平高的远程与继续教育系列教材。

编委会

2015 年 7 月

再版前言

在本次改版中，我们主要作了如下工作：

1. 正文部分作了少量调整，增加了一些例题，但原有的体系未作改动。

2. 在内容叙述上，增加了一些较为醒目的栏目，如“学习目标”“重点、难点”“特别提醒”“专题小结”等，旨在方便读者自学，使教材更加符合远程教育的特点。

3. 对习题做了一定调整。将初版中每章后的习题以两份自测题的形式给出，其中自测题A较为简单，自测题B难度稍大一些；另外书末还附有六套综合测试题，供读者在学习完全书后使用。其中综合测试题一、二较为简单，综合测试题三、四难度适中，而综合测试题五、六难度稍大一些。

崔俭春、何苏阳、费祥历三位老师参与了本书的修订工作。中国石油大学(华东)远程与继续教育学院、出版社十分关心本书的再版，编者在此表示衷心的谢意！

编　者

2016 年 9 月

前　言

为适应目前高等教育大众化趋势，针对一般经济类、管理类学生的实际水平以及职业教育的特点，我们按照线性代数的基本要求，编写了这本教材。本教材强调对基本概念、基本理论和基本运算的理解和掌握，在保证科学性、系统性的基础上，注意深入浅出、突出重点、强化能力、注重实用。

1. 内容体系作了较为精心的安排，如将矩阵的秩的概念提前讲授，并立即介绍用初等变换求矩阵秩的理论和方法。在讨论向量的线性相关性时，着重强调用矩阵的秩来判断相关性的理论，这样处理的好处是分散了难点，也降低了难度。

2. 为了便于教学和自学，将习题分为两大类：一类列于每章的各小节之后，这类习题可作为学完相应小节后的练习和作业使用；另一类列于每一章之后，作为复习题，其中复习题中 A 类题是一份自测题，读者可借此检查自己对内容的掌握情况，B 类题的难度较前者稍大一些，主要供读者进一步加深、提高使用。

3. 书中例题、习题较多，并尽量体现出层次感。在教材的内容安排上避免了一些难度较大的定理的证明。书中一些章节加了星号“*”，有一些定理的证明也加了星号，这部分内容供学习中选用，不作为课程的基本要求。

编者衷心感谢中国石油大学数学与计算科学学院领导、成人(网络)教育学院领导和中国石油大学出版社对本书的关心和扶植。

编　者

2007 年 3 月

目　录

第 1 章　n 阶行列式 …… 1

1.1　二阶、三阶行列式 …… 1

1. 二阶行列式 …… 1
2. 三阶行列式 …… 2

习题 1.1 …… 4

1.2　排列的逆序数与对换 …… 4

1. 全排列及其逆序数 …… 4
2. 排列的对换及其性质 …… 5

习题 1.2 …… 6

1.3　n 阶行列式 …… 6

1. 三阶行列式的特征 …… 6
2. n 阶行列式 …… 7
3. 行列式的列顺序表示 …… 9

习题 1.3 …… 10

1.4　行列式的性质 …… 10

习题 1.4 …… 14

1.5　行列式按行(列)展开(降阶法) …… 15

习题 1.5 …… 22

1.6　克莱姆法则 …… 23

1. 克莱姆法则 …… 23
2. 齐次线性方程组 …… 24

习题 1.6 …… 25

第 1 章小结 …… 26

自测题 A …… 27

自测题 B …… 28

第 2 章 矩阵及其运算 ······ 31

2.1 矩阵的概念 ······ 32

1. 矩阵的概念 ······ 32
2. 一些特殊的矩阵 ······ 33

习题 2.1 ······ 35

2.2 矩阵的运算 ······ 35

1. 矩阵的加法 ······ 35
2. 数与矩阵相乘(数乘) ······ 36
3. 矩阵与矩阵相乘 ······ 36
4. 矩阵的转置 ······ 38
5. 方阵的行列式 ······ 41

习题 2.2 ······ 42

2.3 逆阵 ······ 43

习题 2.3 ······ 45

2.4 分块矩阵 ······ 46

习题 2.4 ······ 49

2.5 初等变换与初等矩阵 ······ 49

1. 矩阵的初等变换 ······ 49
2. 初等矩阵 ······ 50

习题 2.5 ······ 54

2.6 矩阵的秩 ······ 55

1. 矩阵的秩 ······ 55
2. 线性方程组与系数矩阵的秩 ······ 58

习题 2.6 ······ 60

第 2 章小结 ······ 60

自测题 A ······ 63

自测题 B ······ 64

第 3 章 向量与线性方程组 ······ 66

3.1 向量及其线性相关性 ······ 66

1. 向量及其运算 ······ 66
2. 向量的线性相关性 ······ 68
3. 线性相关性与线性组合的关系 ······ 71

习题 3.1 ······ 72

3.2 线性相关性的判定定理 ······ 72

习题 3.2 ······ 75

3.3 向量组的秩和最大无关组 ······ 76

1. 向量组的等价 ······ 76

2. 向量组的秩和最大无关组 …… 76
3. 向量组的秩与矩阵秩的关系 …… 78
习题 3.3 …… 81
3.4 齐次线性方程组 …… 81
习题 3.4 …… 85
3.5 非齐次线性方程组 …… 85
习题 3.5 …… 89
第 3 章小结 …… 90
自测题 A …… 92
自测题 B …… 93

第 4 章 矩阵的特征值和相似对角化 …… 96

4.1 向量的内积 …… 96
1. 向量的内积与长度 …… 96
2. 向量的正交化 …… 97
3. 正交矩阵 …… 100
习题 4.1 …… 101
4.2 方阵的特征值和特征向量 …… 101
1. 特征值和特征向量的基本概念 …… 101
2. 特征值和特征向量的基本性质 …… 105
习题 4.2 …… 106
4.3 相似矩阵与矩阵的对角化 …… 106
1. 相似矩阵 …… 106
2. 矩阵的对角化 …… 107
习题 4.3 …… 110
4.4 实对称矩阵的相似矩阵 …… 110
习题 4.4 …… 113
第 4 章小结 …… 114
自测题 A …… 115
自测题 B …… 116

***第 5 章 二次型及其正定性** …… 118

5.1 二次型及其标准形 …… 118
1. 二次型及其矩阵表示 …… 118
2. 矩阵的合同 …… 120
习题 5.1 …… 121
5.2 二次型的化简 …… 122
1. 用正交变换化简二次型 …… 122
2. 用配方法化简二次型 …… 124

习题 5.2 …… 125
5.3 正定二次型 …… 125
习题 5.3 …… 128
第 5 章小结 …… 128
自测题 A …… 129
自测题 B …… 130

附录Ⅰ 投入产出数学模型简介 …… 132
附录Ⅱ 线性代数名词英汉对照 …… 138
附录Ⅲ 总测试题 …… 141
附录Ⅳ 习题与自测题答案和提示 …… 150
附录Ⅴ 总测试题答案和提示 …… 168

第 1 章 ⇨ n 阶行列式

核心知识点

1. 二阶、三阶行列式(对角线法则).
2. 排列的逆序数.
3. n 阶行列式的性质.
4. 行列式按行(列)展开法则.
5. 克莱姆法则.
6. 方程组的零解和非零解.

学习目标

1. 正确理解 n 阶行列式的定义,能够熟练地计算二、三阶行列式.
2. 熟练掌握行列式的性质及其运用.
3. 正确理解余子式和代数余子式的概念、掌握行列式按行(列)展开定理.
4. 能灵活运用行列式的性质与展开定理计算行列式的值和证明等式.
5. 掌握克莱姆法则,会应用克莱姆法则求解简单的线性方程组.

学习重点

1. 行列式的性质与展开定理.
2. 利用行列式的性质与展开定理计算行列式的值.

行列式是线性代数中的一个基本概念,也是讨论许多问题的一个基本工具.本章通过解二元和三元线性方程组引入二阶和三阶行列式的定义,进而归纳出 n 阶行列式的定义,并讨论其性质及计算方法,最后给出应用行列式解线性方程组的克莱姆法则.

1.1 二阶、三阶行列式

1. 二阶行列式

用消元法解二元一次方程组

$$\begin{cases} a_{11}x_1 + a_{12}x_2 = b_1, & ① \\ a_{21}x_1 + a_{22}x_2 = b_2. & ② \end{cases}$$

a_{22}×①式$-a_{12}$×②式，得

$$(a_{11}a_{22} - a_{12}a_{21})x_1 = b_1a_{22} - b_2a_{12}.$$

当 $a_{11}a_{22} - a_{12}a_{21} \neq 0$ 时，有

$$x_1 = \frac{b_1a_{22} - b_2a_{12}}{a_{11}a_{22} - a_{12}a_{21}},$$

类似地有

$$x_2 = \frac{a_{11}b_2 - a_{21}b_1}{a_{11}a_{22} - a_{12}a_{21}}.$$

现记

$$D = \begin{vmatrix} a_{11} & a_{12} \\ a_{21} & a_{22} \end{vmatrix} = a_{11}a_{22} - a_{12}a_{21}.$$

称 D 为**二阶行列式**，横排的称**行**，竖排的称**列**，它包含两行两列. 数 $a_{ij}(i=1,2;j=1,2)$ 称为二阶行列式的**元素**，其第 1 个下标 i 为**行标**，第 2 个下标 j 为**列标**，表示元素 a_{ij} 位于行列式的第 i 行、第 j 列.

如果把 a_{11}，a_{22} 的连线称为**主对角线**，把 a_{12}，a_{21} 的连线称为**副对角线**，则二阶行列式的值等于主对角线上元素的乘积减去副对角线元素的乘积，这种算法称为二阶行列式的**对角线法则**. 按此法则，上述方程组的解可用二阶行列式表示为

$$x_1 = \frac{D_1}{D}, \quad x_2 = \frac{D_2}{D}.$$

其中 $D = \begin{vmatrix} a_{11} & a_{12} \\ a_{21} & a_{22} \end{vmatrix}$，$D_1 = \begin{vmatrix} b_1 & a_{12} \\ b_2 & a_{22} \end{vmatrix}$，$D_2 = \begin{vmatrix} a_{11} & b_1 \\ a_{21} & b_2 \end{vmatrix}$.

称行列式 D 为方程组的**系数行列式**，行列式 D_1，D_2 分别是将 D 的第 1 列、第 2 列换为常数项 b_1，b_2 得到的.

特别提醒

1. 二阶行列式的结果是一个数，如 $D = a_{11}a_{22} - a_{12}a_{21}$.
2. 在二元线性方程组中，只要变量系数所构成的二阶行列式

$$D = \begin{vmatrix} a_{11} & a_{12} \\ a_{21} & a_{22} \end{vmatrix} = a_{11}a_{22} - a_{12}a_{21} \neq 0, \tag{1.1}$$

则方程组有解，且解可用行列式表示出来.

2. 三阶行列式

类似地，在用消元法解三元一次方程组时，可引入三阶行列式

$$D=\begin{vmatrix} a_{11} & a_{12} & a_{13} \\ a_{21} & a_{22} & a_{23} \\ a_{31} & a_{32} & a_{33} \end{vmatrix}$$

$$= a_{11}a_{22}a_{33}+a_{12}a_{23}a_{31}+a_{13}a_{21}a_{32}$$

$$- a_{11}a_{23}a_{32}-a_{12}a_{21}a_{33}-a_{13}a_{22}a_{31}. \tag{1.2}$$

三阶行列式的上述计算法也称为**"对角线法则"**,即沿着主对角线方向(从左上至右下)得到的 3 个元素的乘积前带"+"号,而沿副对角线方向(从右上至左下)得到的 3 个元素的乘积前带"—"号.示意图如下:

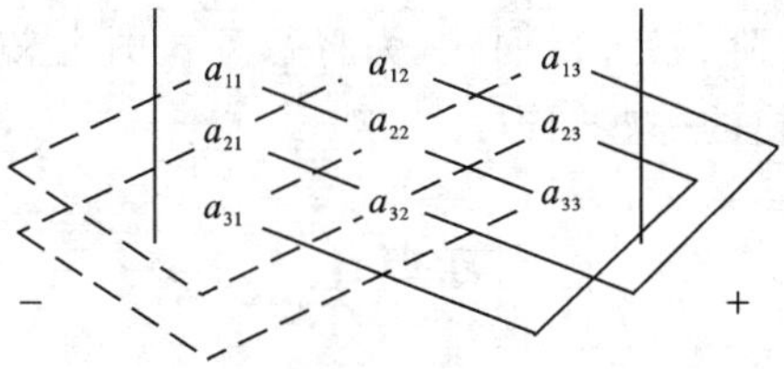

典型例题

例 1.1 解线性方程组

$$\begin{cases} 3x_1+x_2=1, \\ 2x_1-3x_2=8. \end{cases}$$

解 由于系数行列式

$$D=\begin{vmatrix} 3 & 1 \\ 2 & -3 \end{vmatrix}=-11\neq 0,$$

所以方程组有解,又

$$D_1=\begin{vmatrix} 1 & 1 \\ 8 & -3 \end{vmatrix}=-11,\quad D_2=\begin{vmatrix} 3 & 1 \\ 2 & 8 \end{vmatrix}=22,$$

故得

$$x_1=\frac{D_1}{D}=\frac{-11}{-11}=1,$$

$$x_2=\frac{D_2}{D}=\frac{22}{-11}=-2.$$

例 1.2 计算行列式

$$D=\begin{vmatrix} 1 & 1 & 0 \\ -1 & 3 & 2 \\ 2 & 4 & -2 \end{vmatrix}.$$

解 由对角线法则,知

$$\begin{aligned} D &= 1\times 3\times(-2)+1\times 2\times 2+0\times(-1)\times 4-1\times 2\times 4 \\ &\quad -1\times(-1)\times(-2)-0\times 3\times 2 \\ &= -6+4+0-8-2-0 \\ &= -12. \end{aligned}$$

例 1.3 问行列式 $D=\begin{vmatrix} a & 1 & 0 \\ 1 & a & 0 \\ 4 & 1 & 1 \end{vmatrix}>0$ 的充分必要条件是什么?

解 $D=\begin{vmatrix} a & 1 & 0 \\ 1 & a & 0 \\ 4 & 1 & 1 \end{vmatrix}=a^2-1.$

$a^2-1>0 \Leftrightarrow |a|>1,$

因此 $D>0$ 的充分必要条件是 $|a|>1$.

对角线法则仅适用于二阶、三阶行列式,为将行列式的定义推广到 n 阶行列式,我们先介绍有关排列的逆序数、对换的一些知识.

习题 1.1

1. 用对角线法则计算下列行列式:

(1) $\begin{vmatrix} a^2 & ab \\ ab & b^2 \end{vmatrix}$;　　(2) $\begin{vmatrix} \cos\alpha & -\sin\alpha \\ \sin\alpha & \cos\alpha \end{vmatrix}$;

(3) $\begin{vmatrix} 1 & 2 & 3 \\ 4 & 5 & 6 \\ 7 & 8 & 9 \end{vmatrix}$;　　(4) $\begin{vmatrix} 1 & \omega & \omega^2 \\ \omega^2 & 1 & \omega \\ \omega & \omega^2 & 1 \end{vmatrix}$ (其中 $\omega=-\frac{1}{2}+\mathrm{i}\frac{\sqrt{3}}{2}$).

2. $\begin{vmatrix} a & 1 & 1 \\ 0 & -1 & 0 \\ 4 & a & a \end{vmatrix}>0$ 的充分必要条件是什么?

1.2 排列的逆序数与对换

1. 全排列及其逆序数

定义 1.1 由数 $1,2,\cdots,n$ 组成的一个有序数组,称为一个 **n 级排列**.

引例 用 1,2,3 三个数字可以组成多少个没有重复的 3 位数?

解 这相当于说把 3 个数字分别放在百位、十位与个位,有几种不同的放法? 显然,百位上可以从 1,2,3 三个数字中任选一个,所以有 3 种放法,十位上只能从剩下的两个数字中选一个,所以有 2 种放法. 而个位上只有 1 种放法. 因此,共有 6 种放法. 这 6 种排法列出如下:

$$123,\ 132,\ 231,\ 213,\ 312,\ 321.$$

在数学上把考察的对象叫做**元素**,例如上述引例中的数字 1,2,3 叫做元素. 上述问题就是:把 3 个不同的元素排成一列,共有几种不同的排法?

n 级排列的一般形式可设为

$$p_1p_2\cdots p_n,$$

其中 $p_1,p_2,\cdots,p_n$ 分别为 $1,2,\cdots,n$ 中的某一数且互不相等. n 个不同元素排成一列,叫做这 n 个元素的**全排列**, n 个不同元素的所有排列的种数为

$$\begin{aligned}P_n &= n\times(n-1)\times(n-2)\times\cdots\times 2\times 1\\ &= n!.\end{aligned}$$

定义 1.2 对于 1 至 n 的 n 个自然数,规定从小到大的顺序为**标准顺序**. 在一个 n 级排列中,当某两个元素的先后顺序与标准顺序不同时,就说有 1 个**逆序**. 一个排列中所有逆序的总数叫做这个**排列的逆序数**. 逆序数为奇数的排列叫做**奇排列**,逆序数为偶数的排列叫做**偶排列**.

下面介绍一个求逆序数的方法:

设 $p_1p_2\cdots p_n$ 为一个 n 级排列,考虑元素 $p_i(i=1,2,\cdots,n)$,如果排在它前面且大于它的元素的个数为 t_i,则称元素 p_i 的逆序数为 t_i. 全体元素的逆序数之和

$$t = t_1+t_2+\cdots+t_n = \sum_{i=1}^{n} t_i$$

即是这个排列的逆序数. 简言之,依次向前比较求出各元素的逆序数,然后累加.

典型例题

例 1.4 求排列 32514 的逆序数.

解 在此排列中, 3 在首位,故 $t_1=0$;

2 的前面比 2 大的数有一个 3,构成一个逆序,$t_2=1$;

5 的前面没有比 5 大的数,$t_3=0$;

1 的前面比 1 大的数有 3 个,构成 3 个逆序,$t_4=3$;

4 的前面比 4 大的数有一个 5,构成一个逆序,$t_5=1$.

于是这个排列的逆序数为

$$t(32514) = 0+1+0+3+1 = 5.$$

例 1.5 计算排列 $n(n-1)\cdots 2\cdot 1$ 的逆序数,并判别其奇偶性.

解 n 排在首位,其逆序数为 0;

$n-1$ 的逆序数为 1;

……………………

2 的逆序数为 $n-2$;

1 的逆序数为 $n-1$.

于是这个排列的逆序数为

$$\begin{aligned}t(n(n-1)\cdots 2\cdot 1) &= 0+1+\cdots+n-1\\ &= \frac{n(n-1)}{2}.\end{aligned}$$

当 $n=4k+2,4k+3$ 时,为奇排列,当 $n=4k+1,4k+4$ 时,为偶排列,其中$k=0,1,2,\cdots$.

2. 排列的对换及其性质

定义 1.3 在一个排列中,将其中某两个元素的位置对调,而其余元素不动,这种做出新

排列的过程叫做**对换**,将相邻两个元素对换,叫做**相邻对换**.

定理 1.1 一个排列中的任意两个元素对换,排列改变奇偶性(对换改变排列的奇偶性).

****证** 先证相邻对换的情形.

设排列为

$$a_1 a_2 \cdots a_l a b b_1 b_2 \cdots b_m,$$

对调 a 与 b 后,变为

$$a_1 a_2 \cdots a_l b a b_1 b_2 \cdots b_m.$$

显然,$a_1, a_2, \cdots, a_l; b_1, b_2, \cdots, b_m$ 这些元素的逆序数在对换后并不改变,而 a, b 两元素的逆序数改变为:当 $a<b$ 时,经对换后 a 的逆序数增加 1 而 b 的逆序数不变;当 $a>b$ 时,对换后的 a 逆序数不变而 b 的逆序数减少 1. 所以排列 $a_1 \cdots a_l a b b_1 \cdots b_m$ 与排列 $a_1 \cdots a_l b a b_1 \cdots b_m$ 的奇偶性不同.

再证一般对换的情况.

设排列为

$$a_1 \cdots a_l a b_1 \cdots b_m b c_1 \cdots c_n,$$

先作 m 次相邻对换,将其调成

$$a_1 \cdots a_l a b b_1 \cdots b_m c_1 \cdots c_n,$$

再作 $(m+1)$ 次相邻对换,调成

$$a_1 \cdots a_l b b_1 \cdots b_m a c_1 \cdots c_n.$$

即经过 $(2m+1)$ 次相邻对换,排列 $a_1 \cdots a_l a b_1 \cdots b_m b c_1 \cdots c_n$ 调成了排列 $a_1 \cdots a_l b b_1 \cdots b_m a c_1 \cdots c_n$,所以这两个排列的奇偶性相反.

习题 1.2

1. 求下列排列的逆序数,并确定它们的奇偶性:

(1) 542163; (2) 4123;

(3) 3172456; (4) $1 \cdot 3 \cdot 5 \cdots (2n-1) \cdot 2 \cdot 4 \cdot 6 \cdots (2n)$.

2. 选择 i, j 使

(1) 排列 $6i51j4$ 为偶排列;

(2) 排列 $3972i15j4$ 为奇排列.

1.3 *n* 阶行列式

1. 三阶行列式的特征

为给出一般的 n 阶行列式的定义,我们再进一步考察三阶行列式.

$$D = \begin{vmatrix} a_{11} & a_{12} & a_{13} \\ a_{21} & a_{22} & a_{23} \\ a_{31} & a_{32} & a_{33} \end{vmatrix}$$

$$=a_{11}a_{22}a_{33}+a_{12}a_{23}a_{31}+a_{13}a_{21}a_{32}-a_{11}a_{23}a_{32}-a_{12}a_{21}a_{33}-a_{13}a_{22}a_{31}.$$

注意到上式右边的每一项皆为 3 个元素的乘积，并且这 3 个元素是位于不同行、不同列的. 任意一个乘积项除符号外均可表示为 $a_{1p_1}a_{2p_2}a_{3p_3}$，每个乘积项的元素按第 1 个下标（行标）排成标准顺序，第 2 个下标（列标）排成 $p_1p_2p_3$，其符号可用 $(-1)^t$ 表示，其中 t 为列标排列的逆序数. 由上知，三阶行列式可简记为

$$D_3=\begin{vmatrix} a_{11} & a_{12} & a_{13} \\ a_{21} & a_{22} & a_{23} \\ a_{31} & a_{32} & a_{33} \end{vmatrix}=\sum(-1)^t a_{1p_1}a_{2p_2}a_{3p_3}.$$

2. *n* 阶行列式

把上述三阶行列式的定义推广到 n 阶，则有如下定义：

定义 1.4 令

$$D_n=\begin{vmatrix} a_{11} & a_{12} & \cdots & a_{1n} \\ a_{21} & a_{22} & \cdots & a_{2n} \\ \vdots & \vdots & & \vdots \\ a_{n1} & a_{n2} & \cdots & a_{nn} \end{vmatrix}=\sum(-1)^t a_{1p_1}a_{2p_2}\cdots a_{np_n}. \tag{1.3}$$

(1.3)式右边共有 $n!$ 项，每项为左边不同行、不同列的所有 n 个元素的乘积，其中 $p_1p_2\cdots p_n$ 为自然数 $1,2,\cdots,n$ 的一个排列，t 为这个排列的逆序数，称(1.3)式左边为一个 n **阶行列式**，右边所计算出的结果叫做此 n **阶行列式的值**.

n 阶行列式常简记为 $D=\det(a_{ij})$. 当 $n=1$ 时，有一阶行列式 $|a_{11}|=a_{11}$；当 $n=2,3$ 时，则(1.3)式分别化为(1.1)式、(1.2)式情形.

特别提醒

在行列式的定义中，含有这样 3 个步骤：

(1) 取项：任取位于不同行、不同列的 n 个元素；

(2) 冠符：将元素按行标排列，其列标排列的逆序数为 t，即得到一般项 $(-1)^t a_{1p_1}a_{2p_2}\cdots a_{np_n}$；

(3) 求和：这样的项共有 $n!$ 项，对这些项求和则得到行列式的值.

按此定义，二阶行列式和三阶行列式的计算与对角线法则相同.

用定义来计算 n 阶行列式需要计算 $n!$ 项的和，故对于高阶行列式来说，计算是相当复杂的. 但当行列式中有相当多的元素是零时，则只需计算非零项即可，如以下所讨论的对角行列式和三角行列式.

例 1.6 证明**对角行列式**（所有的非对角元素为零，只有对角元素可能非零）.

(1) $$\begin{vmatrix} \lambda_1 & & & \\ & \lambda_2 & & \\ & & \ddots & \\ & & & \lambda_n \end{vmatrix}=\lambda_1\lambda_2\cdots\lambda_n;$$

(2) $$\begin{vmatrix} & & & \lambda_1 \\ & & \lambda_2 & \\ & \iddots & & \\ \lambda_n & & & \end{vmatrix}=(-1)^{\frac{n(n-1)}{2}}\lambda_1\lambda_2\cdots\lambda_n.$$

证 (1) 行列式的每一个乘积项应来自不同行、不同列，要想得到(1)中的非零乘积项，在第 1 行中只能取第 1 个元素，即只能取元素 $a_{11}=\lambda_1$，同样第 2 行只能取 $a_{22}=\lambda_2$，…，第 n 行只能取 $a_{nn}=\lambda_n$，而如此取项各元素对应的列标排列的逆序数为 $t(123\cdots n)=0$，相应的符号(冠符)为＋，因而有

$$\begin{vmatrix} \lambda_1 & & & \\ & \lambda_2 & & \\ & & \ddots & \\ & & & \lambda_n \end{vmatrix}=\lambda_1\lambda_2\cdots\lambda_n.$$

(2) 与(1)类似，对于(2)中的行列式，第 1 行只能取第 n 个元素 $a_{1n}=\lambda_1$，…，第 n 行只能取第 1 个元素 $a_{n1}=\lambda_n$，对应项的列标排列的逆序数为

$$t(n(n-1)(n-2)\cdots 1)=0+1+2+\cdots+(n-1)=n(n-1)/2,$$

因此，该项的符号(冠符)为$(-1)^{\frac{n(n-1)}{2}}$，所以行列式只有一项，即

$$(-1)^{\frac{n(n-1)}{2}}\lambda_1\lambda_2\cdots\lambda_n.$$

特别提醒

若在例 1.6(2)中，取 $n=4$ 时，我们有

$$\begin{vmatrix} & & & \lambda_1 \\ & & \lambda_2 & \\ & \lambda_3 & & \\ \lambda_4 & & & \end{vmatrix}=(-1)^{\frac{4\times 3}{2}}\lambda_1\lambda_2\lambda_3\lambda_4,$$

我们看到该乘积项前面的符号是正号.

由此可知：计算二、三阶行列式的对角线法则对于 4 阶及 4 阶以上的行列式已不再适用.

例 1.7 证明上三角行列式

$$\begin{vmatrix} a_{11} & a_{12} & \cdots & a_{1n} \\ & a_{22} & \cdots & a_{2n} \\ & & \ddots & \vdots \\ & & & a_{nn} \end{vmatrix} = a_{11}a_{22}\cdots a_{nn}.$$

证 根据行列式的取项规则，每项中的 n 个元素必须是位于不同行不同列的. 因此，要想得到非零的乘积项，第 1 行只能取 a_{11}，第 2 行只能取 a_{22}，…，第 n 行只能取 a_{nn}，该项的列标排列的逆序数为 $t(123\cdots n)=0$，因此

$$D=(-1)^0 a_{11}a_{22}\cdots a_{nn}=a_{11}a_{22}\cdots a_{nn}.$$

例 1.8 证明：若行列式中有一行(或一列)元素全为 0，则此行列式等于零.

证 不妨设第 i 行元素全为 0，即

$$a_{i1}=a_{i2}=\cdots=a_{in}=0,$$

于是，由 n 阶行列式的定义，有

$$\begin{aligned} D &= \sum(-1)^t a_{1p_1}\cdots a_{ip_i}\cdots a_{np_n} \\ &= \sum(-1)^t a_{1p_1}\cdots 0\cdots a_{np_n} \\ &= 0. \end{aligned}$$

3. 行列式的列顺序表示

在上面的 n 阶行列式定义中，一般项中各元素是按行标排成标准顺序的，因此也称为行列式的行顺序表示. 相应地，行列式也有列顺序表示.

对于 n 阶行列式定义中的任一个乘积项 $(-1)^t a_{1p_1}\cdots a_{ip_i}\cdots a_{jp_j}\cdots a_{np_n}$，对换元素 a_{ip_i} 与 a_{jp_j} 后成 $(-1)^t a_{1p_1}\cdots a_{jp_j}\cdots a_{ip_i}\cdots a_{np_n}$，这时这一项的值不变，而行标排列和列标排列同时作了一次对换. 设新的行标排列 $1\cdots j\cdots i\cdots n$ 的逆序数为 r，则 r 为奇数；设新的列标排列 $p_1\cdots p_j\cdots p_i\cdots p_n$ 的逆序数为 t_1，则 t_1 与 t 的奇偶性相反，从而有 $(-1)^{t_1}=-(-1)^t$，故 $(-1)^t=(-1)^{r+t_1}$，于是

$$(-1)^t a_{1p_1}\cdots a_{ip_i}\cdots a_{jp_j}\cdots a_{np_n}=(-1)^{r+t_1}a_{1p_1}\cdots a_{jp_j}\cdots a_{ip_i}\cdots a_{np_n}.$$

这表明交换乘积项中两个元素的次序，行标排列与列标排列同时作了一次对换，而行标排列与列标排列之和并不改变奇偶性. 经过一次对换是如此，经过多次对换当然还是如此. 于是，经过若干次对换，使列标排列 $p_1p_2\cdots p_n$(逆序数为 t)变为自然排列(逆序数为 0)；行标排列则相应地从自然排列变为某个新的排列，设此排列为 $q_1q_2\cdots q_n$，其逆序数为 s，则有

$$(-1)^t a_{1p_1}a_{2p_2}\cdots a_{np_n}=(-1)^s a_{q_1 1}a_{q_2 2}\cdots a_{q_n n}.$$

又若 $p_i=j$，则 $q_j=i$(即 $a_{ip_i}=a_{ij}=a_{q_j j}$). 可见排列 $q_1q_2\cdots q_n$ 由排列 $p_1p_2\cdots p_n$ 所唯一确定. 由此可得

定理 1.2 **n 阶行列式也可表示为**

$$D=\sum(-1)^s a_{q_1 1}a_{q_2 2}\cdots a_{q_n n},$$

其中 s 为行标排列 $q_1q_2\cdots q_n$ 的逆序数.

证 按行列式的定义有

$$D=\sum(-1)^t a_{1p_1}a_{2p_2}\cdots a_{np_n}.$$

记
$$D_1=\sum(-1)^s a_{q_1 1}a_{q_2 2}\cdots a_{q_n n}.$$

按上面的讨论知：对于 D 中任一项 $(-1)^t a_{1p_1}a_{2p_2}\cdots a_{np_n}$，总有且仅有 D_1 中的某一项 $(-1)^s a_{q_1 1}a_{q_2 2}\cdots a_{q_n n}$ 与之对应并相等；反之，对于 D_1 中的某一项 $(-1)^s a_{q_1 1}a_{q_2 2}\cdots a_{q_n n}$，也总有且仅有 D 中的某一项 $(-1)^t a_{1p_1}a_{2p_2}\cdots a_{np_n}$ 与之对应且相等，于是 D 和 D_1 中的项可以一一对应并相等，从而 $D=D_1$.

习题 1.3

1. 写出 4 阶行列式中含有因子 $a_{11}a_{23}$ 的项.
2. 试确定 6 阶行列式中项 $a_{23}a_{41}a_{35}a_{16}a_{52}a_{64}$ 前所带的符号.
3. 计算下列数字元素行列式：

(1) $\begin{vmatrix} 0 & 0 & 0 & 4 \\ 0 & 0 & 4 & 3 \\ 0 & 4 & 3 & 2 \\ 4 & 3 & 2 & 1 \end{vmatrix}$；　　(2) $\begin{vmatrix} 1 & 2 & 0 & 0 \\ 3 & 4 & 0 & 0 \\ 0 & 0 & -1 & 3 \\ 0 & 0 & 5 & 1 \end{vmatrix}$.

4. 用行列式定义证明(其中 $*_i$ 是任意数，$i=1,2,3,4$)

$$\begin{vmatrix} a_{11} & a_{12} & 0 & 0 \\ a_{21} & a_{22} & 0 & 0 \\ *_1 & *_3 & a_{33} & a_{34} \\ *_2 & *_4 & a_{43} & a_{44} \end{vmatrix}=\begin{vmatrix} a_{11} & a_{12} \\ a_{21} & a_{22} \end{vmatrix}\begin{vmatrix} a_{33} & a_{34} \\ a_{43} & a_{44} \end{vmatrix}.$$

1.4 行列式的性质

记

$$D=\begin{vmatrix} a_{11} & a_{12} & \cdots & a_{1n} \\ a_{21} & a_{22} & \cdots & a_{2n} \\ \vdots & \vdots & & \vdots \\ a_{n1} & a_{n2} & \cdots & a_{nn} \end{vmatrix},$$

$$D^{\mathrm{T}}=\begin{vmatrix} a_{11} & a_{21} & \cdots & a_{n1} \\ a_{12} & a_{22} & \cdots & a_{n2} \\ \vdots & \vdots & & \vdots \\ a_{1n} & a_{2n} & \cdots & a_{nn} \end{vmatrix},$$

行列式 D^{T} 称为行列式 D 的**转置行列式**(也记为 D').

性质 1　行列式与它的转置行列式相等(行列式转置不变).

证 记 $D=\det(a_{ij})$ 的转置行列式

$$D^{\mathrm{T}}=\begin{vmatrix} b_{11} & b_{12} & \cdots & b_{1n} \\ b_{21} & b_{22} & \cdots & b_{2n} \\ \vdots & \vdots & & \vdots \\ b_{n1} & b_{n2} & \cdots & b_{nn} \end{vmatrix},$$

即 $b_{ij}=a_{ji}(i,j=1,2,\cdots,n)$，按定义

$$D^{\mathrm{T}}=\sum(-1)^t b_{1p_1}b_{2p_2}\cdots b_{np_n}=\sum(-1)^t a_{p_1 1}a_{p_2 2}\cdots a_{p_n n},$$

而由定理 1.2，知

$$D=\sum(-1)^t a_{p_1 1}a_{p_2 2}\cdots a_{p_n n},$$

故

$$D^{\mathrm{T}}=D.$$

由此性质可知，行列式中的行和列具有同等的地位，行列式的性质凡是对行成立的对列也同样成立，反之亦然.

性质 2　互换行列式的两行(列)，行列式变号.

证 设行列式

$$D_1=\begin{vmatrix} b_{11} & b_{12} & \cdots & b_{1n} \\ b_{21} & b_{22} & \cdots & b_{2n} \\ \vdots & \vdots & & \vdots \\ b_{n1} & b_{n2} & \cdots & b_{nn} \end{vmatrix}$$

是由行列式 $D=\det(a_{ij})$ 交换 i,j 两行得到的，即当 $k\neq i,j$ 时，$b_{kp}=a_{kp}$；当 $k=i,j$ 时，$b_{ip}=a_{jp}$，$b_{jp}=a_{ip}$，于是

$$\begin{aligned} D_1 &= \sum(-1)^t b_{1p_1}\cdots b_{ip_i}\cdots b_{jp_j}\cdots b_{np_n} \\ &= \sum(-1)^t a_{1p_1}\cdots a_{jp_i}\cdots a_{ip_j}\cdots a_{np_n} \\ &= \sum(-1)^t a_{1p_1}\cdots a_{ip_j}\cdots a_{jp_i}\cdots a_{np_n}, \end{aligned}$$

其中 $1\cdots i\cdots j\cdots n$ 为自然排列，t 为排列 $p_1\cdots p_i\cdots p_j\cdots p_n$ 的逆序数.

设排列 $p_1\cdots p_j\cdots p_i\cdots p_n$ 的逆序数为 t_1，则 $(-1)^t=-(-1)^{t_1}$，故

$$D_1=-\sum(-1)^{t_1}a_{1p_1}\cdots a_{ip_j}\cdots a_{jp_i}\cdots a_{np_n}=-D.$$

以 r_i 表示行列式的第 i 行，以 c_i 表示第 i 列. 交换 i,j 两行记作 $r_i\leftrightarrow r_j$，交换 i,j 两列记作 $c_i\leftrightarrow c_j$.

推论　如果行列式有两行(列)相同，则此行列式为零.

证 把这两行互换，有 $D=-D$，故 $D=0$.

性质 3　行列式的某一行(列)的所有的元素都乘以同一数 k，等于用数 k 乘此行列式.

第 i 行(或列)乘以 k，记作 $r_i\times k$(或 $c_i\times k$).

推论　行列式中某一行(列)的所有元素的公因子可以提到行列式符号的外面.

性质 4　行列式中如果有两行(列)元素对应成比例，则此行列式为零.

性质 5　若行列式的某一列(行)的元素都是两数之和(例如第 i 列的元素都是两数之和)：

$$D=\begin{vmatrix} a_{11} & a_{12} & \cdots & (a_{1i}+a'_{1i}) & \cdots & a_{1n} \\ a_{21} & a_{22} & \cdots & (a_{2i}+a'_{2i}) & \cdots & a_{2n} \\ \vdots & \vdots & & \vdots & & \vdots \\ a_{n1} & a_{n2} & \cdots & (a_{ni}+a'_{ni}) & \cdots & a_{nn} \end{vmatrix},$$

则 D 等于下列两个行列式之和：

$$D=\begin{vmatrix} a_{11} & a_{12} & \cdots & a_{1i} & \cdots & a_{1n} \\ a_{21} & a_{22} & \cdots & a_{2i} & \cdots & a_{2n} \\ \vdots & \vdots & & \vdots & & \vdots \\ a_{n1} & a_{n2} & \cdots & a_{ni} & \cdots & a_{nn} \end{vmatrix}+\begin{vmatrix} a_{11} & a_{12} & \cdots & a'_{1i} & \cdots & a_{1n} \\ a_{21} & a_{22} & \cdots & a'_{2i} & \cdots & a_{2n} \\ \vdots & \vdots & & \vdots & & \vdots \\ a_{n1} & a_{n2} & \cdots & a'_{ni} & \cdots & a_{nn} \end{vmatrix}.$$

性质 6　把行列式的某一列(行)的各元素乘以同一个数后加到另一列(行)对应的元素上去,行列式不变. 例如以数 k 乘第 j 列加到第 i 列上(记作 c_i+kc_j).

$$\begin{vmatrix} a_{11} & \cdots & a_{1i} & \cdots & a_{1j} & \cdots & a_{1n} \\ a_{21} & \cdots & a_{2i} & \cdots & a_{2j} & \cdots & a_{2n} \\ \vdots & & \vdots & & \vdots & & \vdots \\ a_{n1} & \cdots & a_{ni} & \cdots & a_{nj} & \cdots & a_{nn} \end{vmatrix}$$

$$\xlongequal{c_i+kc_j}\begin{vmatrix} a_{11} & \cdots & a_{1i}+ka_{1j} & \cdots & a_{1j} & \cdots & a_{1n} \\ a_{21} & \cdots & a_{2i}+ka_{2j} & \cdots & a_{2j} & \cdots & a_{2n} \\ \vdots & & \vdots & & \vdots & & \vdots \\ a_{n1} & \cdots & a_{ni}+ka_{nj} & \cdots & a_{nj} & \cdots & a_{nn} \end{vmatrix}.$$

特别提醒

利用行列式的性质可以把行列式化简，一般方法是通过某行(列)加上另一行(列)的适当倍数，把行列式中的对角元以下的元素全化为零(化零技术)，从而将行列式化成三角行列式，此方法通常称为**消元法**. 在消元过程中，选取合适的对角元可简化计算.

典型例题

例 1.9　计算

$$D=\begin{vmatrix} 1 & -5 & 3 & -4 \\ 1 & 3 & -1 & 2 \\ 0 & 2 & 1 & -1 \\ -5 & 1 & 3 & -3 \end{vmatrix}.$$

解

$$D\xlongequal{r_1\leftrightarrow r_2}-\begin{vmatrix} 1 & 3 & -1 & 2 \\ 1 & -5 & 3 & -4 \\ 0 & 2 & 1 & -1 \\ -5 & 1 & 3 & -3 \end{vmatrix}$$

$$\xlongequal[r_4+5r_1]{r_2-r_1} -\begin{vmatrix} 1 & 3 & -1 & 2 \\ 0 & -8 & 4 & -6 \\ 0 & 2 & 1 & -1 \\ 0 & 16 & -2 & 7 \end{vmatrix}$$

$$\xlongequal{r_2 \leftrightarrow r_3} \begin{vmatrix} 1 & 3 & -1 & 2 \\ 0 & 2 & 1 & -1 \\ 0 & -8 & 4 & -6 \\ 0 & 16 & -2 & 7 \end{vmatrix}$$

$$\xlongequal[r_4+8r_2]{r_3+4r_2} \begin{vmatrix} 1 & 3 & -1 & 2 \\ 0 & 2 & 1 & -1 \\ 0 & 0 & 8 & -10 \\ 0 & 0 & -10 & 15 \end{vmatrix}$$

$$\xlongequal{r_4+\frac{5}{4}r_3} \begin{vmatrix} 1 & 3 & -1 & 2 \\ 0 & 2 & 1 & -1 \\ 0 & 0 & 8 & -10 \\ 0 & 0 & 0 & \frac{5}{2} \end{vmatrix} = 40.$$

例 1.10 计算 $D=\begin{vmatrix} 1+a & 1 & 1 & 1 \\ 1 & 1+a & 1 & 1 \\ 1 & 1 & 1+a & 1 \\ 1 & 1 & 1 & 1+a \end{vmatrix}$.

解 把行列式化成三角行列式是一般的方法，有时计算比较复杂，对于一些特殊的行列式可根据其特点选取特殊的方法. 在上述行列式中，各列 4 个数之和都是 $4+a$，故可把第 2，3，4 行同时加到第 1 行，提出公因子，然后各行减去第 1 行：

$$D \xlongequal{r_1+r_2+r_3+r_4} \begin{vmatrix} 4+a & 4+a & 4+a & 4+a \\ 1 & 1+a & 1 & 1 \\ 1 & 1 & 1+a & 1 \\ 1 & 1 & 1 & 1+a \end{vmatrix}$$

$$= (4+a)\begin{vmatrix} 1 & 1 & 1 & 1 \\ 1 & 1+a & 1 & 1 \\ 1 & 1 & 1+a & 1 \\ 1 & 1 & 1 & 1+a \end{vmatrix}$$

$$\xlongequal[\substack{r_3-r_1\\ r_4-r_1}]{r_2-r_1} (4+a)\begin{vmatrix} 1 & 1 & 1 & 1 \\ 0 & a & 0 & 0 \\ 0 & 0 & a & 0 \\ 0 & 0 & 0 & a \end{vmatrix} = (4+a)a^3.$$

在行列式的计算中，常把各行(或各列)元素之和相等的行列式称为**典型字母行列式**，对于这一类行列式的解法也与上例是类似的.

例 1.11 计算

$$D=\begin{vmatrix} a & b & c & d \\ a & a+b & a+b+c & a+b+c+d \\ a & 2a+b & 3a+2b+c & 4a+3b+2c+d \\ a & 3a+b & 6a+3b+c & 10a+6b+3c+d \end{vmatrix}.$$

解 根据行列式的特点，可从第 4 行开始后行减前行，逐行相减：

$$D\xlongequal[r_2-r_1]{\substack{r_4-r_3\\ r_3-r_2}}\begin{vmatrix} a & b & c & d \\ 0 & a & a+b & a+b+c \\ 0 & a & 2a+b & 3a+2b+c \\ 0 & a & 3a+b & 6a+3b+c \end{vmatrix}$$

$$\xlongequal[r_3-r_2]{r_4-r_3}\begin{vmatrix} a & b & c & d \\ 0 & a & a+b & a+b+c \\ 0 & 0 & a & 2a+b \\ 0 & 0 & a & 3a+b \end{vmatrix}$$

$$\xlongequal{r_4-r_3}\begin{vmatrix} a & b & c & d \\ 0 & a & a+b & a+b+c \\ 0 & 0 & a & 2a+b \\ 0 & 0 & 0 & a \end{vmatrix}=a^4.$$

习题 1.4

1. 用行列式的性质计算下列行列式：

(1) $\begin{vmatrix} a & a^2 \\ b & b^2 \end{vmatrix}$；　　(2) $\begin{vmatrix} 1 & 2 & 3 \\ 0 & 1 & 2 \\ 1 & 1 & 1 \end{vmatrix}$；

(3) $\begin{vmatrix} 2 & 1 & 4 & 1 \\ 3 & -1 & 2 & 1 \\ 1 & 2 & 3 & 2 \\ 5 & 0 & 6 & 2 \end{vmatrix}$；　　(4) $\begin{vmatrix} 1 & 1 & 1 & 1 \\ -1 & 1 & 1 & 1 \\ -1 & -1 & 1 & 1 \\ -1 & -1 & -1 & 1 \end{vmatrix}$.

2. 计算行列式

$$D_n=\begin{vmatrix} x & a & \cdots & a \\ a & x & \cdots & a \\ \vdots & \vdots & & \vdots \\ a & a & \cdots & x \end{vmatrix}.$$

3. 用行列式的性质解方程：

(1) $\begin{vmatrix} 1 & 1 & 1 & \cdots & 1 \\ 1 & 1-x & 1 & \cdots & 1 \\ 1 & 1 & 2-x & \cdots & 1 \\ \vdots & \vdots & \vdots & & \vdots \\ 1 & 1 & 1 & \cdots & (n-1)-x \end{vmatrix}=0$； (2) $\begin{vmatrix} 2 & 2 & -1 & 3 \\ 4 & x^2-5 & -2 & 6 \\ -3 & 2 & -1 & x^2+1 \\ 3 & -2 & 1 & -2 \end{vmatrix}=0.$

1.5 行列式按行(列)展开(降阶法)

一般说来，低阶行列式的计算比高阶行列式的计算要简便. 于是，自然会考虑用低阶行列式来表示高阶行列式的问题. 为此，我们先引进余子式和代数余子式的概念.

定义 1.5 在 n 阶行列式中，把元素 a_{ij} 所在的第 i 行和第 j 列划去后，留下来的 $n-1$ 阶行列式叫做元素 a_{ij} 的**余子式**，记作 M_{ij}；又记 $A_{ij}=(-1)^{i+j}M_{ij}$，称 A_{ij} 为元素 a_{ij} 的**代数余子式**.

例如对于四阶行列式

$$D=\begin{vmatrix} a_{11} & a_{12} & a_{13} & a_{14} \\ a_{21} & a_{22} & a_{23} & a_{24} \\ a_{31} & a_{32} & a_{33} & a_{34} \\ a_{41} & a_{42} & a_{43} & a_{44} \end{vmatrix},$$

元素 a_{32} 的余子式和代数余子式分别为

$$M_{32}=\begin{vmatrix} a_{11} & a_{13} & a_{14} \\ a_{21} & a_{23} & a_{24} \\ a_{41} & a_{43} & a_{44} \end{vmatrix},$$

$$A_{32}=(-1)^{3+2}M_{32}=-M_{32}.$$

引理 一个 n 阶行列式，如果其中第 i 行所有元素除 a_{ij} 外都为零，那么这行列式等于 a_{ij} 与它的代数余子式的乘积，即 $D=a_{ij}A_{ij}$.

证 先证 a_{ij} 位于第 1 行第 1 列的情形，此时

$$D=\begin{vmatrix} a_{11} & 0 & \cdots & 0 \\ a_{21} & a_{22} & \cdots & a_{2n} \\ \vdots & \vdots & & \vdots \\ a_{n1} & a_{n2} & \cdots & a_{nn} \end{vmatrix}.$$

由于第 1 行中只有 $a_{11}\neq 0$，故由行列式的定义，有

$$\begin{aligned} D &= \sum (-1)^t a_{11}a_{2p_2}\cdots a_{np_n} \\ &= a_{11}\sum (-1)^t a_{2p_2}\cdots a_{np_n}, \end{aligned}$$

其中 t 是列标排列 $1p_2\cdots p_n$ 的逆序数，显然

$$t = t(1p_2 \cdots p_n) = t(p_2 \cdots p_n),$$

而
$$M_{11} = \begin{vmatrix} a_{22} & \cdots & a_{2n} \\ \vdots & & \vdots \\ a_{n2} & \cdots & a_{nn} \end{vmatrix} = \sum (-1)^t a_{2p_2} \cdots a_{np_n},$$

故有
$$D = a_{11} \begin{vmatrix} a_{22} & \cdots & a_{2n} \\ \vdots & & \vdots \\ a_{n2} & \cdots & a_{nn} \end{vmatrix} = a_{11} M_{11} = a_{11} A_{11}.$$

再证一般情形,此时

$$D = \begin{vmatrix} a_{11} & \cdots & a_{1j} & \cdots & a_{1n} \\ \vdots & & \vdots & & \vdots \\ 0 & \cdots & a_{ij} & \cdots & 0 \\ \vdots & & \vdots & & \vdots \\ a_{n1} & \cdots & a_{nj} & \cdots & a_{nn} \end{vmatrix}.$$

为了利用前面的结果,把 D 的行、列作如下调换:D 的第 i 行依次与第 $i-1$ 行,第 $i-2$ 行,…,第 1 行对调,这样 a_{ij} 就调到原来 a_{1j} 的位置上,调换的次数为 $i-1$. 再把第 j 列依次与第 $j-1$ 列,第 $j-2$ 列,…,第 1 列对调,这样 a_{ij} 就调到左上角,调换的次数为 $j-1$. 总之,经 $i+j-2$ 次调换,可将 a_{ij} 调到左上角,记所得的行列式为 D_1,则

$$D_1 = (-1)^{i+j-2} D = (-1)^{i+j} D.$$

注意到在上述调换下,元素 a_{ij} 在 D_1 中的余子式仍然是 a_{ij} 在 D 中的余子式,而由于 a_{ij} 位于 D_1 的左上角,利用前面的结果,有

$$D_1 = a_{ij} M_{ij},$$

于是

$$D = (-1)^{i+j} D_1 = (-1)^{i+j} a_{ij} M_{ij} = a_{ij} A_{ij}.$$

定理 1.3 **行列式等于它的任一行(列)的各元素与其对应的代数余子式乘积之和,即**

$$D = a_{i1} A_{i1} + a_{i2} A_{i2} + \cdots + a_{in} A_{in} \qquad (i = 1,2,\cdots,n),$$
$$D = a_{1j} A_{1j} + a_{2j} A_{2j} + \cdots + a_{nj} A_{nj} \qquad (j = 1,2,\cdots,n).$$

证

$$D = \begin{vmatrix} a_{11} & a_{12} & \cdots & a_{1n} \\ \vdots & \vdots & & \vdots \\ a_{i1}+0+\cdots+0 & 0+a_{i2}+\cdots+0 & \cdots & 0+\cdots+0+a_{in} \\ \vdots & \vdots & & \vdots \\ a_{n1} & a_{n2} & \cdots & a_{nn} \end{vmatrix}$$

$$= \begin{vmatrix} a_{11} & a_{12} & \cdots & a_{1n} \\ \vdots & \vdots & & \vdots \\ a_{i1} & 0 & \cdots & 0 \\ \vdots & \vdots & & \vdots \\ a_{n1} & a_{n2} & \cdots & a_{nn} \end{vmatrix} + \begin{vmatrix} a_{11} & a_{12} & \cdots & a_{1n} \\ \vdots & \vdots & & \vdots \\ 0 & a_{i2} & \cdots & 0 \\ \vdots & \vdots & & \vdots \\ a_{n1} & a_{n2} & \cdots & a_{nn} \end{vmatrix} +$$

$$\cdots+\begin{vmatrix} a_{11} & a_{12} & \cdots & a_{1n} \\ \vdots & \vdots & & \vdots \\ 0 & 0 & \cdots & a_{in} \\ \vdots & \vdots & & \vdots \\ a_{n1} & a_{n2} & \cdots & a_{nn} \end{vmatrix}.$$

根据引理,即得

$$D=a_{i1}A_{i1}+a_{i2}A_{i2}+\cdots+a_{in}A_{in} \qquad (i=1,2,\cdots,n).$$

类似地,若按列证明,可得

$$D=a_{1j}A_{1j}+a_{2j}A_{2j}+\cdots+a_{nj}A_{nj} \qquad (j=1,2,\cdots,n).$$

这个定理叫做**行列式按行(列)展开法则**.用行列式展开法则计算行列式称为**降阶法**.它和消元法一起是行列式计算的两个最基本的方法.降阶法的思想是:利用行列式的性质,使行列式的某一行(或列)只保留一个非零元素,其他元素都化为零,再按该行(或列)展开,则可简化行列式的计算.

例 1.12 (续例 1.9)用降阶法计算行列式

$$D=\begin{vmatrix} 1 & -5 & 3 & -4 \\ 1 & 3 & -1 & 2 \\ 0 & 2 & 1 & -1 \\ -5 & 1 & 3 & -3 \end{vmatrix}.$$

解 按第 1 列展开:

$$\begin{aligned} D &= a_{11}A_{11}+a_{21}A_{21}+a_{31}A_{31}+a_{41}A_{41} \\ &= 1\times(-1)^{1+1}\begin{vmatrix} 3 & -1 & 2 \\ 2 & 1 & -1 \\ 1 & 3 & -3 \end{vmatrix}+1\times(-1)^{2+1}\begin{vmatrix} -5 & 3 & -4 \\ 2 & 1 & -1 \\ 1 & 3 & -3 \end{vmatrix}+ \\ &\quad 0+(-5)\times(-1)^{4+1}\begin{vmatrix} -5 & 3 & -4 \\ 3 & -1 & 2 \\ 2 & 1 & -1 \end{vmatrix} \\ &= 1\times5+(-1)\times(-5)+5\times6 \\ &= 40. \end{aligned}$$

例 1.13 证明**范德蒙行列式**

$$D_n=\begin{vmatrix} 1 & 1 & \cdots & 1 \\ x_1 & x_2 & \cdots & x_n \\ x_1^2 & x_2^2 & \cdots & x_n^2 \\ \vdots & \vdots & & \vdots \\ x_1^{n-1} & x_2^{n-1} & \cdots & x_n^{n-1} \end{vmatrix}=\prod_{n\geqslant i>j\geqslant 1}(x_i-x_j). \tag{1.4}$$

其中记号 $\prod$ 表示全体同类因子的乘积.

证 用数学归纳法.

因为

$$D_2=\begin{vmatrix} 1 & 1 \\ x_1 & x_2 \end{vmatrix}=x_2-x_1=\prod_{2\geqslant i>j\geqslant 1}(x_i-x_j),$$

所以当 $n=2$ 时(1.4)式成立.

现在假设(1.4)式对于 $n-1$ 阶范德蒙行列式成立,要证(1.4)式对 n 阶范德蒙行列式也成立.

为此,设法把 D_n 降阶:从第 n 行开始,后行减去前行的 x_1 倍,有

$$D_n=\begin{vmatrix} 1 & 1 & 1 & \cdots & 1 \\ 0 & x_2-x_1 & x_3-x_1 & \cdots & x_n-x_1 \\ 0 & x_2(x_2-x_1) & x_3(x_3-x_1) & \cdots & x_n(x_n-x_1) \\ \vdots & \vdots & \vdots & & \vdots \\ 0 & x_2^{n-2}(x_2-x_1) & x_3^{n-2}(x_3-x_1) & \cdots & x_n^{n-2}(x_n-x_1) \end{vmatrix},$$

按第 1 列展开,并把每列的公因子 (x_i-x_1) 提出,就有

$$D_n=(x_2-x_1)(x_3-x_1)\cdots(x_n-x_1)\begin{vmatrix} 1 & 1 & \cdots & 1 \\ x_2 & x_3 & \cdots & x_n \\ \vdots & \vdots & & \vdots \\ x_2^{n-2} & x_3^{n-2} & \cdots & x_n^{n-2} \end{vmatrix},$$

上式右端的行列式是 $n-1$ 阶范德蒙行列式,按归纳法假设,它等于所有 (x_i-x_j) 因子的乘积,其中 $n\geqslant i>j\geqslant 2$,故

$$\begin{aligned} D_n &= (x_2-x_1)(x_3-x_1)\cdots(x_n-x_1)\prod_{n\geqslant i>j\geqslant 2}(x_i-x_j) \\ &= \prod_{n\geqslant i>j\geqslant 1}(x_i-x_j). \end{aligned}$$

特别提醒

当构成范德蒙行列式的 n 个数 $x_1,x_2,\cdots,x_n$ 互不相等时,范德蒙行列式不等于零.

由定理 1.3 还可得到下述重要推论.

推论 **行列式任一行(列)的元素与另一行(列)的对应元素的代数余子式乘积之和等于零,即**

$$a_{i1}A_{j1}+a_{i2}A_{j2}+\cdots+a_{in}A_{jn}=0 \qquad (i\neq j)$$

或

$$a_{1i}A_{1j}+a_{2i}A_{2j}+\cdots+a_{ni}A_{nj}=0 \qquad (i\neq j).$$

证 把行列式 $D=\det(a_{ij})$ 按第 j 行展开,有

$$a_{j1}A_{j1}+a_{j2}A_{j2}+\cdots+a_{jn}A_{jn}=\begin{vmatrix} a_{11} & \cdots & a_{1n} \\ \vdots & & \vdots \\ a_{i1} & \cdots & a_{in} \\ \vdots & & \vdots \\ a_{j1} & \cdots & a_{jn} \\ \vdots & & \vdots \\ a_{n1} & \cdots & a_{nn} \end{vmatrix},$$

在上式中把 a_{jk} 换成 $a_{ik}(k=1,\cdots,n)$，可得

$$a_{i1}A_{j1}+a_{i2}A_{j2}+\cdots+a_{in}A_{jn}=\begin{vmatrix} a_{11} & \cdots & a_{1n} \\ \vdots & & \vdots \\ a_{i1} & \cdots & a_{in} \\ \vdots & & \vdots \\ a_{i1} & \cdots & a_{in} \\ \vdots & & \vdots \\ a_{n1} & \cdots & a_{nn} \end{vmatrix}.$$

当 $i\neq j$ 时，上式右端行列式中有两行对应元素相同，故行列式为零，即得

$$a_{i1}A_{j1}+a_{i2}A_{j2}+\cdots+a_{in}A_{jn}=0(i\neq j).$$

上述证法如按列进行，即可得到

$$a_{1i}A_{1j}+a_{2i}A_{2j}+\cdots+a_{ni}A_{nj}=0(i\neq j).$$

综合定理 1.3 及其推论，得关于代数余子式的重要性质如下：

$$\sum_{k=1}^{n}a_{ki}A_{kj}=\begin{cases} D, & i=j, \\ 0, & i\neq j; \end{cases}$$

$$\sum_{k=1}^{n}a_{ik}A_{jk}=\begin{cases} D, & i=j, \\ 0, & i\neq j. \end{cases}$$

例 1.14 设 $D=\det(a_{ij})=\begin{vmatrix} 1 & 2 & -3 & 6 \\ 1 & 1 & 1 & 1 \\ 2 & 1 & 0 & 7 \\ 3 & 4 & 1 & 8 \end{vmatrix}$，$A_{ij}$ 是 a_{ij} 的代数余子式，则

$A_{41}+A_{42}+A_{43}+A_{44}=$________.

解 应填 0.

因为 $A_{41}+A_{42}+A_{43}+A_{44}=1\cdot A_{41}+1\cdot A_{42}+1\cdot A_{43}+1\cdot A_{44}.$

可视为第 2 行元素与第 4 行对应元素的代数余子式乘积之和，由代数余子式性质知其值为 0.

专题小结：计算行列式的常见方法

1. 对于低阶(即二、三阶)行列式，可用对角线法则计算.

2. 通常计算行列式的方法是边消元、边展开，即先用消元法将行列式的元素化简，使之某一行(或列)出现较多的 0，然后按该行(或列)展开，得到一个低一阶的行列式，以此下去，直至能较方便地计算出行列式的值.

3. 对于含有字母行列式，要先观察元素排列有无规律(比如是否为典型字母行列式；能否拆成若干个行列式相加；等等)，根据其规律用适当的方法计算.

典型例题

例 1.15 (续例 1.12)计算行列式

$$D=\begin{vmatrix}1&-5&3&-4\\1&3&-1&2\\0&2&1&-1\\-5&1&3&-3\end{vmatrix}$$

解 用边消元,边展开的方法计算.

我们保留 a_{33},把第 3 行其余元素变为 0,然后按第 3 行展开:

$$D\xlongequal[c_4+c_3]{c_2-2c_3}\begin{vmatrix}1&-11&3&-1\\1&5&-1&1\\0&0&1&0\\-5&-5&3&0\end{vmatrix}$$

$$=(-1)^{3+3}\begin{vmatrix}1&-11&-1\\1&5&1\\-5&-5&0\end{vmatrix}$$

$$\xlongequal{r_2+r_1}\begin{vmatrix}1&-11&-1\\2&-6&0\\-5&-5&0\end{vmatrix}$$

$$=(-1)\times(-1)^{1+3}\begin{vmatrix}2&-6\\-5&-5\end{vmatrix}$$

$$\xlongequal{c_1-c_2}-\begin{vmatrix}8&-6\\0&-5\end{vmatrix}=40.$$

例 1.16 计算行列式

$$D_n=\begin{vmatrix}1+a_1&1&\cdots&1\\1&1+a_2&\cdots&1\\\vdots&\vdots&&\vdots\\1&1&\cdots&1+a_n\end{vmatrix},$$

其中 $a_1a_2\cdots a_n\neq0$.

解法 1 (建立递推公式法)将 D_n 按最后一行拆成两个行列式之和

$$D_n=\begin{vmatrix}1+a_1&1&\cdots&1\\1&1+a_2&\cdots&1\\\vdots&\vdots&&\vdots\\1&1&\cdots&1\end{vmatrix}+\begin{vmatrix}1+a_1&1&\cdots&1\\1&1+a_2&\cdots&1\\\vdots&\vdots&&\vdots\\0&0&\cdots&a_n\end{vmatrix}$$

$$=\begin{vmatrix} a_1 & 0 & \cdots & 0 \\ 0 & a_2 & \cdots & 0 \\ \vdots & \vdots & & \vdots \\ 1 & 1 & \cdots & 1 \end{vmatrix}+a_n\begin{vmatrix} 1+a_1 & 1 & \cdots & 1 \\ 1 & 1+a_2 & \cdots & 1 \\ \vdots & \vdots & & \vdots \\ 1 & 1 & \cdots & 1+a_{n-1} \end{vmatrix}$$

$$=a_1a_2\cdots a_{n-1}+a_nD_{n-1}$$

$$=a_1a_2\cdots a_{n-1}+a_n(a_1\cdots a_{n-2}+a_{n-1}D_{n-2})$$

$$\cdots\cdots$$

$$=a_1a_2\cdots a_{n-1}+a_1\cdots a_{n-2}a_n+\cdots+a_2a_3\cdots a_n+a_1a_2\cdots a_n$$

$$=a_1a_2\cdots a_n\left(1+\sum_{i=1}^{n}\frac{1}{a_i}\right).$$

解法 2 （加边法）将原行列式增加一行一列，成为 $n+1$ 阶行列式，再计算出行列式的值.

$$D_n=\begin{vmatrix} 1 & 1 & 1 & \cdots & 1 \\ 0 & 1+a_1 & 1 & \cdots & 1 \\ 0 & 1 & 1+a_2 & \cdots & 1 \\ \vdots & \vdots & \vdots & & \vdots \\ 0 & 1 & 1 & \cdots & 1+a_n \end{vmatrix}$$

$$=\begin{vmatrix} 1 & 1 & 1 & \cdots & 1 \\ -1 & a_1 & 0 & \cdots & 0 \\ -1 & 0 & a_2 & \cdots & 0 \\ \vdots & \vdots & \vdots & & \vdots \\ -1 & 0 & 0 & \cdots & a_n \end{vmatrix}$$

$$=\begin{vmatrix} 1+\sum\limits_{i=1}^{n}\frac{1}{a_i} & 1 & 1 & \cdots & 1 \\ 0 & a_1 & 0 & \cdots & 0 \\ 0 & 0 & a_2 & \cdots & 0 \\ \vdots & \vdots & \vdots & & \vdots \\ 0 & 0 & 0 & \cdots & a_n \end{vmatrix}$$

$$=a_1a_2\cdots a_n\left(1+\sum_{i=1}^{n}\frac{1}{a_i}\right).$$

解法 3 先提取公因式，化为典型字母行列式，再求解.

$$D_n=a_1a_2\cdots a_n\begin{vmatrix} 1+\frac{1}{a_1} & \frac{1}{a_1} & \cdots & \frac{1}{a_1} \\ \frac{1}{a_2} & 1+\frac{1}{a_2} & \cdots & \frac{1}{a_2} \\ \vdots & \vdots & & \vdots \\ \frac{1}{a_n} & \frac{1}{a_n} & \cdots & 1+\frac{1}{a_n} \end{vmatrix}$$

$$= a_1 a_2 \cdots a_n \left(1 + \sum_{i=1}^{n} \frac{1}{a_i}\right) \begin{vmatrix} 1 & 1 & \cdots & 1 \\ \frac{1}{a_2} & 1+\frac{1}{a_2} & \cdots & \frac{1}{a_2} \\ \vdots & \vdots & & \vdots \\ \frac{1}{a_n} & \frac{1}{a_n} & \cdots & 1+\frac{1}{a_n} \end{vmatrix}$$

$$= a_1 a_2 \cdots a_n \left(1 + \sum_{i=1}^{n} \frac{1}{a_i}\right).$$

习题 1.5

1. 计算下列数字元素行列式：

(1) $\begin{vmatrix} 1 & 2 & 3 & 4 \\ 2 & 3 & 4 & 1 \\ 3 & 4 & 1 & 2 \\ 4 & 1 & 2 & 3 \end{vmatrix}$； (2) $\begin{vmatrix} 5 & 0 & 4 & 2 \\ 1 & -1 & 2 & 1 \\ 4 & 1 & 2 & 0 \\ 1 & 1 & 1 & 1 \end{vmatrix}$.

2. 计算行列式：

(1) $D_{2n} = \begin{vmatrix} a_n & & & & & b_n \\ & \ddots & & & \iddots & \\ & & a_1 & b_1 & & \\ & & c_1 & d_1 & & \\ & \iddots & & & \ddots & \\ c_n & & & & & d_n \end{vmatrix}$； (2) $D_n = \begin{vmatrix} x & y & 0 & \cdots & 0 & 0 \\ 0 & x & y & \cdots & 0 & 0 \\ 0 & 0 & x & \cdots & 0 & 0 \\ \vdots & \vdots & \vdots & & \vdots & \vdots \\ 0 & 0 & 0 & \cdots & x & y \\ y & 0 & 0 & \cdots & 0 & x \end{vmatrix}$.

3. 证明：

(1) $\begin{vmatrix} 1 & 1 & 1 \\ a & b & c \\ a^3 & b^3 & c^3 \end{vmatrix} = (a+b+c)(b-a)(c-a)(c-b)$；

(2) $\begin{vmatrix} x & -1 & 0 & \cdots & 0 & 0 \\ 0 & x & -1 & \cdots & 0 & 0 \\ \vdots & \vdots & \vdots & & \vdots & \vdots \\ 0 & 0 & 0 & \cdots & x & -1 \\ a_n & a_{n-1} & a_{n-2} & \cdots & a_2 & x+a_1 \end{vmatrix} = x^n + a_1 x^{n-1} + \cdots + a_{n-1} x + a_n$.

4. 已知四阶行列式 D 中第 3 列元素依次为 $-1,2,0,1$，它们的余子式分别为 $5,3,-7,4$，求 $D=$？

1.6 克莱姆法则

1. 克莱姆法则

二阶行列式和三阶行列式是为求解线性方程组而引入的,同样 n 阶行列式可用来求解 n 元线性方程组.设含有 n 个未知数 $x_1,x_2,\cdots,x_n$ 的 n 个方程的线性方程组

$$\begin{cases} a_{11}x_1+a_{12}x_2+\cdots+a_{1n}x_n=b_1, \\ a_{21}x_1+a_{22}x_2+\cdots+a_{2n}x_n=b_2, \\ \cdots\cdots\cdots\cdots\cdots\cdots\cdots\cdots \\ a_{n1}x_1+a_{n2}x_2+\cdots+a_{nn}x_n=b_n, \end{cases} \tag{1.5}$$

与二、三元线性方程组相类似,它的解可以用 n 阶行列式表示,即有

定理 1.4 **(克莱姆(Cramer)法则)如果线性方程组(1.5)的系数行列式不等于零,即**

$$D=\begin{vmatrix} a_{11} & \cdots & a_{1n} \\ \vdots & & \vdots \\ a_{n1} & \cdots & a_{nn} \end{vmatrix} \neq 0,$$

那么,方程组(1.5)有唯一解

$$x_1=\frac{D_1}{D},x_2=\frac{D_2}{D},\cdots,x_n=\frac{D_n}{D}, \tag{1.6}$$

其中 $D_j(j=1,2,\cdots,n)$ 是把系数行列式 D 中第 j 列的元素用方程组右端的自由项代替后所得到的 n 阶行列式,即

$$D_j=\begin{vmatrix} a_{11} & \cdots & a_{1,j-1} & b_1 & a_{1,j+1} & \cdots & a_{1n} \\ \vdots & & \vdots & \vdots & \vdots & & \vdots \\ a_{n1} & \cdots & a_{n,j-1} & b_n & a_{n,j+1} & \cdots & a_{nn} \end{vmatrix}.$$

定理的证明过程我们省略。应注意克莱姆法则的应用场合:方程的个数与未知量的个数必相等(即方程组是"方形"的),否则不能用该法则.

例 1.17 解线性方程组

$$\begin{cases} 2x_1+x_2-5x_3+x_4=8, \\ x_1-3x_2 \quad\quad -6x_4=9, \\ 2x_2-x_3+2x_4=-5, \\ x_1+4x_2-7x_3+6x_4=0. \end{cases}$$

解

$$D=\begin{vmatrix} 2 & 1 & -5 & 1 \\ 1 & -3 & 0 & -6 \\ 0 & 2 & -1 & 2 \\ 1 & 4 & -7 & 6 \end{vmatrix} \xlongequal[r_4-r_2]{r_1-2r_2} \begin{vmatrix} 0 & 7 & -5 & 13 \\ 1 & -3 & 0 & -6 \\ 0 & 2 & -1 & 2 \\ 0 & 7 & -7 & 12 \end{vmatrix}$$

$$=-\begin{vmatrix}7 & -5 & 13\\2 & -1 & 2\\7 & -7 & 12\end{vmatrix}\xlongequal[c_3+2c_2]{c_1+2c_2}-\begin{vmatrix}-3 & -5 & 3\\0 & -1 & 0\\-7 & -7 & -2\end{vmatrix}$$

$$=\begin{vmatrix}-3 & 3\\-7 & -2\end{vmatrix}=27.$$

$$D_1=\begin{vmatrix}8 & 1 & -5 & 1\\9 & -3 & 0 & -6\\-5 & 2 & -1 & 2\\0 & 4 & -7 & 6\end{vmatrix}=81,\qquad D_2=\begin{vmatrix}2 & 8 & -5 & 1\\1 & 9 & 0 & -6\\0 & -5 & -1 & 2\\1 & 0 & -7 & 6\end{vmatrix}=-108,$$

$$D_3=\begin{vmatrix}2 & 1 & 8 & 1\\1 & -3 & 9 & -6\\0 & 2 & -5 & 2\\1 & 4 & 0 & 6\end{vmatrix}=-27,\qquad D_4=\begin{vmatrix}2 & 1 & -5 & 8\\1 & -3 & 0 & 9\\0 & 2 & -1 & -5\\1 & 4 & -7 & 0\end{vmatrix}=27,$$

于是得到 $x_1=3, x_2=-4, x_3=-1, x_4=1$.

克莱姆法则有重大的理论价值,对于 n 个 n 元线性方程所组成的方程组(方程个数等于未知量个数),定理给出了解的判定和解的表达式. 为便于应用,将克莱姆法则的理论部分重新叙述如下:

定理 1.5　如果线性方程组(1.5)的系数行列式 $D\neq0$,则(1.5)式一定有解,且解是唯一的.

定理 1.5 的逆否定理为

定理 1.5′　如果线性方程组(1.5)无解或有两个不同的解,则它的系数行列式必为零.

2. 齐次线性方程组

当(1.5)式右端的自由项 $b_1, b_2, \cdots, b_n$ 不全为零时,称该方程组为非齐次线性方程组,当 $b_1, b_2, \cdots, b_n$ 全为零时,称该方程组为齐次线性方程组.

对于齐次线性方程组

$$\begin{cases}a_{11}x_1+a_{12}x_2+\cdots+a_{1n}x_n=0,\\a_{21}x_1+a_{22}x_2+\cdots+a_{2n}x_n=0,\\\cdots\cdots\cdots\cdots\cdots\cdots\cdots\cdots\cdots\cdots\\a_{n1}x_1+a_{n2}x_2+\cdots+a_{nn}x_n=0,\end{cases}\tag{1.8}$$

$x_1=x_2=\cdots=x_n=0$ 一定是它的解,这个解称为式(1.8)的零解. 如果一组不全为零的数是(1.8)的解,则称其为式(1.8)的非零解.

特别提醒

齐次线性方程组(1.8)一定有零解,但不一定有非零解.

把定理 1.5 应用于齐次线性方程组(1.8),则有

定理 1.6 **如果齐次线性方程组(1.8)的系数行列式 $D\neq 0$,则它没有非零解(即只有零解).**

定理 1.6′ **如果齐次线性方程组(1.8)有非零解,则它的系数行列式必为零.**

定理 1.6(或定理 1.6′)说明系数行列式 $D=0$ 是齐次线性方程组有非零解的必要条件,在第 2 章将证明这个条件也是充分条件.

典型例题

例 1.18 问 λ 取何值时,齐次线性方程组

$$\begin{cases}(5-\lambda)x+2y+2z=0,\\ 2x+(6-\lambda)y \qquad\quad =0,\\ 2x+\qquad\quad (4-\lambda)z=0\end{cases}$$

有非零解?

解 由定理 1.6′可知,若齐次方程组有非零解,则其系数行列式 $D=0$. 而

$$\begin{aligned}D=&\begin{vmatrix}5-\lambda & 2 & 2\\ 2 & 6-\lambda & 0\\ 2 & 0 & 4-\lambda\end{vmatrix}\\ =&(5-\lambda)(6-\lambda)(4-\lambda)-4(4-\lambda)-4(6-\lambda)\\ =&(5-\lambda)(2-\lambda)(8-\lambda),\end{aligned}$$

由 $D=0$,得 $\lambda=2,\lambda=5$ 或 $\lambda=8$. 不难验证,当 $\lambda=2,5$ 或 8 时,该齐次方程组确有非零解.

特别提醒

1. 克莱姆公式的优点在于,用方程组的系数及常数项组成的行列式把解明显地表达出来,这给分析问题和理论性的研究带来很大的便利;

2. 从计算角度来看,当 n 较大时,要计算 $n+1$ 个 n 阶行列式很不方便,因此往往并不直接使用克莱姆法则去求解方程组.

对于一般的线性方程组(即方程组中方程的个数与变量的个数不相等),这时行列式这个工具就不够用了,还需要借助于矩阵、向量等工具,这便是以后要讨论的主要内容.

习题 1.6

1. 用克莱姆法则求解下列方程组:

(1) $\begin{cases}2x+5y=1,\\ 3x+7y=2;\end{cases}$

(2) $\begin{cases}2x_1+x_2-3x_3=5,\\ 3x_1-2x_2+2x_3=5,\\ 5x_1-3x_2-x_3=16.\end{cases}$

2. 问 λ,μ 取何值时，齐次方程组

$$\begin{cases}\lambda x_1+x_2+x_3=0,\\ x_1+\mu x_2+x_3=0,\\ \lambda x_1+2\mu x_2+x_3=0\end{cases}$$

有非零解？

第1章小结

行列式是由解线性方程组产生的，它是一个重要的数学工具，在科学技术的许多领域内均有广泛的应用. 本章先给出二阶、三阶行列式的计算规则，即对角线法则. 但需要注意的是，对于 4 阶及以上的高阶行列式，对角线法则不再适用.

高阶行列式的计算最基本的方法是消元法和降阶法(或展开法). 消元法是根据行列式的性质将行列式化为上三角的形式. 而降阶法是根据行列式的展开定理，将高阶行列式化为低阶行列式来计算，在实际解题中常常是将两种方法结合起来使用，即边消元边展开. 本章的重点无疑是行列式的性质和计算，读者应在充分理解和掌握有关理论的基础上能较熟练地计算一些常见的行列式，并能对行列式计算的常用方法加以总结.

克莱姆法则使用行列式来讨论线性方程组何时有解以及给出了解的形式，由于用克莱姆法则求解时，计算量较大，故我们更多的是用这个法则的理论部分，即当系数行列式不为零时，线性方程组有唯一解(齐次线性方程组只有零解). 另外克莱姆法则的逆命题也是成立的，即当线性方程组无解或有解但不唯一(齐次线性方程组存在非零解)时，系数行列式必等于零，这一点将在第 3 章详细讨论.

答疑解惑

1. 问：4 阶及 4 阶以上的行列式能否用对角线法则？

答：不能，对角线法则对 4 阶和 4 阶以上的行列式不再适用.

2. 问：设 n 阶行列式 D 中恰有 n 个元素不等于 0，如何安排这 n 个元素的位置，可使得行列式的值不为 0.

答：将这 n 个非 0 元素，按排在不同行，不同列即可.

3. 问："典型字母行列式"的特点是什么？如何求解典型字母行列式？

答：典型字母行列式的特点是：行列式的各行(或各列)元素之和相等. 其求解方法是先将其余各行(或各列)元素都加到第一行(或列)上，然后提出公因子，再通过适当的变换化简，就可求出行列式的值.

4. 问：使用克莱姆法则的前提是什么？

答：前提是方程组中方程的个数与未知数的个数相等，另外还要求系数行列式不等于 0. 因为克莱姆法则是用行列式来表示方程组的解，而行列式是"方"形的，故要求方程的个数与未知数的个数必须相等.

☞ 自测题 A

1. 填空题：

(1) 排列 542613 的逆序数等于________.

(2) 若行列式 $\begin{vmatrix} 1 & 1 & x \\ c & c & c \\ 2 & x & 2 \end{vmatrix}=0$,则 $x=$________.

(3) 若 $\begin{vmatrix} a_{11} & a_{12} \\ a_{21} & a_{22} \end{vmatrix} \neq 0$,则方程组 $\begin{cases} a_{11}x_1+a_{12}x_2=0 \\ a_{21}x_1+a_{22}x_2=0 \end{cases}$,只有________解.

(4) 交换行列式的两行或两列,行列式的值________.

(5) $\begin{vmatrix} 1 & 1 & 1 & 0 \\ 0 & 1 & 0 & 1 \\ 0 & 1 & 1 & 1 \\ 0 & 0 & 1 & 0 \end{vmatrix}=$________.

2. 单项选择题：

(1) 若 $\begin{vmatrix} k-1 & 2 \\ 2 & k-1 \end{vmatrix}=0$,则必有(　　).

A. $k=-1$　　B. $k=3$

C. $k=-1$ 或 $k=3$　　D. $k\neq -1$ 且 $k\neq 3$

(2) $\begin{vmatrix} 1 & 1 & 1 \\ x & y & z \\ x^2 & y^2 & z^2 \end{vmatrix}=$(　　).

A. $(y-x)(z-x)(z-y)$　　B. xyz

C. $(y+x)(z+x)(z+y)$　　D. $x+y+z$

(3) $\begin{vmatrix} 0 & a_{12} & 0 & 0 \\ 0 & 0 & 0 & a_{24} \\ a_{31} & 0 & 0 & 0 \\ 0 & 0 & a_{43} & 0 \end{vmatrix}=$(　　).

A. $-a_{12}a_{24}a_{31}a_{43}$　　B. $a_{12}a_{24}a_{31}a_{43}$

C. 0　　D. 1

(4) 若 $D=\begin{vmatrix} k & 2 & 3 \\ -1 & k & 0 \\ 0 & k & 1 \end{vmatrix}=0$,则 $k=$(　　).

A. $k=1$　　B. $k=2$　　C. $k=1$ 或 $k=2$　　D. $k\neq 1$ 且 $k\neq 2$

(5) 设 $D=\begin{vmatrix} a_{11} & a_{12} & a_{13} \\ a_{21} & a_{22} & a_{23} \\ a_{31} & a_{32} & a_{33} \end{vmatrix}=5$,则 $D_1=\begin{vmatrix} 2a_{11} & 2a_{12} & 2a_{13} \\ 2a_{31} & 2a_{32} & 2a_{33} \\ 2a_{21} & 2a_{22} & 2a_{23} \end{vmatrix}=$(　　).

A. 10　　B. -10　　C. 40　　D. -40

3. 试确定在 6 阶行列式中,乘积项 $a_{21}a_{53}a_{16}a_{42}a_{65}a_{34}$ 前应带什么符号?

4. 计算下列行列式:

(1) $\begin{vmatrix} 1 & \log_b a \\ \log_a b & 1 \end{vmatrix}$; (2) $\begin{vmatrix} 0 & a & 0 \\ b & 0 & c \\ 0 & d & 0 \end{vmatrix}$.

5. 计算行列式:

$$D=\begin{vmatrix} 1 & 2 & 1 & 3 \\ 0 & 1 & -2 & 1 \\ 2 & -1 & 0 & 2 \\ -3 & 0 & 2 & 4 \end{vmatrix}.$$

6. 求行列式 $\begin{vmatrix} -3 & 0 & 4 \\ 5 & 0 & 3 \\ 2 & -2 & 1 \end{vmatrix}$ 中元素 2 和 -2 的代数余子式.

7. 计算行列式

$$D=\begin{vmatrix} 1+x & 1 & 1 & 1 \\ 1 & 1-x & 1 & 1 \\ 1 & 1 & 1+y & 1 \\ 1 & 1 & 1 & 1-y \end{vmatrix}.$$

8. k 取何值时,齐次线性方程组

$$\begin{cases} kx+y-z=0, \\ x+ky-z=0, \\ 2x-y+z=0 \end{cases}$$

仅有零解?

☞ 自测题 B

1. 填空题:

(1) $\begin{vmatrix} a_1 & 0 & 0 & b_1 \\ 0 & a_2 & b_2 & 0 \\ 0 & b_3 & a_3 & 0 \\ b_4 & 0 & 0 & a_4 \end{vmatrix}=$________.

(2) 方程 $p_3(x)=\begin{vmatrix} 2^3 & 4^3 & 6^3 & x^3 \\ 2^2 & 4^2 & 6^2 & x^2 \\ 2 & 4 & 6 & x \\ 1 & 1 & 1 & 1 \end{vmatrix}=0$ 的所有根为________.

(3) 如果 $\begin{vmatrix} a_{11} & a_{12} & a_{13} \\ a_{21} & a_{22} & a_{23} \\ a_{31} & a_{32} & a_{33} \end{vmatrix}=1$,则 $\begin{vmatrix} 4a_{11} & 2a_{12}-3a_{13} & a_{13} \\ 4a_{21} & 2a_{22}-3a_{23} & a_{23} \\ 4a_{31} & 2a_{32}-3a_{33} & a_{33} \end{vmatrix}=$________.

(4) 行列式 $\begin{vmatrix} x & -1 & 0 & 0 \\ 0 & x & -1 & 0 \\ 0 & 0 & x & -1 \\ a_4 & a_3 & a_2 & x+a_1 \end{vmatrix}$ 的代数余子式 $A_{43}=$________.

(5) 若齐次线性方程组 $\begin{cases} kx_1+2x_2+3x_3=0 \\ -x_1+kx_2=0 \\ kx_2+x_3=0 \end{cases}$ 有非零解，则 $k=$________.

2. 单项选择题：

(1) 设 D 是五阶行列式，其中 $a_{12}=0$，则 D 按定义的展开式中为零的项至少有(　　)项.

A. 4　　B. 12　　C. 24　　D. 48

(2) 若 $a_{1i}a_{23}a_{3j}a_{44}$ 是 4 阶行列式中前面取负号的一项，则 i,j 的值为(　　).

A. 1,2　　B. 1,3　　C. 2,3　　D. 2,1

(3) 在一个 n 阶行列式中，如果等于 0 的元素个数大于 n^2-n，那么这个行列式等于(　　).

A. n　　B. n^2　　C. 0　　D. 1

(4) 已知 4 阶行列式 D 的第 1 行元素依次为 1, 2, 3, 4，它们的余子式也依次为 1, 2, 3, 4，则 $D=$(　　).

A. 0　　B. $1^2+2^2+3^2+4^2$

C. $1^2-2^2+3^2-4^2$　　D. $1+2+3+4$

(5) 行列式 $\begin{vmatrix} 1 & 1 & 1 & 1 \\ 1 & 2 & 3 & 4 \\ 1 & 4 & 9 & 16 \\ 1 & 8 & 27 & 64 \end{vmatrix}=$(　　).

A. 24　　B. 12　　C. 6　　D. 1

3. 计算行列式：

$$D=\begin{vmatrix} 0 & a & 0 & 0 \\ 0 & 0 & 0 & b \\ c & 0 & 0 & 0 \\ 0 & 0 & d & 0 \end{vmatrix}.$$

4. 计算行列式：

$$D=\begin{vmatrix} a_1+b & a_1+c & 1 \\ a_2+b & a_2+c & 1 \\ a_3+b & a_3+c & 0 \end{vmatrix}$$

5. 证明：

$$\begin{vmatrix} a_1+b_1x & a_1x+b_1 & c_1 \\ a_2+b_2x & a_2x+b_2 & c_2 \\ a_3+b_3x & a_3x+b_3 & c_3 \end{vmatrix}=(1-x^2)\begin{vmatrix} a_1 & b_1 & c_1 \\ a_2 & b_2 & c_2 \\ a_3 & b_3 & c_3 \end{vmatrix};$$

6. 证明：

$$\begin{vmatrix} 2 & 1 & 0 & \cdots & 0 & 0 \\ 1 & 2 & 1 & \cdots & 0 & 0 \\ \vdots & \vdots & \vdots & & \vdots & \vdots \\ 0 & 0 & 0 & \cdots & 2 & 1 \\ 0 & 0 & 0 & \cdots & 1 & 2 \end{vmatrix} = n+1.$$

7. 已知

$$D=\begin{vmatrix} 2 & 1 & 3 & -5 \\ 4 & 2 & 3 & 1 \\ 1 & 1 & 1 & 2 \\ 7 & 4 & 9 & 2 \end{vmatrix},$$

求 $A_{41}+A_{42}+A_{43}+A_{44}$.

8. 问 λ 为何值时齐次方程组

$$\begin{cases} (1-\lambda)x_1-2x_2+4x_3=0 \\ 2x_1+(3-\lambda)x_2+x_3=0 \\ x_1+x_2+x_3=0 \end{cases}$$

有非零解？

第 2 章 ⇨ 矩阵及其运算

核心知识点

1. 矩阵的概念及基本运算.
2. 可逆矩阵的判别.
3. 矩阵的初等变换及其应用.
4. 初等矩阵.
5. 矩阵的秩及其求法.

学习目标

1. 理解矩阵的概念,熟练掌握矩阵的运算.
2. 了解一些特殊的矩阵.
3. 理解可逆矩阵的概念及性质.
4. 熟练掌握矩阵的初等变换,并会用初等变换解决有关问题.
5. 理解矩阵秩的概念并掌握其求法.

学习重点

1. 矩阵的概念及运算.
2. 可逆矩阵的定义、判断、性质和逆矩阵的求法.
3. 利用初等变换求逆矩阵及矩阵的秩.

矩阵是线性代数的主要研究对象,在自然科学和管理科学的各个领域里都有广泛的应用.本章先给出矩阵的概念和一些特殊的矩阵,然后介绍矩阵的常见运算,接着讨论矩阵的求逆、初等变换和矩阵的秩等问题.本章内容是学习以后各章的基础.

2.1 矩阵的概念

1. 矩阵的概念

例 2.1 在物资调运中,某产品从 m 个产地 $x_1,x_2,\cdots,x_m$ 运到 n 个销地 $y_1,y_2,\cdots,y_n$,其运输的数量可用下面的数表表示.

产地 \ 销地	y_1	y_1	$\cdots$	y_n
x_1	a_{11}	a_{12}	$\cdots$	a_{1n}
x_2	a_{21}	a_{22}	$\cdots$	a_{2n}
$\vdots$	$\vdots$	$\vdots$		$\vdots$
x_m	a_{m1}	a_{m2}	$\cdots$	a_{mn}

表中数字 a_{ij} 表示由产地 x_i 运到销地 y_j 的数量,这个按一定次序排列的数表

$$\begin{pmatrix} a_{11} & a_{12} & \cdots & a_{1n} \\ a_{21} & a_{22} & \cdots & a_{2n} \\ \vdots & \vdots & & \vdots \\ a_{m1} & a_{m2} & \cdots & a_{mn} \end{pmatrix}$$

表示了物资的调运方案.

例 2.2 线性方程组

$$\begin{cases} a_{11}x_1+a_{12}x_2+\cdots+a_{1n}x_n=b_1, \\ a_{21}x_1+a_{22}x_2+\cdots+a_{2n}x_n=b_2, \\ \cdots\cdots\cdots\cdots\cdots\cdots\cdots\cdots \\ a_{m1}x_1+a_{m2}x_2+\cdots+a_{mn}x_n=b_m \end{cases} \tag{2.1}$$

的系数和常数项分别可排成如下 m 行 n 列和 m 行 1 列的数表,即

$$\begin{pmatrix} a_{11} & a_{12} & \cdots & a_{1n} \\ a_{21} & a_{22} & \cdots & a_{2n} \\ \vdots & \vdots & & \vdots \\ a_{m1} & a_{m2} & \cdots & a_{mn} \end{pmatrix}, \begin{pmatrix} b_1 \\ b_2 \\ \vdots \\ b_m \end{pmatrix},$$

有了这两个数表,原方程组(2.1)就完全确定了.

定义 2.1 由 $m\times n$ 个数 $a_{ij}(i=1,2,\cdots,m;j=1,2,\cdots,n)$ 排成的 m 行 n 列的数表

$$\begin{pmatrix} a_{11} & a_{12} & \cdots & a_{1n} \\ a_{21} & a_{22} & \cdots & a_{2n} \\ \vdots & \vdots & & \vdots \\ a_{m1} & a_{m2} & \cdots & a_{mn} \end{pmatrix}, \tag{2.2}$$

叫做 m 行 n 列**矩阵**，简称 $m\times n$ 矩阵. 这 $m\times n$ 个数叫做矩阵的**元素**，a_{ij} 叫做矩阵的第 i 行第 j 列元素. 元素是实数的矩阵称为**实矩阵**，元素是复数的矩阵称为**复矩阵**，本书中的矩阵除特别说明外都是指实矩阵.(2.2)式中的矩阵可简记为 $\boldsymbol{A}=(a_{ij})_{m\times n}$ 或 $\boldsymbol{A}=(a_{ij})$，$m\times n$ 矩阵 $\boldsymbol{A}$ 也记作 $\boldsymbol{A}_{m\times n}$，当 $m=n$ 时，$\boldsymbol{A}$ 称为 n 阶方阵. 只有一行的矩阵

$$\boldsymbol{A}=(a_1 \quad a_2 \quad \cdots \quad a_n)$$

称为**行矩阵**，只有一列的矩阵

$$\boldsymbol{B}=\begin{pmatrix} b_1 \\ b_2 \\ \vdots \\ b_m \end{pmatrix}$$

叫做**列矩阵**.

2. 一些特殊的矩阵

称元素都是零的矩阵为**零矩阵**，记作 $\mathbf{0}$. 如

$$\begin{pmatrix} 0 & 0 \\ 0 & 0 \end{pmatrix}, \qquad \begin{pmatrix} 0 & 0 & 0 \\ 0 & 0 & 0 \end{pmatrix}$$

等都是零矩阵. 注意两个零矩阵的行列数可能是不相同的.

在数学的许多问题中，我们常常会遇到一些变量用另外一些变量线性地表示. 设变量 $y_1,y_2,\cdots,y_m$ 能用变量 $x_1,x_2,\cdots,x_n$ 线性表示，即

$$\begin{cases} y_1=a_{11}x_1+a_{12}x_2+\cdots+a_{1n}x_n, \\ y_2=a_{21}x_1+a_{22}x_2+\cdots+a_{2n}x_n, \\ \cdots\cdots \\ y_m=a_{m1}x_1+a_{m2}x_2+\cdots+a_{mn}x_n. \end{cases} \tag{2.3}$$

其中 a_{ij} 为常数($i=1,2,\cdots,m;j=1,2,\cdots,n$)，称这种从变量 $x_1,x_2,\cdots,x_n$ 到 $y_1,y_2,\cdots,y_m$ 的变换叫做**线性变换**.

给定了线性变换(2.3)，它的系数所构成的矩阵(称为系数矩阵)也就确定. 反之，如果给出一个作为线性变换的系数矩阵，则线性变换也就确定. 在这个意义上，线性变换和矩阵之间存在着一一对应的关系，因此可以利用矩阵来研究线性变换.

例 2.3 线性变换

$$\begin{cases} y_1=x_1, \\ y_2=x_2, \\ \cdots\cdots \\ y_n=x_n \end{cases}$$

叫做**恒等变换**，它对应的一个 n 阶方阵

$$\boldsymbol{E}_n=\begin{pmatrix} 1 & 0 & \cdots & 0 \\ 0 & 1 & \cdots & 0 \\ \vdots & \vdots & & \vdots \\ 0 & 0 & \cdots & 1 \end{pmatrix},$$

叫做 n 阶**单位矩阵**,简记为 $\boldsymbol{E}$,这个方阵的特点是:主对角线(从左上角到右下角的连线)上的元素都是 1,其余元素都是 0.

例 2.4 线性变换

$$\begin{cases} y_1 = \lambda_1 x_1, \\ y_2 = \lambda_2 x_2, \\ \cdots\cdots\cdots\cdots \\ y_n = \lambda_n x_n \end{cases}$$

对应的一个 n 阶方阵

$$\boldsymbol{\Lambda}_n = \begin{pmatrix} \lambda_1 & 0 & \cdots & 0 \\ 0 & \lambda_2 & \cdots & 0 \\ \vdots & \vdots & & \vdots \\ 0 & 0 & \cdots & \lambda_n \end{pmatrix}.$$

这个方阵的特点是:不在主对角线上的元素都是 0,这种方阵称为**对角阵**. 当 $\lambda_1 = \lambda_2 = \cdots = \lambda_n = a$时,即有

$$\boldsymbol{\Lambda} = \begin{pmatrix} a & 0 & \cdots & 0 \\ 0 & a & \cdots & 0 \\ \vdots & \vdots & & \vdots \\ 0 & 0 & \cdots & a \end{pmatrix},$$

称其为**数量矩阵**.

在 n 阶方阵中,如果主对角线以下的元素全为零,即

$$\boldsymbol{A}_1 = \begin{pmatrix} a_{11} & a_{12} & \cdots & a_{1n} \\ 0 & a_{22} & \cdots & a_{2n} \\ \vdots & \vdots & & \vdots \\ 0 & 0 & \cdots & a_{nn} \end{pmatrix},$$

则称 $\boldsymbol{A}_1$ 为**上三角矩阵**. 如果主对角线以上的元素全为零,即

$$\boldsymbol{A}_2 = \begin{pmatrix} a_{11} & 0 & \cdots & 0 \\ a_{21} & a_{22} & \cdots & 0 \\ \vdots & \vdots & & \vdots \\ a_{n1} & a_{n2} & \cdots & a_{nn} \end{pmatrix},$$

则称 $\boldsymbol{A}_2$ 为**下三角矩阵**.

特别提醒

需要注意的是,矩阵与行列式在形式上有些相似,但在意义上则完全不同,行列式的运算结果是数,而矩阵仅是一个数表.

习题 2.1

1. 有5名选手参加乒乓球比赛，成绩如下：选手1胜选手2,4,5，负于3；选手2胜4,5，负于1,3；选手3胜1,2,4，负于5；选手4胜5，负于1,2,3；选手5胜3，负于1,2,4. 若胜一场得1分，负一场得−1分，试用矩阵表示输赢情况.

2. 写出下列线性变换中的矩阵：

(1) $\begin{cases} x_1 = 2y_2 + y_3, \\ x_2 = -2y_1 + 3y_2 + 2y_3, \\ x_3 = 4y_1 + y_2 + 5y_3; \end{cases}$ (2) $\begin{cases} y_1 = -3z_1 + z_2, \\ y_2 = 2z_1 + z_3, \\ y_3 = -z_2 + 3z_3. \end{cases}$

3. 某地区生产同一产品的有 A_1, A_2 两个工厂，有三家销售店 B_1, B_2, B_3，用 c_{ij} 表示第 i $(i=1,2)$ 厂家供应第 $j(j=1,2,3)$ 店的产量(单位：件)，构造矩阵 $\boldsymbol{C}$ 如下：

$$\boldsymbol{C} = (c_{ij}) = \begin{pmatrix} 50 & 100 & 200 \\ 150 & 200 & 0 \end{pmatrix},$$

试解释 $\boldsymbol{C}$ 的实际含义.

2.2 矩阵的运算

两个矩阵行数相等，列数也相等时，就称它们为**同型矩阵**. 如果 $\boldsymbol{A}=(a_{ij})$ 与 $\boldsymbol{B}=(b_{ij})$ 是同型矩阵，并且它们的对应元素相等，即

$$a_{ij} = b_{ij} \qquad (i = 1,2,\cdots,m; j = 1,2,\cdots,n), \tag{2.4}$$

那么就称矩阵 $\boldsymbol{A}$ 与矩阵 $\boldsymbol{B}$ 相等，记作 $\boldsymbol{A}=\boldsymbol{B}$.

1. 矩阵的加法

定义 2.2 设有两个 $m \times n$ 矩阵 $\boldsymbol{A}=(a_{ij})$，$\boldsymbol{B}=(b_{ij})$，那么矩阵 $\boldsymbol{A}$ 与 $\boldsymbol{B}$ 的和记作 $\boldsymbol{A}+\boldsymbol{B}$，定义为

$$\boldsymbol{A}+\boldsymbol{B} = \begin{pmatrix} a_{11}+b_{11} & a_{12}+b_{12} & \cdots & a_{1n}+b_{1n} \\ a_{21}+b_{21} & a_{22}+b_{22} & \cdots & a_{2n}+b_{2n} \\ \vdots & \vdots & & \vdots \\ a_{m1}+b_{m1} & a_{m2}+b_{m2} & \cdots & a_{mn}+b_{mn} \end{pmatrix}. \tag{2.5}$$

只有当两个矩阵是同型矩阵时，这两个矩阵才能进行加法运算.

矩阵加法满足下列运算规律(设 $\boldsymbol{A}, \boldsymbol{B}, \boldsymbol{C}$ 都是 $m \times n$ 矩阵)：

(1) 交换律 $\boldsymbol{A}+\boldsymbol{B}=\boldsymbol{B}+\boldsymbol{A}$;

(2) 结合律 $(\boldsymbol{A}+\boldsymbol{B})+\boldsymbol{C}=\boldsymbol{A}+(\boldsymbol{B}+\boldsymbol{C})$.

设 $\boldsymbol{A}=(a_{ij})$，$\boldsymbol{A}$ 的负矩阵定义为 $-\boldsymbol{A}=(-a_{ij})$，显然有

$$\boldsymbol{A} + (-\boldsymbol{A}) = \boldsymbol{0}.$$

由此规定矩阵的减法为

$$\boldsymbol{A}-\boldsymbol{B}=\boldsymbol{A}+(-\boldsymbol{B}).$$

例 2.5 设 $\boldsymbol{A}=\begin{pmatrix}1 & 2\\-1 & 5\end{pmatrix}$，$\boldsymbol{B}=\begin{pmatrix}0 & 1\\2 & 1\end{pmatrix}$，计算 $\boldsymbol{A}+\boldsymbol{B}$，$-\boldsymbol{B}$，$\boldsymbol{A}-\boldsymbol{B}$.

解 $\boldsymbol{A}+\boldsymbol{B}=\begin{pmatrix}1 & 2\\-1 & 5\end{pmatrix}+\begin{pmatrix}0 & 1\\2 & 1\end{pmatrix}=\begin{pmatrix}1+0 & 2+1\\-1+2 & 5+1\end{pmatrix}=\begin{pmatrix}1 & 3\\1 & 6\end{pmatrix}$，

$$-\boldsymbol{B}=\begin{pmatrix}0 & -1\\-2 & -1\end{pmatrix},$$

$$\boldsymbol{A}-\boldsymbol{B}=\begin{pmatrix}1 & 2\\-1 & 5\end{pmatrix}-\begin{pmatrix}0 & 1\\2 & 1\end{pmatrix}=\begin{pmatrix}1-0 & 2-1\\-1-2 & 5-1\end{pmatrix}=\begin{pmatrix}1 & 1\\-3 & 4\end{pmatrix}.$$

2. 数与矩阵相乘(数乘)

定义 2.3 数 λ 与矩阵 $\boldsymbol{A}$ 的乘积规定为数 λ 乘以矩阵 $\boldsymbol{A}$ 的每一个元素，记为 $\lambda\boldsymbol{A}$ 或 $\boldsymbol{A}\lambda$，即

$$\lambda\boldsymbol{A}=\boldsymbol{A}\lambda=(\lambda a_{ij})=\begin{bmatrix}\lambda a_{11} & \cdots & \lambda a_{1n}\\ \vdots & & \vdots\\ \lambda a_{m1} & \cdots & \lambda a_{mn}\end{bmatrix}. \tag{2.6}$$

易知数乘矩阵满足下列运算规律(设 $\boldsymbol{A}$，$\boldsymbol{B}$ 为 $m\times n$ 矩阵，λ，μ 为数)：

(1) $(\lambda\mu)\boldsymbol{A}=\lambda(\mu\boldsymbol{A})$；

(2) $(\lambda+\mu)\boldsymbol{A}=\lambda\boldsymbol{A}+\mu\boldsymbol{A}$；

(3) $\lambda(\boldsymbol{A}+\boldsymbol{B})=\lambda\boldsymbol{A}+\lambda\boldsymbol{B}$.

例 2.6 已知 $\boldsymbol{A}=\begin{pmatrix}1 & 5 & 7\\2 & 4 & 6\end{pmatrix}$，$\boldsymbol{B}=\begin{pmatrix}5 & 1 & 9\\3 & 2 & -1\end{pmatrix}$，且 $\boldsymbol{A}+2\boldsymbol{X}=\boldsymbol{B}$，求矩阵 $\boldsymbol{X}$.

解 由 $\boldsymbol{A}+2\boldsymbol{X}=\boldsymbol{B}$，得

$$\boldsymbol{X}=\frac{1}{2}(\boldsymbol{B}-\boldsymbol{A})=\frac{1}{2}\begin{pmatrix}4 & -4 & 2\\1 & -2 & -7\end{pmatrix}=\begin{bmatrix}2 & -2 & 1\\ \frac{1}{2} & -1 & -\frac{7}{2}\end{bmatrix}.$$

3. 矩阵与矩阵相乘

定义 2.4 设 $\boldsymbol{A}=(a_{ij})$ 是一个 $m\times s$ 矩阵，$\boldsymbol{B}=(b_{ij})$ 是一个 $s\times n$ 矩阵，则规定矩阵 $\boldsymbol{A}$ 与矩阵 $\boldsymbol{B}$ 的乘积是一个 $m\times n$ 的矩阵 $\boldsymbol{C}=(c_{ij})$，其中

$$c_{ij}=a_{i1}b_{1j}+a_{i2}b_{2j}+\cdots+a_{is}b_{sj}=\sum_{k=1}^{s}a_{ik}b_{kj}, \tag{2.7}$$

并把此乘积记作 $\boldsymbol{C}=\boldsymbol{AB}$.

按此定义，一个 $1\times s$ 的行矩阵与一个 $s\times 1$ 的列矩阵的乘积是一个 1×1 阶方阵，也就是一个数，即

$$(a_{i1}\quad a_{i2}\quad \cdots\quad a_{is})\begin{bmatrix}b_{1j}\\b_{2j}\\ \vdots\\b_{sj}\end{bmatrix}=\sum_{k=1}^{s}a_{ik}b_{kj}=c_{ij}.$$

特别提醒

由矩阵相乘的定义 $\boldsymbol{C}=\boldsymbol{AB}$ 的第 i 行第 j 列元素 c_{ij} 就是 $\boldsymbol{A}$ 的第 i 行乘以 $\boldsymbol{B}$ 的第 j 列. 必须注意：只有当第 1 个矩阵(左矩阵)的列数等于第 2 个矩阵(右矩阵)的行数时，两个矩阵才能相乘.

因此，并非任意两个矩阵都能相乘.

例 2.7 设矩阵 $\boldsymbol{A}=(1\quad 2\quad 3)$，$\boldsymbol{B}=\begin{pmatrix}3\\2\\1\end{pmatrix}$，求 $\boldsymbol{AB}$ 和 $\boldsymbol{BA}$.

解 $\boldsymbol{AB}$ 是 1×1 的方阵，也就是一个数，而 $\boldsymbol{BA}$ 是 3×3 的方阵.

$$\boldsymbol{AB}=(1\quad 2\quad 3)\begin{pmatrix}3\\2\\1\end{pmatrix}=(1\times3+2\times2+3\times1)=10.$$

$$\boldsymbol{BA}=\begin{pmatrix}3\\2\\1\end{pmatrix}(1\quad 2\quad 3)=\begin{pmatrix}3\times1 & 3\times2 & 3\times3\\2\times1 & 2\times2 & 2\times3\\1\times1 & 1\times2 & 1\times3\end{pmatrix}$$
$$=\begin{pmatrix}3 & 6 & 9\\2 & 4 & 6\\1 & 2 & 3\end{pmatrix}.$$

例 2.8 已知

$$\boldsymbol{A}=\begin{pmatrix}1 & 0 & 3 & -1\\2 & 1 & 0 & 2\end{pmatrix},\qquad \boldsymbol{B}=\begin{pmatrix}4 & 1 & 0\\-1 & 1 & 3\\2 & 0 & 1\\1 & 3 & 4\end{pmatrix},$$

求乘积 $\boldsymbol{AB}$.

解

$$\boldsymbol{C}=\boldsymbol{AB}=\begin{pmatrix}1 & 0 & 3 & -1\\2 & 1 & 0 & 2\end{pmatrix}\begin{pmatrix}4 & 1 & 0\\-1 & 1 & 3\\2 & 0 & 1\\1 & 3 & 4\end{pmatrix}$$
$$=\begin{pmatrix}9 & -2 & -1\\9 & 9 & 11\end{pmatrix}.$$

注意这时 $\boldsymbol{BA}$ 无意义.

例 2.9 求矩阵 $\boldsymbol{A}=\begin{pmatrix}-2 & 4\\1 & -2\end{pmatrix}$，$\boldsymbol{B}=\begin{pmatrix}2 & 4\\-3 & -6\end{pmatrix}$ 的乘积 $\boldsymbol{AB}$ 及 $\boldsymbol{BA}$.

解 $\boldsymbol{AB}=\begin{pmatrix}-2 & 4\\1 & -2\end{pmatrix}\begin{pmatrix}2 & 4\\-3 & -6\end{pmatrix}=\begin{pmatrix}-16 & -32\\8 & 16\end{pmatrix}$，

$$BA=\begin{pmatrix}2 & 4\\-3 & -6\end{pmatrix}\begin{pmatrix}-2 & 4\\1 & -2\end{pmatrix}=\begin{pmatrix}0 & 0\\0 & 0\end{pmatrix}.$$

特别提醒

由例 2.9 可以看出，矩阵乘法不满足交换律和消去律. 这是在初学线性代数时须特别注意的.

但矩阵乘法仍满足下列运算规则：

(1) 结合律　　$(AB)C=A(BC)$；

(2) 左分配律　$A(B+C)=AB+AC$，

　　右分配律　$(B+C)A=BA+CA$；

(3) 数结合律　$\lambda(AB)=(\lambda A)B=A(\lambda B)$.

对于单位矩阵 E，易知有 $E_mA_{m\times n}=A_{m\times n}$，$A_{m\times n}E_n=A_{m\times n}$，简记为 $EA=AE=A$.

对于方阵可以定义**方阵的幂**

$$A^1=A,A^2=A^1A^1,\cdots,A^{k+1}=A^kA,$$

其中 k 为正整数，这就是说，A^k 就是 k 个 A 连乘，显然只有方阵才能有幂. 方阵的幂满足以下运算规律：

$$A^kA^l=A^{k+l},(A^k)^l=A^{kl},$$

其中 k,l 为正整数，因矩阵乘法不满足交换律，即对于两个 n 阶方阵来说，一般 $AB\neq BA$，所以矩阵乘法对于与交换律有关的一些运算规律也不满足，特别地

$$(AB)^k\neq A^kB^k.$$

例 2.10　设 $A=\begin{pmatrix}1 & 0\\\lambda & 1\end{pmatrix}$，计算 $A^n(n\geqslant 2)$.

解

$$A^2=\begin{pmatrix}1 & 0\\\lambda & 1\end{pmatrix}\begin{pmatrix}1 & 0\\\lambda & 1\end{pmatrix}=\begin{pmatrix}1 & 0\\2\lambda & 1\end{pmatrix},$$

$$A^3=A^2A=\begin{pmatrix}1 & 0\\2\lambda & 1\end{pmatrix}\begin{pmatrix}1 & 0\\\lambda & 1\end{pmatrix}=\begin{pmatrix}1 & 0\\3\lambda & 1\end{pmatrix},$$

一般地，若设 $A^k=\begin{pmatrix}1 & 0\\k\lambda & 1\end{pmatrix}$，

$$A^{k+1}=A^kA=\begin{pmatrix}1 & 0\\k\lambda & 1\end{pmatrix}\begin{pmatrix}1 & 0\\\lambda & 1\end{pmatrix}=\begin{pmatrix}1 & 0\\(k+1)\lambda & 1\end{pmatrix},$$

故知对一切正整数 n，有

$$A^n=\begin{pmatrix}1 & 0\\n\lambda & 1\end{pmatrix}.$$

4. 矩阵的转置

定义 2.5　把矩阵 A 的行换成同序数的列得到的新矩阵叫做 A 的**转置矩阵**，记为 A' 或 A^{T}.

矩阵的转置也是一种运算，满足下述运算规律：

(1) $(\boldsymbol{A}^{\mathrm{T}})^{\mathrm{T}}=\boldsymbol{A}$；

(2) $(\boldsymbol{A}+\boldsymbol{B})^{\mathrm{T}}=\boldsymbol{A}^{\mathrm{T}}+\boldsymbol{B}^{\mathrm{T}}$；

(3) $(\lambda\boldsymbol{A})^{\mathrm{T}}=\lambda\boldsymbol{A}^{\mathrm{T}}$；

(4) $(\boldsymbol{AB})^{\mathrm{T}}=\boldsymbol{B}^{\mathrm{T}}\boldsymbol{A}^{\mathrm{T}}$.

证 仅需证(4).

设 $\boldsymbol{A}=(a_{ij})_{m\times s},\boldsymbol{B}=(b_{ij})_{s\times n}$，

记 $\boldsymbol{AB}=\boldsymbol{C}=(c_{ij})_{m\times n}$，$\boldsymbol{B}^{\mathrm{T}}\boldsymbol{A}^{\mathrm{T}}=\boldsymbol{D}=(d_{ij})_{n\times m}$，

于是按公式(2.7)有

$$c_{ji}=\sum_{k=1}^{s}a_{jk}b_{ki},$$

而 $\boldsymbol{B}^{\mathrm{T}}$ 的第 i 行为 $(b_{1i}\quad b_{2i}\quad\cdots\ b_{si})$，$\boldsymbol{A}^{\mathrm{T}}$ 的第 j 列为 $(a_{j1}\quad a_{j2}\quad\cdots\quad a_{js})^{\mathrm{T}}$，因此

$$d_{ij}=\sum_{k=1}^{s}b_{ki}a_{jk}=\sum_{k=1}^{s}a_{jk}b_{ki},$$

所以 $d_{ij}=c_{ji}(i=1,2,\cdots,n;j=1,2,\cdots,m)$，即 $\boldsymbol{D}=\boldsymbol{C}^{\mathrm{T}}$，所以

$$(\boldsymbol{AB})^{\mathrm{T}}=\boldsymbol{B}^{\mathrm{T}}\boldsymbol{A}^{\mathrm{T}}.$$

例 2.11 已知

$$\boldsymbol{A}=\begin{pmatrix}2&0&-1\\1&3&2\end{pmatrix},\boldsymbol{B}=\begin{pmatrix}1&7&-1\\4&2&3\\2&0&1\end{pmatrix},$$

求 $(\boldsymbol{AB})^{\mathrm{T}}$.

解法 1 计算 $\boldsymbol{AB}$：

$$\boldsymbol{AB}=\begin{pmatrix}2&0&-1\\1&3&2\end{pmatrix}\begin{pmatrix}1&7&-1\\4&2&3\\2&0&1\end{pmatrix}=\begin{pmatrix}0&14&-3\\17&13&10\end{pmatrix},$$

$$(\boldsymbol{AB})^{\mathrm{T}}=\begin{pmatrix}0&17\\14&13\\-3&10\end{pmatrix}.$$

解法 2

$$(\boldsymbol{AB})^{\mathrm{T}}=\boldsymbol{B}^{\mathrm{T}}\boldsymbol{A}^{\mathrm{T}}=\begin{pmatrix}1&4&2\\7&2&0\\-1&3&1\end{pmatrix}\begin{pmatrix}2&1\\0&3\\-1&2\end{pmatrix}=\begin{pmatrix}0&17\\14&13\\-3&10\end{pmatrix}.$$

定义 2.6 设 $\boldsymbol{A}$ 为 n 阶方阵，如果 $\boldsymbol{A}$ 满足 $\boldsymbol{A}^{\mathrm{T}}=\boldsymbol{A}$，则称 $\boldsymbol{A}$ 为**对称矩阵**，如果 $\boldsymbol{A}$ 满足 $\boldsymbol{A}^{\mathrm{T}}=-\boldsymbol{A}$，则称 $\boldsymbol{A}$ 为**反对称矩阵**.

由定义可知，对称矩阵的特点是：它的元素以主对角线为对称轴对应相等，即有

$$a_{ij}=a_{ji}\quad(i=1,2,\cdots,n;j=1,2,\cdots,n);$$

反对称矩阵的特点是：主对角线两侧的对应元素反号且主对角线上元素为0，即有

$$a_{ij}=-a_{ji}\quad(i=1,2,\cdots,n;j=1,2,\cdots,n).$$

例 2.12　通路问题. 设有 5 个城市 A,B,C,D,E，其城市间有道路相通（用线段相连表示，如下图所示）；A,B,C,D,E 之间的通路关系可用通路矩阵来表示，数字元素表示城市间相通道路的条数.

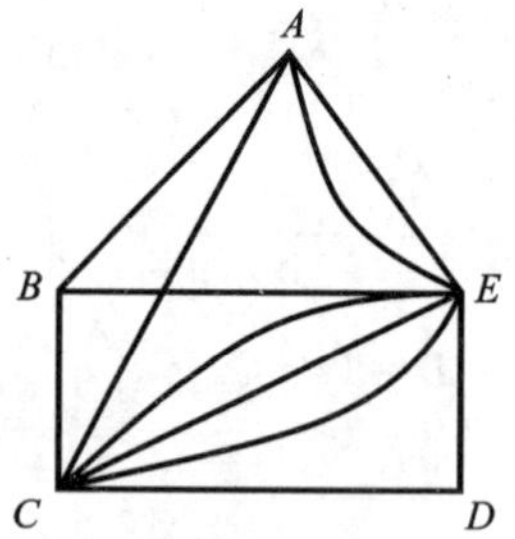

$$\begin{array}{c} \begin{matrix} A & B & C & D & E \end{matrix} \\ \begin{pmatrix} 0 & 1 & 1 & 0 & 2 \\ 1 & 0 & 1 & 0 & 1 \\ 1 & 1 & 0 & 1 & 3 \\ 0 & 0 & 1 & 0 & 1 \\ 2 & 1 & 3 & 1 & 0 \end{pmatrix} \begin{matrix} A \\ B \\ C \\ D \\ E \end{matrix} \end{array}$$

例 2.13　二人零和对策问题. 两儿童玩石头—剪刀—布的游戏，每个人的出法只能在[石头、剪刀、布]中选择一种，当 A,B 各选定一种出法（亦称策略）时，就确定了一个"局势"，也就定出了各自的输赢. 若规定胜者得 1 分，负者得 -1 分，平手各得零分，则对于各种可能的局势（每一局势得分之和为零即零和），A 的得分可用下面的赢得矩阵来表示：

$$\begin{array}{cc} & B\text{策略} \\ & \begin{matrix} \text{石头} & \text{剪刀} & \text{布} \end{matrix} \\ \begin{matrix} A & \text{石头} \\ \text{策} & \text{剪刀} \\ \text{略} & \text{布} \end{matrix} & \begin{pmatrix} 0 & 1 & -1 \\ -1 & 0 & 1 \\ 1 & -1 & 0 \end{pmatrix} \end{array}$$

易见，例 2.12 中的矩阵是对称矩阵，而例 2.13 中的矩阵是反对称矩阵.

例 2.14　设 $\boldsymbol{A}$ 与 $\boldsymbol{B}$ 是两个 n 阶对称矩阵. 证明当且仅当 $\boldsymbol{A}$ 与 $\boldsymbol{B}$ 可交换时 $\boldsymbol{AB}$ 是对称的.

证　由于 $\boldsymbol{A},\boldsymbol{B}$ 均是对称的，所以

$$\boldsymbol{A}^{\mathrm{T}} = \boldsymbol{A},\boldsymbol{B}^{\mathrm{T}} = \boldsymbol{B}.$$

如果 $\boldsymbol{A},\boldsymbol{B}$ 可交换，即 $\boldsymbol{AB}=\boldsymbol{BA}$ 则有

$$(\boldsymbol{AB})^{\mathrm{T}} = \boldsymbol{B}^{\mathrm{T}}\boldsymbol{A}^{\mathrm{T}} = \boldsymbol{BA} = \boldsymbol{AB},$$

所以 $\boldsymbol{AB}$ 是对称的.

反之，如果 $\boldsymbol{AB}$ 是对称的，即 $(\boldsymbol{AB})^{\mathrm{T}}=\boldsymbol{AB}$，则有

$$\boldsymbol{AB} = (\boldsymbol{AB})^{\mathrm{T}} = \boldsymbol{B}^{\mathrm{T}}\boldsymbol{A}^{\mathrm{T}} = \boldsymbol{BA},$$

所以 $\boldsymbol{A},\boldsymbol{B}$ 可交换.

5. 方阵的行列式

定义 2.7 n 阶方阵 $\boldsymbol{A}$ 的元素所构成的行列式(各元素的位置不变)叫做**方阵 $\boldsymbol{A}$ 的行列式**，记作 $|\boldsymbol{A}|$ 或 $\det\boldsymbol{A}$.

特别提醒

> 方阵与行列式是两个不同的概念，方阵只是一个“方形”的数表，而行列式是一个确定的值.

方阵 $\boldsymbol{A}$ 取行列式是对方阵的一种运算，满足如下运算规律：

(1) $|\boldsymbol{A}^{\mathrm{T}}|=|\boldsymbol{A}|$；

(2) $|\lambda\boldsymbol{A}|=\lambda^n|\boldsymbol{A}|$；

(3) $|\boldsymbol{AB}|=|\boldsymbol{A}||\boldsymbol{B}|$.

(1),(2)的证明留作习题；(3)的证明略去.

由(3)知，对于矩阵运算，虽然一般来说 $\boldsymbol{AB}\neq\boldsymbol{BA}$，但当 $\boldsymbol{A},\boldsymbol{B}$ 都是 n 阶方阵时，总有 $|\boldsymbol{AB}|=|\boldsymbol{BA}|=|\boldsymbol{A}||\boldsymbol{B}|$.

定义 2.8 设 $\boldsymbol{A}$ 为 n 阶方阵，行列式 $|\boldsymbol{A}|$ 的各元素的代数余子式 $\boldsymbol{A}_{ij}$ 构成的如下方阵

$$A^*=\begin{pmatrix} A_{11} & A_{21} & \cdots & A_{n1} \\ A_{12} & A_{22} & \cdots & A_{n2} \\ \vdots & \vdots & & \vdots \\ A_{1n} & A_{2n} & \cdots & A_{nn} \end{pmatrix}, \tag{2.8}$$

称为 $\boldsymbol{A}$ 的**伴随矩阵**.

要注意伴随矩阵的构造，相当于将 $\boldsymbol{A}$ 的元素换成对应的代数余子式再转置.

例 2.15 试写出二阶矩阵 $Q=\begin{pmatrix} a & b \\ c & d \end{pmatrix}$ 的伴随矩阵.

解 元素 a 的代数余子式为 d；

元素 b 的代数余子式为 $-c$；

元素 c 的代数余子式为 $-b$；

元素 d 的代数余子式为 a.

故 Q 的伴随矩阵

$$Q^*=\begin{pmatrix} d & -b \\ -c & a \end{pmatrix}.$$

为便于记忆，二阶矩阵的伴随矩阵的写法可概括为“主交换、副变号”，即将 Q 的主对角线上两个元素位置交换，副对角线上两个元素符号改变便得 Q^*.

例 2.16 试证伴随矩阵具有如下重要性质：

$$\boldsymbol{AA}^*=\boldsymbol{A}^*\boldsymbol{A}=|\boldsymbol{A}|\boldsymbol{E}.$$

证 设 $\boldsymbol{A}=(a_{ij})$，由矩阵的乘法和代数余子式的重要性质知

$$AA^* = \begin{pmatrix} a_{11} & a_{12} & \cdots & a_{1n} \\ a_{21} & a_{22} & \cdots & a_{2n} \\ \vdots & \vdots & & \vdots \\ a_{n1} & a_{n2} & \cdots & a_{nn} \end{pmatrix} \begin{pmatrix} A_{11} & A_{21} & \cdots & A_{n1} \\ A_{12} & A_{22} & \cdots & A_{n2} \\ \vdots & \vdots & & \vdots \\ A_{1n} & A_{2n} & \cdots & A_{nn} \end{pmatrix}$$

$$= \begin{pmatrix} |A| & 0 & \cdots & 0 \\ 0 & |A| & \cdots & 0 \\ \vdots & \vdots & & \vdots \\ 0 & 0 & \cdots & |A| \end{pmatrix} = |A| \begin{pmatrix} 1 & 0 & \cdots & 0 \\ 0 & 1 & \cdots & 0 \\ \vdots & \vdots & & \vdots \\ 0 & 0 & \cdots & 1 \end{pmatrix} = |A|E.$$

类似可证

$$A^*A = |A|E.$$

注意：由伴随矩阵的上述性质，可推得下面一个常常用到的结果（参见本章自测题 B 的第 8 题）：

$$|A^*| = |A|^{n-1}.$$

习题 2.2

1. 计算下列矩阵的乘积：

(1) $(3\quad 2\quad 1)\begin{pmatrix} 2 \\ 1 \\ 3 \end{pmatrix}$；　　(2) $\begin{pmatrix} 2 \\ 1 \\ 3 \end{pmatrix}(3\quad 2\quad 1)$；

(3) $\begin{pmatrix} 3 & 1 & 2 \\ 1 & 3 & 2 \\ 1 & 2 & 4 \end{pmatrix}\begin{pmatrix} x_1 \\ x_2 \\ x_3 \end{pmatrix}$；　　(4) $\begin{pmatrix} a_{11} & a_{12} & \cdots & a_{1n} \\ a_{21} & a_{22} & \cdots & a_{2n} \\ \vdots & \vdots & & \vdots \\ a_{m1} & a_{m2} & \cdots & a_{mn} \end{pmatrix}\begin{pmatrix} x_1 \\ x_2 \\ \vdots \\ x_n \end{pmatrix}$；

(5) $(x_1\quad x_2\quad x_3)\begin{pmatrix} a_{11} & a_{12} & a_{13} \\ a_{21} & a_{22} & a_{23} \\ a_{31} & a_{32} & a_{33} \end{pmatrix}\begin{pmatrix} x_1 \\ x_2 \\ x_3 \end{pmatrix}$.

2. 设 $A = \begin{pmatrix} 3 & 1 & 1 \\ 2 & 1 & 2 \\ 1 & 2 & 3 \end{pmatrix}$，$B = \begin{pmatrix} 1 & 1 & 1 \\ 2 & -1 & 0 \\ 1 & 0 & 1 \end{pmatrix}$，求 $AB - BA$ 及 B^TA.

3. 设 $A = \begin{pmatrix} 1 & 2 \\ 1 & 3 \end{pmatrix}$，$B = \begin{pmatrix} 1 & 0 \\ 1 & 2 \end{pmatrix}$，问：

(1) $AB = BA$ 吗？

(2) $(A+B)^2 = A^2 + 2AB + B^2$ 吗？

(3) $(A+B)(A-B) = A^2 - B^2$ 吗？

由上，关于矩阵的乘法你能得到什么结论？

4. 设 A 是一个 $m\times n$ 矩阵，证明 A^TA 和 AA^T 都是对称矩阵.

5. 证明：

(1) 若 A 和 B 都是 n 阶矩阵，且 A 是对称阵，则 B^TAB 也是对称矩阵；

(2) 若 $\boldsymbol{A}$ 和 $\boldsymbol{B}$ 都是 n 阶对称矩阵,则 $\boldsymbol{A}+\boldsymbol{B},\boldsymbol{A}-2\boldsymbol{B}$ 也是对称矩阵.

6. 设 $\boldsymbol{A}$ 是 n 阶方阵,λ 是数,证明:

(1) $|\boldsymbol{A}^{\mathrm{T}}|=|\boldsymbol{A}|$;

(2) $|\lambda\boldsymbol{A}|=\lambda^n|\boldsymbol{A}|$.

2.3 逆　　阵

在数的运算中,若 $xy=yx=1$,则 y 就是 x 的逆元,即 $y=x^{-1}$. 由此来定义矩阵的逆矩阵.

定义 2.9 对于 n 阶方阵 $\boldsymbol{A}$,如果存在一个 n 阶方阵 $\boldsymbol{B}$,使

$$\boldsymbol{AB}=\boldsymbol{BA}=\boldsymbol{E},$$

则说方阵 $\boldsymbol{A}$ 是可逆的,并把方阵 $\boldsymbol{B}$ 称为 $\boldsymbol{A}$ 的**逆阵**. $\boldsymbol{A}$ 的逆阵记为 $\boldsymbol{A}^{-1}$,即 $\boldsymbol{B}=\boldsymbol{A}^{-1}$.

推论　如果方阵 $\boldsymbol{A}$ 可逆,则 $\boldsymbol{A}$ 的逆阵是唯一的.

事实上,设 $\boldsymbol{B},\boldsymbol{C}$ 都是 $\boldsymbol{A}$ 的逆阵,则有

$$\boldsymbol{AB}=\boldsymbol{BA}=\boldsymbol{E},\boldsymbol{AC}=\boldsymbol{CA}=\boldsymbol{E}$$

于是

$$\boldsymbol{B}=\boldsymbol{BE}=\boldsymbol{B}(\boldsymbol{AC})=(\boldsymbol{BA})\boldsymbol{C}=\boldsymbol{EC}=\boldsymbol{C},$$

所以 $\boldsymbol{A}$ 的逆阵是唯一的.

定理 2.1　若方阵 $\boldsymbol{A}$ 可逆,则 $|\boldsymbol{A}|\neq 0$.

证　$\boldsymbol{A}$ 可逆,即有 $\boldsymbol{A}^{-1}$ 使 $\boldsymbol{AA}^{-1}=\boldsymbol{E}$,故 $|\boldsymbol{A}||\boldsymbol{A}^{-1}|=|\boldsymbol{E}|=1$,所以 $|\boldsymbol{A}|\neq 0$.

定理 2.2　若 $|\boldsymbol{A}|\neq 0$,则 $\boldsymbol{A}$ 可逆,且 $\boldsymbol{A}^{-1}=\dfrac{1}{|\boldsymbol{A}|}\boldsymbol{A}^*$,其中 $\boldsymbol{A}^*$ 为 $\boldsymbol{A}$ 的伴随矩阵.

证　由例 2.16 知

$$\boldsymbol{AA}^*=\boldsymbol{A}^*\boldsymbol{A}=|\boldsymbol{A}|\boldsymbol{E},$$

因 $|\boldsymbol{A}|\neq 0$,故有

$$\boldsymbol{A}\frac{1}{|\boldsymbol{A}|}\boldsymbol{A}^*=\frac{1}{|\boldsymbol{A}|}\boldsymbol{A}^*\boldsymbol{A}=\boldsymbol{E},$$

由逆阵的定义即有

$$\boldsymbol{A}^{-1}=\frac{1}{|\boldsymbol{A}|}\boldsymbol{A}^*.$$

当 $|\boldsymbol{A}|=0$ 时,$\boldsymbol{A}$ 称为**奇异方阵**,否则称为**非奇异方阵**,由上面的结论可知,$\boldsymbol{A}$ 为可逆矩阵的充分必要条件是 $|\boldsymbol{A}|\neq 0$,即可逆矩阵就是非奇异方阵.

推论　若 $\boldsymbol{AB}=\boldsymbol{E}$(或 $\boldsymbol{BA}=\boldsymbol{E}$),则 $\boldsymbol{B}=\boldsymbol{A}^{-1}$.

证　因 $|\boldsymbol{A}||\boldsymbol{B}|=|\boldsymbol{E}|=1$,故 $|\boldsymbol{A}|\neq 0$,因而 $\boldsymbol{A}^{-1}$ 存在,于是

$$\boldsymbol{B}=\boldsymbol{EB}=(\boldsymbol{A}^{-1}\boldsymbol{A})\boldsymbol{B}=\boldsymbol{A}^{-1}(\boldsymbol{AB})=\boldsymbol{A}^{-1}\boldsymbol{E}=\boldsymbol{A}^{-1}.$$

例 2.17　设 $\boldsymbol{A}=\begin{pmatrix} a & b \\ c & d \end{pmatrix}$,$ad-bc\neq 0$,试求 $\boldsymbol{A}^{-1}$.

解　因为 $|\boldsymbol{A}|=ad-bc\neq 0$,故 $\boldsymbol{A}$ 可逆. 由定理 2.2,有

$$\boldsymbol{A}^{-1}=\frac{1}{|\boldsymbol{A}|}\boldsymbol{A}^*=\frac{1}{ad-bc}\begin{pmatrix} d & -b \\ -c & a \end{pmatrix}.$$

特别提醒

求二阶矩阵的逆阵的过程可概括为“两变一除”，即主对角元素改变位置，副对角元素改变符号，再除以 $\boldsymbol{A}$ 的行列式.

方阵的逆阵满足下述运算规律：

(1) 若 $\boldsymbol{A}$ 可逆，则 $\boldsymbol{A}^{-1}$ 也可逆，且 $(\boldsymbol{A}^{-1})^{-1}=\boldsymbol{A}$；

(2) 若 $\boldsymbol{A}$ 可逆，数 $\lambda\neq 0$，则 $\lambda\boldsymbol{A}$ 也可逆，且 $(\lambda\boldsymbol{A})^{-1}=\dfrac{1}{\lambda}\boldsymbol{A}^{-1}$；

(3) 若 $\boldsymbol{A},\boldsymbol{B}$ 为同阶的可逆方阵，则 $\boldsymbol{AB}$ 亦可逆，且

$$(\boldsymbol{AB})^{-1}=\boldsymbol{B}^{-1}\boldsymbol{A}^{-1}.$$

证 $(\boldsymbol{AB})(\boldsymbol{B}^{-1}\boldsymbol{A}^{-1})=\boldsymbol{A}(\boldsymbol{BB}^{-1})\boldsymbol{A}^{-1}=\boldsymbol{AEA}^{-1}=\boldsymbol{AA}^{-1}=\boldsymbol{E}$，

由推论知

$$(\boldsymbol{AB})^{-1}=\boldsymbol{B}^{-1}\boldsymbol{A}^{-1}.$$

(4) 若 $\boldsymbol{A}$ 可逆，则 $\boldsymbol{A}^{\mathrm{T}}$ 也可逆，且 $(\boldsymbol{A}^{\mathrm{T}})^{-1}=(\boldsymbol{A}^{-1})^{\mathrm{T}}$.

证

$$\boldsymbol{A}^{\mathrm{T}}(\boldsymbol{A}^{-1})^{\mathrm{T}}=(\boldsymbol{A}^{-1}\boldsymbol{A})^{\mathrm{T}}=\boldsymbol{E}^{\mathrm{T}}=\boldsymbol{E}，故$$

$$(\boldsymbol{A}^{\mathrm{T}})^{-1}=(\boldsymbol{A}^{-1})^{\mathrm{T}}.$$

当 $|\boldsymbol{A}|\neq 0$ 时，定义 $\boldsymbol{A}$ 的负幂次

$$\boldsymbol{A}^{0}=\boldsymbol{E},\boldsymbol{A}^{-k}=(\boldsymbol{A}^{-1})^{k}.$$

其中 k 为正整数，这样当 $|\boldsymbol{A}|\neq 0,\lambda,\mu$ 为任意整数时，有

$$\boldsymbol{A}^{\lambda}\boldsymbol{A}^{\mu}=\boldsymbol{A}^{\lambda+\mu},(\boldsymbol{A}^{\lambda})^{\mu}=\boldsymbol{A}^{\lambda\mu}.$$

例 2.18 解矩阵方程，设

$$\boldsymbol{A}=\begin{pmatrix}1&2\\2&2\end{pmatrix},\quad \boldsymbol{B}=\begin{pmatrix}2&1\\5&3\end{pmatrix},\quad \boldsymbol{C}=\begin{pmatrix}1&3\\2&0\end{pmatrix},$$

求矩阵 $\boldsymbol{X}$，使满足 $\boldsymbol{AXB}=\boldsymbol{C}$.

解 由 $|\boldsymbol{A}|=-2\neq 0$，$|\boldsymbol{B}|=1\neq 0$ 知 $\boldsymbol{A},\boldsymbol{B}$ 皆可逆. 在 $\boldsymbol{AXB}=\boldsymbol{C}$ 的两端左乘 $\boldsymbol{A}^{-1}$，右乘 $\boldsymbol{B}^{-1}$，则有

$$\boldsymbol{A}^{-1}\boldsymbol{AXBB}^{-1}=\boldsymbol{A}^{-1}\boldsymbol{CB}^{-1},$$

得

$$\boldsymbol{X}=\boldsymbol{A}^{-1}\boldsymbol{CB}^{-1},$$

$$\boldsymbol{A}^{-1}=\begin{pmatrix}-1&1\\1&-\dfrac{1}{2}\end{pmatrix},\quad \boldsymbol{B}^{-1}=\begin{pmatrix}3&-1\\-5&2\end{pmatrix},$$

故

$$\boldsymbol{X}=\boldsymbol{A}^{-1}\boldsymbol{CB}^{-1}=\begin{pmatrix}-1&1\\1&-\dfrac{1}{2}\end{pmatrix}\begin{pmatrix}1&3\\2&0\end{pmatrix}\begin{pmatrix}3&-1\\-5&2\end{pmatrix}$$

$$=\begin{pmatrix}1&-3\\0&3\end{pmatrix}\begin{pmatrix}3&-1\\-5&2\end{pmatrix}=\begin{pmatrix}18&-7\\-15&6\end{pmatrix}.$$

例 2.19 设方阵 $\boldsymbol{A}$ 满足 $\boldsymbol{A}^{2}-\boldsymbol{A}-2\boldsymbol{E}=\boldsymbol{0}$，证明 $\boldsymbol{A}$ 及 $\boldsymbol{A}+2\boldsymbol{E}$ 都可逆，并求 $\boldsymbol{A}^{-1}$ 及 $(\boldsymbol{A}+$

$2\boldsymbol{E})^{-1}$.

解 由

$$\boldsymbol{A}^2-\boldsymbol{A}-2\boldsymbol{E}=\boldsymbol{0},\boldsymbol{A}^2-\boldsymbol{A}=2\boldsymbol{E},$$

于是有

$$\boldsymbol{A}\left(\frac{\boldsymbol{A}-\boldsymbol{E}}{2}\right)=\boldsymbol{E},$$

故知 $\boldsymbol{A}$ 可逆，且

$$\boldsymbol{A}^{-1}=\frac{\boldsymbol{A}-\boldsymbol{E}}{2},$$

又 $\boldsymbol{A}+2\boldsymbol{E}=\boldsymbol{A}^2$，从而知 $\boldsymbol{A}+2\boldsymbol{E}$ 可逆，且

$$(\boldsymbol{A}+2\boldsymbol{E})^{-1}=(\boldsymbol{A}^2)^{-1}=(\boldsymbol{A}^{-1})^2=(\frac{\boldsymbol{A}-\boldsymbol{E}}{2})^2=\frac{1}{4}(3\boldsymbol{E}-\boldsymbol{A}).$$

专题小结：n 阶矩阵 $\boldsymbol{A}$ 可逆的判别

本节中，我们给出了判别矩阵 $\boldsymbol{A}$ 可逆的最常用的几种方法：

1. $|\boldsymbol{A}|\neq 0$；
2. 存在方阵 $\boldsymbol{B}$，使 $\boldsymbol{AB}=\boldsymbol{E}$（或 $\boldsymbol{BA}=\boldsymbol{E}$）.

另外，由 $|\boldsymbol{A}^*|=|\boldsymbol{A}|^{n-1}$，知：

3. $\boldsymbol{A}$ 可逆的充要条件是 $\boldsymbol{A}^*$ 可逆.

以后，我们还会学到很多判别矩阵可逆的方法，大家应注意总结和掌握.

习题 2.3

1. 用伴随矩阵方法求下列矩阵的逆阵：

(1) $\begin{pmatrix}8&-4\\-5&3\end{pmatrix}$；　　(2) $\begin{pmatrix}\cos\theta&\sin\theta\\-\sin\theta&\cos\theta\end{pmatrix}$；

(3) $\begin{bmatrix}1&2&2\\2&1&-2\\2&-2&1\end{bmatrix}$.

2. 解下列矩阵方程：

(1) $\begin{pmatrix}2&5\\1&3\end{pmatrix}X=\begin{pmatrix}4&-6\\2&1\end{pmatrix}$；

(2) $X\begin{pmatrix}2&1&-1\\2&1&0\\1&-1&1\end{pmatrix}=\begin{pmatrix}1&-1&3\\4&3&2\end{pmatrix}$.

3. 设 $\boldsymbol{A}^k=\boldsymbol{0}$（$k$ 为某个正整数），证明

$$(\boldsymbol{E}-\boldsymbol{A})^{-1}=\boldsymbol{E}+\boldsymbol{A}+\boldsymbol{A}^2+\cdots+\boldsymbol{A}^{k-1}.$$

4. 设 $\boldsymbol{A},\boldsymbol{B},\boldsymbol{C}$ 为同阶方阵且 $\boldsymbol{C}$ 为非奇异，满足 $\boldsymbol{C}^{-1}\boldsymbol{AC}=\boldsymbol{B}$，求证

$$\boldsymbol{C}^{-1}\boldsymbol{A}^m\boldsymbol{C}=\boldsymbol{B}^m.$$

5. 如果 $\boldsymbol{A}^2=\boldsymbol{A}$，但 $\boldsymbol{A}$ 不是单位阵，证明 $|\boldsymbol{A}|=0$.

2.4 分块矩阵

将矩阵 $\boldsymbol{A}$ 用若干条纵线和横线分成许多小矩阵，每一小矩阵称为 $\boldsymbol{A}$ 的子块，以子块为元素的形式上的矩阵称为**分块矩阵**. 把一个大型矩阵分成分块矩阵是矩阵计算中的一个重要技巧，它可以把大型矩阵的运算化为若干小型矩阵的运算，使运算更为简明. 下面通过例子说明如何分块及分块矩阵的运算方法.

设有 3×4 矩阵

$$\boldsymbol{A}=\begin{pmatrix} a_{11} & a_{12} & a_{13} & a_{14} \\ a_{21} & a_{22} & a_{23} & a_{24} \\ a_{31} & a_{32} & a_{33} & a_{34} \end{pmatrix},$$

则 $\boldsymbol{A}$ 的分块方法很多，下面举出 3 种分块形式：

(1) $\boldsymbol{A}=\left(\begin{array}{cc:cc} a_{11} & a_{12} & a_{13} & a_{14} \\ a_{21} & a_{22} & a_{23} & a_{24} \\ \hdashline a_{31} & a_{32} & a_{33} & a_{34} \end{array}\right)$；　(2) $\boldsymbol{A}=\left(\begin{array}{c:ccc} a_{11} & a_{12} & a_{13} & a_{14} \\ a_{21} & a_{22} & a_{23} & a_{24} \\ \hdashline a_{31} & a_{32} & a_{33} & a_{34} \end{array}\right)$；

(3) $\boldsymbol{A}=\left(\begin{array}{c:c:c:c} a_{11} & a_{12} & a_{13} & a_{14} \\ a_{21} & a_{22} & a_{23} & a_{24} \\ a_{31} & a_{32} & a_{33} & a_{34} \end{array}\right)$.

分块(1)可表示为

$$\boldsymbol{A}=\begin{pmatrix} \boldsymbol{A}_{11} & \boldsymbol{A}_{12} \\ \boldsymbol{A}_{21} & \boldsymbol{A}_{22} \end{pmatrix}.$$

其中

$$\boldsymbol{A}_{11}=\begin{pmatrix} a_{11} & a_{12} \\ a_{21} & a_{22} \end{pmatrix},\quad \boldsymbol{A}_{12}=\begin{pmatrix} a_{13} & a_{14} \\ a_{23} & a_{24} \end{pmatrix},$$

$$\boldsymbol{A}_{21}=(a_{31} \quad a_{32}),\quad \boldsymbol{A}_{22}=(a_{33} \quad a_{34}),$$

即 $\boldsymbol{A}_{11}, \boldsymbol{A}_{12}, \boldsymbol{A}_{21}, \boldsymbol{A}_{22}$ 为 $\boldsymbol{A}$ 的子块，而 $\boldsymbol{A}$ 形式上成为以这些子块为元素的分块矩阵. 分法(2)和(3)的分块矩阵可类似地写出.

常用的分块矩阵还有按行分块和按列分块.

分块矩阵的运算规则与普通矩阵的运算规则相类似，分别说明如下：

(1) 设矩阵 $\boldsymbol{A}$ 与 $\boldsymbol{B}$ 是同型矩阵，采用相同的分块法，有

$$\boldsymbol{A}=\begin{pmatrix} \boldsymbol{A}_{11} & \cdots & \boldsymbol{A}_{1r} \\ \vdots & & \vdots \\ \boldsymbol{A}_{s1} & \cdots & \boldsymbol{A}_{sr} \end{pmatrix},\quad \boldsymbol{B}=\begin{pmatrix} \boldsymbol{B}_{11} & \cdots & \boldsymbol{B}_{1r} \\ \vdots & & \vdots \\ \boldsymbol{B}_{s1} & \cdots & \boldsymbol{B}_{sr} \end{pmatrix},$$

其中 $\boldsymbol{A}_{ij}$ 与 $\boldsymbol{B}_{ij}$ 的行数相同、列数也相同，则 $\boldsymbol{A}+\boldsymbol{B}$ 定义为对应块相加，即

$$\boldsymbol{A}+\boldsymbol{B}=\begin{pmatrix} \boldsymbol{A}_{11}+\boldsymbol{B}_{11} & \cdots & \boldsymbol{A}_{1r}+\boldsymbol{B}_{1r} \\ \vdots & & \vdots \\ \boldsymbol{A}_{s1}+\boldsymbol{B}_{s1} & \cdots & \boldsymbol{A}_{sr}+\boldsymbol{B}_{sr} \end{pmatrix}.$$

(2) 设 $A=\begin{pmatrix} A_{11} & \cdots & A_{1r} \\ \vdots & & \vdots \\ A_{s1} & \cdots & A_{sr} \end{pmatrix}$，$\lambda$ 是数，则

$$\lambda A=\begin{pmatrix} \lambda A_{11} & \cdots & \lambda A_{1r} \\ \vdots & & \vdots \\ \lambda A_{s1} & \cdots & \lambda A_{sr} \end{pmatrix}.$$

(3) 设 A 为 $m\times l$ 矩阵，B 为 $l\times n$ 矩阵，分块成

$$A=\begin{pmatrix} A_{11} & \cdots & A_{1t} \\ \vdots & & \vdots \\ A_{s1} & \cdots & A_{st} \end{pmatrix},\quad B=\begin{pmatrix} B_{11} & \cdots & B_{1r} \\ \vdots & & \vdots \\ B_{t1} & \cdots & B_{tr} \end{pmatrix},$$

其中 $A_{i1},A_{i2},\cdots,A_{it}$ 的列数分别等于 $B_{1j},B_{2j},\cdots,B_{tj}$ 的行数，则

$$AB=\begin{pmatrix} C_{11} & \cdots & C_{1r} \\ \vdots & & \vdots \\ C_{s1} & \cdots & C_{sr} \end{pmatrix},$$

其中
$$C_{ij}=\sum_{k=1}^{t}A_{ik}B_{kj}\quad (i=1,\cdots,s;j=1,\cdots,r).$$

例 2.20 设

$$A=\begin{pmatrix} 1 & 0 & 0 & 0 \\ 0 & 1 & 0 & 0 \\ -1 & 2 & 1 & 0 \\ 1 & 1 & 0 & 1 \end{pmatrix},\quad B=\begin{pmatrix} 1 & 0 & 1 & 0 \\ -1 & 2 & 0 & 1 \\ 1 & 0 & 4 & 1 \\ -1 & -1 & 2 & 0 \end{pmatrix},$$

求 AB.

解 将 A,B 分块为

$$A=\left(\begin{array}{cc:cc} 1 & 0 & 0 & 0 \\ 0 & 1 & 0 & 0 \\ \hdashline -1 & 2 & 1 & 0 \\ 1 & 1 & 0 & 1 \end{array}\right)=\begin{pmatrix} E & O \\ A_1 & E \end{pmatrix},$$

$$B=\left(\begin{array}{cc:cc} 1 & 0 & 1 & 0 \\ -1 & 2 & 0 & 1 \\ \hdashline 1 & 0 & 4 & 1 \\ -1 & -1 & 2 & 0 \end{array}\right)=\begin{pmatrix} B_{11} & E \\ B_{21} & B_{22} \end{pmatrix},$$

则
$$AB=\begin{pmatrix} E & O \\ A_1 & E \end{pmatrix}\begin{pmatrix} B_{11} & E \\ B_{21} & B_{22} \end{pmatrix}=\begin{pmatrix} B_{11} & E \\ A_1B_{11}+B_{21} & A_1+B_{22} \end{pmatrix}.$$

而

$$A_1B_{11}+B_{21}=\begin{pmatrix} -1 & 2 \\ 1 & 1 \end{pmatrix}\begin{pmatrix} 1 & 0 \\ -1 & 2 \end{pmatrix}+\begin{pmatrix} 1 & 0 \\ -1 & -1 \end{pmatrix}$$

$$=\begin{pmatrix}-3 & 4\\ 0 & 2\end{pmatrix}+\begin{pmatrix}1 & 0\\ -1 & -1\end{pmatrix}=\begin{pmatrix}-2 & 4\\ -1 & 1\end{pmatrix},$$

$$\boldsymbol{A}_1+\boldsymbol{B}_{22}=\begin{pmatrix}-1 & 2\\ 1 & 1\end{pmatrix}+\begin{pmatrix}4 & 1\\ 2 & 0\end{pmatrix}=\begin{pmatrix}3 & 3\\ 3 & 1\end{pmatrix},$$

于是

$$\boldsymbol{AB}=\begin{pmatrix}1 & 0 & 1 & 0\\ -1 & 2 & 0 & 1\\ -2 & 4 & 3 & 3\\ -1 & 1 & 3 & 1\end{pmatrix}.$$

(4) 设 $\boldsymbol{A}=\begin{pmatrix}\boldsymbol{A}_{11} & \cdots & \boldsymbol{A}_{1r}\\ \vdots & & \vdots\\ \boldsymbol{A}_{s1} & \cdots & \boldsymbol{A}_{sr}\end{pmatrix}$，则

$$\boldsymbol{A}^{\mathrm{T}}=\begin{pmatrix}\boldsymbol{A}_{11}^{\mathrm{T}} & \cdots & \boldsymbol{A}_{s1}^{\mathrm{T}}\\ \vdots & & \vdots\\ \boldsymbol{A}_{1r}^{\mathrm{T}} & \cdots & \boldsymbol{A}_{sr}^{\mathrm{T}}\end{pmatrix}.$$

(5) 设 $\boldsymbol{A}$ 为 n 阶方阵，若 $\boldsymbol{A}$ 的分块矩阵只有主对角线上有非零子块，其余子块都为零子块，且非零子块都是方阵，即

$$\boldsymbol{A}=\begin{pmatrix}\boldsymbol{A}_1 & & & \\ & \boldsymbol{A}_2 & & \\ & & \ddots & \\ & & & \boldsymbol{A}_s\end{pmatrix},$$

其中 $\boldsymbol{A}_i(i=1,2,\cdots,s)$ 都是方阵，那么称 $\boldsymbol{A}$ 为**分块对角阵**.

分块对角阵的行列式具有下述性质：

$$|\boldsymbol{A}|=|\boldsymbol{A}_1||\boldsymbol{A}_2|\cdots|\boldsymbol{A}_s|,$$

若 $|\boldsymbol{A}_i|\neq 0(i=1,2,\cdots,s)$，则 $|\boldsymbol{A}|\neq 0$，且

$$\boldsymbol{A}^{-1}=\begin{pmatrix}\boldsymbol{A}_1^{-1} & & & \\ & \boldsymbol{A}_2^{-1} & & \\ & & \ddots & \\ & & & \boldsymbol{A}_s^{-1}\end{pmatrix}.$$

例 2.21 设 $\boldsymbol{A}=\begin{pmatrix}5 & 0 & 0\\ 0 & 3 & 1\\ 0 & 2 & 1\end{pmatrix}$，求 $\boldsymbol{A}^{-1}$.

解

$$\boldsymbol{A}=\begin{pmatrix}5 & 0 & 0\\ 0 & 3 & 1\\ 0 & 2 & 1\end{pmatrix}=\begin{pmatrix}\boldsymbol{A}_1 & \boldsymbol{0}\\ \boldsymbol{0} & \boldsymbol{A}_2\end{pmatrix},$$

$$\boldsymbol{A}_1=(5),\qquad \boldsymbol{A}_1^{-1}=\left(\frac{1}{5}\right),$$

$$A_2=\begin{pmatrix}3&1\\2&1\end{pmatrix},\quad A_2^{-1}=\begin{pmatrix}1&-1\\-2&3\end{pmatrix}.$$

所以
$$A^{-1}=\begin{pmatrix}\frac{1}{5}&0&0\\0&1&-1\\0&-2&3\end{pmatrix}.$$

习题 2.4

1. 用分块矩阵的方法求下列矩阵的逆阵：

(1) $\begin{pmatrix}a_1&&&\\&a_2&&\\&&\ddots&\\&&&a_n\end{pmatrix}$ $(a_1a_2\cdots a_n\neq 0)$； (2) $\begin{pmatrix}5&2&0&0\\2&1&0&0\\0&0&8&3\\0&0&5&2\end{pmatrix}$；

(3) $\begin{pmatrix}a&0&0\\0&0&b\\0&c&0\end{pmatrix}$.

2. 设 $A=\begin{pmatrix}3&4&0&0\\4&-3&0&0\\0&0&2&0\\0&0&2&2\end{pmatrix}$，求 $|A^8|$ 及 A^4.

3. 设 n 阶方阵 A 及 s 阶方阵 B 都可逆，求 $\begin{pmatrix}0&A\\B&0\end{pmatrix}^{-1}$.

4. 设 A 为 n 阶矩阵，证明：若对任意的 $n\times 1$ 矩阵 X 均有 $AX=0$，则 A 必为零矩阵.

2.5 初等变换与初等矩阵

这一节介绍矩阵的初等变换，并介绍用初等变换求逆矩阵的方法.

1. 矩阵的初等变换

定义 2.10 下面三种变换称为矩阵的初等行变换：

(1) 对调两行(对调 i,j 两行，记作 $r_i\leftrightarrow r_j$)；

(2) 以数 $k\neq 0$ 乘某一行的元素(第 i 行乘以 k，记作 $r_i\times k$)；

(3) 把某一行的所有元素的 k 倍加到另一行对应的元素上(第 j 行的 k 倍加到第 i 行上，记作 r_i+kr_j).

以上三种变换分别简称为“交换”、“数乘”和“倍加”.

把定义中的“行”换成“列”，即得到矩阵的初等列变换定义. 矩阵的初等行变换和初等列变换统称为矩阵的**初等变换**.

如果矩阵 $\boldsymbol{A}$ 经有限次初等变换变成矩阵 $\boldsymbol{B}$，就称矩阵 $\boldsymbol{A}$ 与 $\boldsymbol{B}$ **等价**，记作 $\boldsymbol{A}\sim\boldsymbol{B}$.

三种初等变换都是可逆的，且其逆变换和原变换还是同一类型的初等变换：变换 $r_i\leftrightarrow r_j$ 的逆变换就是其自身；变换 $r_i\times k$ 的逆变换为 $r_i\times(1/k)$；变换 r_i+kr_j 的逆变换为 r_i-kr_j.

2. 初等矩阵

矩阵的初等变换是矩阵的一种最基本的运算，它有着广泛的应用，下面介绍与初等变换对应的初等矩阵.

定义 2.11 由单位矩阵经过一次初等变换得到的方阵称为**初等矩阵**.

三种初等变换对应着三种初等矩阵.

1）对调两行或两列

把单位矩阵中第 i,j 两行（或列）交换得到初等矩阵

$$\boldsymbol{E}(i,j)=\begin{pmatrix}1&&&&&&&&&\\&\ddots&&&&&&&&\\&&1&&&&&&&\\&&&0&&&1&&&\\&&&&1&&&&&\\&&&&&\ddots&&&&\\&&&&&&1&&&\\&&&1&&&&0&&\\&&&&&&&&1&\\&&&&&&&&&\ddots\\&&&&&&&&&&1\end{pmatrix},$$

可以验证：用 m 阶初等矩阵 $\boldsymbol{E}_m(i,j)$ 左乘矩阵 $\boldsymbol{A}=(a_{ij})_{m\times n}$，相当于对调 $\boldsymbol{A}$ 的第 i 行和第 j 行 $(r_i\leftrightarrow r_j)$. 类似地，以 $\boldsymbol{E}_n(i,j)$ 右乘矩阵 $\boldsymbol{A}$，相当于对矩阵 $\boldsymbol{A}$ 施行列变换，对调 $\boldsymbol{A}$ 的第 i 列和第 j 列 $(c_i\leftrightarrow c_j)$.

2）以数 $k\neq0$ 乘某行或某列

以数 $k\neq0$ 乘单位矩阵的第 i 行（或第 i 列），得初等矩阵

$$\boldsymbol{E}(i(k))=\begin{pmatrix}1&&&&&&\\&\ddots&&&&&\\&&1&&&&\\&&&k&&&\\&&&&1&&\\&&&&&\ddots&\\&&&&&&1\end{pmatrix}.$$

可以验证：以 $\boldsymbol{E}_m(i(k))$ 左乘矩阵 $\boldsymbol{A}$，其结果相当于以数 k 乘 $\boldsymbol{A}$ 的第 i 行 $(r_i\times k)$，以 $\boldsymbol{E}_n(i(k))$ 右乘矩阵 $\boldsymbol{A}$，其结果相当于以数 k 乘以 $\boldsymbol{A}$ 的第 i 列 $(c_i\times k)$.

3）以数 k 乘某行（列）加到另一行（列）上去

以数 k 乘以单位矩阵的第 j 行加到第 i 行上 (r_i+kr_j)（或以 k 乘 $\boldsymbol{E}$ 的第 i 列加到第 j 列上）(c_j+kc_i)，得到初等矩阵

$$E(j(k),i)=\begin{pmatrix}1&&&&&&\\&\ddots&&&&&\\&&1&\cdots&k&&\\&&&\ddots&\vdots&&\\&&&&1&&\\&&&&&\ddots&\\&&&&&&1\end{pmatrix}.$$

可以验证：以 $E_m(j(k),i)$ 左乘矩阵 A，其结果相当于把 A 的第 j 行乘数 k 加到第 i 行上 (r_i+kr_j)，以 $E_n(j(k),i)$ 右乘矩阵 A，其结果相当于把 A 的第 i 列乘 k 加到第 j 列上 (c_j+kc_i).

综上所述，可得到下述定理：

定理 2.3　设 A 是一个 $m\times n$ 矩阵，对 A 施行一次初等行变换，相当于在 A 的左边乘以相应的 m 阶初等方阵；对 A 施行一次初等列变换，相当于在 A 的右边乘以相应的 n 阶初等方阵.

初等变换对应于初等方阵，由初等变换可逆知初等方阵可逆，且此初等变换的逆变换也就对应于初等方阵的逆阵，即

(1) $E(i,j)^{-1}=E(i,j)$；

(2) $E(i(k))^{-1}=E(i(\frac{1}{k}))$；

(3) $E(j(k),i)^{-1}=E(j(-k),i)$.

定理 2.4　任意一个矩阵 $A_{m\times n}=(a_{ij})_{m\times n}$ 经过若干次初等变换，可以化为下面形式的矩阵 I，即

$$I=\begin{pmatrix}1&&&&&\\&\ddots&&&&\\&&1&&&\\&&&0&&\\&&&&\ddots&\\&&&&&0\end{pmatrix}r\text{行}$$

$$=\begin{pmatrix}E_r&0_{r\times(n-r)}\\0_{(m-r)\times r}&0_{(m-r)\times(n-r)}\end{pmatrix}.$$

证　如果所有的 a_{ij} 都等于零，即 $A=0$，则 A 已是 I 的形式(此时 $r=0$)；如果至少有一个元素不等于零，不妨假设 $a_{11}\neq0$. 用 $-\frac{a_{i1}}{a_{11}}$ 乘第 1 行加于第 i 行上 $(i=2,\cdots,m)$，用 $-\frac{a_{1j}}{a_{11}}$ 乘第 1 列加于第 j 列上 $(j=2,\cdots,n)$，然后以 $\frac{1}{a_{11}}$ 乘第 1 行，于是矩阵 A 化为

$$A_1=\begin{pmatrix}1&0&\cdots&0\\0&a'_{22}&\cdots&a'_{2n}\\\vdots&\vdots&&\vdots\\0&a'_{m2}&\cdots&a'_{mn}\end{pmatrix}=\begin{pmatrix}1&0\\0&B_1\end{pmatrix}.$$

如果 $\boldsymbol{B}_1=\boldsymbol{0}$,则 $\boldsymbol{A}$ 已化为 $\boldsymbol{I}$ 的形式,如果 $\boldsymbol{B}_1\neq\boldsymbol{0}$,那么按上面的方法,继续下去,最后总可以化为 $\boldsymbol{I}$ 的形式.

称定理中的矩阵 $\boldsymbol{I}$ 为矩阵 $\boldsymbol{A}$ 的**标准形**. 显然任一个矩阵与其标准形是等价的.

推论　如果 $\boldsymbol{A}$ 为 n 阶方阵,则 $\boldsymbol{A}$ 可逆的充分必要条件是 $\boldsymbol{A}$ 的标准形 $\boldsymbol{I}=\boldsymbol{E}_n$.

证　设 $\boldsymbol{A}$ 的标准形是 $\boldsymbol{I}$. 则存在着有限个初等矩阵 $\boldsymbol{P}_1,\cdots,\boldsymbol{P}_l,\boldsymbol{Q}_1,\cdots,\boldsymbol{Q}_s$ 使

$$\boldsymbol{P}_1\cdots\boldsymbol{P}_l\boldsymbol{A}\boldsymbol{Q}_1\cdots\boldsymbol{Q}_s=\boldsymbol{I}.$$

由于 $\boldsymbol{A}$ 可逆,初等矩阵可逆,知 $\boldsymbol{I}$ 也可逆. 从而 $\boldsymbol{I}$ 中不能有一行(或列)元素全为 0,从而 $\boldsymbol{I}=\boldsymbol{E}$.

由此推论知,我们也可以通过初等变换的方法来判别方阵 $\boldsymbol{A}$ 是否可逆.

例 2.22　化下列矩阵 $\boldsymbol{A}$ 为标准形,并判别 $\boldsymbol{A}$ 是否可逆.

$$\boldsymbol{A}=\begin{pmatrix}1&0&1\\2&1&0\\-3&2&-5\end{pmatrix}.$$

解

$$\boldsymbol{A}=\begin{pmatrix}1&0&1\\2&1&0\\-3&2&-5\end{pmatrix}\xrightarrow[r_3+3r_1]{r_2-2r_1}\begin{pmatrix}1&0&1\\0&1&-2\\0&2&-2\end{pmatrix}\xrightarrow{c_3-c_1}\begin{pmatrix}1&0&0\\0&1&-2\\0&2&-2\end{pmatrix}$$

$$\xrightarrow{r_3-2r_2}\begin{pmatrix}1&0&0\\0&1&-2\\0&0&2\end{pmatrix}\xrightarrow{c_3+2c_2}\begin{pmatrix}1&0&0\\0&1&0\\0&0&2\end{pmatrix}\xrightarrow{r_3\times\frac{1}{2}}\begin{pmatrix}1&0&0\\0&1&0\\0&0&1\end{pmatrix}.$$

由于 $\boldsymbol{A}$ 的标准形为 $\boldsymbol{E}$,故知 $\boldsymbol{A}$ 可逆.

定理 2.5　设 $\boldsymbol{A}$ 为可逆矩阵,则存在着有限个初等方阵 $\boldsymbol{P}_1,\boldsymbol{P}_2,\cdots,\boldsymbol{P}_l$,使 $\boldsymbol{A}=\boldsymbol{P}_1\boldsymbol{P}_2\cdots\boldsymbol{P}_l$.

证　因 $\boldsymbol{A}\sim\boldsymbol{E}$,故 $\boldsymbol{E}$ 经过有限次初等变换可变为 $\boldsymbol{A}$,也就是存在着有限个初等方阵 $\boldsymbol{P}_1$,$\boldsymbol{P}_2,\cdots,\boldsymbol{P}_l$,使

$$\boldsymbol{P}_1\boldsymbol{P}_2\cdots\boldsymbol{P}_r\boldsymbol{E}\boldsymbol{P}_{r+1}\cdots\boldsymbol{P}_l=\boldsymbol{A},$$

即

$$\boldsymbol{A}=\boldsymbol{P}_1\boldsymbol{P}_2\cdots\boldsymbol{P}_l.$$

特别提醒

根据定理 2.5,可逆矩阵可以写成若干个初等矩阵的乘积,因此当 $\boldsymbol{A}$ 可逆时,

$\boldsymbol{AB}$ 相当于对 $\boldsymbol{B}$ 作初等行变换;

$\boldsymbol{BA}$ 相当于对 $\boldsymbol{B}$ 作初等列变换.

推论　$m\times n$ 矩阵 $\boldsymbol{A}\sim\boldsymbol{B}$ 的充分必要条件是:存在 m 阶可逆方阵 $\boldsymbol{P}$ 及 n 阶可逆方阵 $\boldsymbol{Q}$ 使 $\boldsymbol{PAQ}=\boldsymbol{B}$.

由定理 2.5,还可得到一种求逆矩阵的方法:当 $|\boldsymbol{A}|\neq 0$ 时,由 $\boldsymbol{A}=\boldsymbol{P}_1\boldsymbol{P}_2\cdots\boldsymbol{P}_l$,得

$$A^{-1}=P_l^{-1}P_{l-1}^{-1}\cdots P_1^{-1},$$

可推出

$$P_l^{-1}P_{l-1}^{-1}\cdots P_1^{-1}A=E,$$

及

$$P_l^{-1}P_{l-1}^{-1}\cdots P_1^{-1}E=A^{-1}.$$

这表明当一系列的初等行变换把 A 变成 E 的时候，这同一系列的初等行变换就将 E 变为 A^{-1}，用分块矩阵形式把这两式合并为

$$P_l^{-1}P_{l-1}^{-1}\cdots P_1^{-1}(A,E)=(E,A^{-1}).$$

构造 $n\times 2n$ 矩阵($A\vdots E$)，并对之施行行变换，当把 A 变成 E 时，原来的 E 就变成 A^{-1}，

$(A\vdots E)\xrightarrow{\text{行}}(E\vdots A^{-1})$.

例 2.23 设 $A=\begin{pmatrix}0&1&2\\1&1&4\\2&-1&0\end{pmatrix}$，求 A^{-1}.

解

$$(A\vdots E)=\begin{pmatrix}0&1&2&1&0&0\\1&1&4&0&1&0\\2&-1&0&0&0&1\end{pmatrix}\overset{r_1\leftrightarrow r_2}{\sim}\begin{pmatrix}1&1&4&0&1&0\\0&1&2&1&0&0\\2&-1&0&0&0&1\end{pmatrix}$$

$$\overset{r_3-2r_1}{\sim}\begin{pmatrix}1&1&4&0&1&0\\0&1&2&1&0&0\\0&-3&-8&0&-2&1\end{pmatrix}$$

$$\overset{\substack{r_3+3r_2\\r_1-r_2}}{\sim}\begin{pmatrix}1&0&2&-1&1&0\\0&1&2&1&0&0\\0&0&-2&3&-2&1\end{pmatrix}$$

$$\overset{\substack{r_1+r_3\\r_2+r_3}}{\sim}\begin{pmatrix}1&0&0&2&-1&1\\0&1&0&4&-2&1\\0&0&-2&3&-2&1\end{pmatrix}$$

$$\overset{r_3\times(-\frac{1}{2})}{\sim}\begin{pmatrix}1&0&0&2&-1&1\\0&1&0&4&-2&1\\0&0&1&-\frac{3}{2}&1&-\frac{1}{2}\end{pmatrix}$$

所以

$$A^{-1}=\begin{pmatrix}2&-1&1\\4&-2&1\\-\frac{3}{2}&1&-\frac{1}{2}\end{pmatrix}.$$

如果不知矩阵 A 是否可逆，也可按上述方法去作，只要 $n\times 2n$ 矩阵($A\vdots E$)左边子块有一行(列)的元素全变为零，则 A 不可逆.

专题小结

利用初等变换法求逆矩阵时要注意：

(1) 利用 $(\boldsymbol{A}\ \boldsymbol{E})\rightarrow(\boldsymbol{E}\ \boldsymbol{A}^{-1})$ 求逆矩阵时，只能作初等行变换.

(2) 利用初等变换法求逆矩阵的步骤：

步骤 1　构造 $(\boldsymbol{A}\ \boldsymbol{E})$；

步骤 2　对 $(\boldsymbol{A}\ \boldsymbol{E})$ 实施初等行变换，将 $\boldsymbol{A}$ 化为标准形；

步骤 3　如果左边子块出现某一行全为零，则判定 $\boldsymbol{A}$ 不可逆；

步骤 4　如果左边子块化为了单位阵，则原来 $\boldsymbol{E}$ 的部分即化为 $\boldsymbol{A}^{-1}$.

上述用初等变换求逆矩阵的方法，仅限于对矩阵施行初等行变换，不得出现初等列变换. 但同样的道理，可构造 $2n\times n$ 的矩阵 $\begin{pmatrix}\boldsymbol{A}\\ \boldsymbol{E}\end{pmatrix}$，然后对此矩阵仅施行初等列变换，当把 $\boldsymbol{A}$ 变成 $\boldsymbol{E}$ 时，原来的 $\boldsymbol{E}$ 就变成 $\boldsymbol{A}^{-1}$.

习题 2.5

1. 用初等变换方法求下列矩阵的逆矩阵：

(1) $\begin{pmatrix}2&2&3\\1&-1&0\\-1&2&1\end{pmatrix}$；　　(2) $\begin{pmatrix}1&3&-5&7\\0&1&2&-3\\0&0&1&2\\0&0&0&1\end{pmatrix}$；

(3) $\begin{pmatrix}0&2&0&0\\0&0&3&0\\0&0&0&4\\1&0&0&0\end{pmatrix}$.

2. 用初等变换将下列矩阵化为标准形：

(1) $\begin{pmatrix}1&-1&2\\3&2&1\\1&-2&0\end{pmatrix}$；　　(2) $\begin{pmatrix}1&3\\-1&-3\\2&1\end{pmatrix}$；

(3) $\begin{pmatrix}1&-1&2\\3&-3&1\end{pmatrix}$.

3. 解下列矩阵方程

$$\begin{pmatrix}0&1&0\\1&0&0\\0&0&1\end{pmatrix}X\begin{pmatrix}1&0&0\\0&0&1\\0&1&0\end{pmatrix}=\begin{pmatrix}1&-4&3\\2&0&-1\\1&-2&0\end{pmatrix}.$$

4. 设 $\boldsymbol{A}=\begin{pmatrix}4&2&3\\1&1&0\\-1&2&3\end{pmatrix}$，$\boldsymbol{AB}=\boldsymbol{A}+2\boldsymbol{B}$，求 $\boldsymbol{B}$.

2.6 矩阵的秩

1. 矩阵的秩

矩阵的秩是矩阵的一个重要的内在特性，为了给出矩阵秩的定义，先介绍矩阵子式的概念.

定义 2.12 在 $m\times n$ 矩阵 $\boldsymbol{A}$ 中，任取 k 行 k 列($k\leqslant m,k\leqslant n$)，位于这些行列交叉处的 k^2 个元素，不改变它们在 $\boldsymbol{A}$ 中的所处的位置次序而得到的 k 阶行列式，称为矩阵 $\boldsymbol{A}$ 的 **k 阶子式**.

$m\times n$ 矩阵 $\boldsymbol{A}$ 的 k 阶子式共有 $C_m^kC_n^k$ 个.

设 $\boldsymbol{A}$ 是一个 $m\times n$ 矩阵，当 $\boldsymbol{A}=\boldsymbol{0}$ 时，它的任何子式都为零；当 $\boldsymbol{A}\neq\boldsymbol{0}$ 时，它至少有一个元素不为零，即它至少有一个一阶子式不为零. 这时再考察二阶子式，如果 $\boldsymbol{A}$ 中有二阶子式不为零，则往下考察三阶子式，依此类推. 最后必达到 $\boldsymbol{A}$ 中有 r 阶子式不等于零，而再没有比 r 更高阶的不为零的子式. 这个不等于零的子式的最高阶数 r，反映了矩阵 $\boldsymbol{A}$ 内在的重要性质，在矩阵的理论与应用中都有重要意义.

定义 2.13 设在矩阵 $\boldsymbol{A}$ 中有一个不等于零的 r 阶子式 D，且所有 $r+1$ 阶子式(如果存在的话)都等于零，那么 D 称为 $\boldsymbol{A}$ 的最高阶非零子式，数 r 称为**矩阵 $\boldsymbol{A}$ 的秩**，记作 $R(\boldsymbol{A})$，并规定零矩阵的秩为 0.

由定义可知：

(1) 若 $R(\boldsymbol{A})=r$，则 $\boldsymbol{A}$ 中所有阶数大于 r 的子式全为零，即 r 为 $\boldsymbol{A}$ 中不等于零的子式的最高阶数.

(2) $R(\boldsymbol{A}^{\mathrm{T}})=R(\boldsymbol{A})$；$R(k\boldsymbol{A})=R(\boldsymbol{A})$，$k$ 为非零数.

(3) 若 $\boldsymbol{A}$ 的所有 $r+1$ 阶子式都为零，则 $R(\boldsymbol{A})\leqslant r$；若 $\boldsymbol{A}$ 中存在一个 r 阶子式不为零，则 $R(\boldsymbol{A})\geqslant r$.

例 2.24 求矩阵 $\boldsymbol{A}=\begin{pmatrix}2&-3&8&2\\2&12&-2&12\\1&3&1&4\end{pmatrix}$ 的秩.

解 分析：根据定义可以从低阶子式开始求最高阶非零子式. 一般先求一个非零的二阶子式，然后考虑所有的三阶子式. 如果这些三阶子式都等于零，则 $\boldsymbol{A}$ 的秩就等于 2. 否则，若至少有一个三阶子式不为 0，则 $\boldsymbol{A}$ 的秩就等于 3.

易知 $\boldsymbol{A}$ 的二阶子式

$$D=\begin{vmatrix}2&-3\\2&12\end{vmatrix}\neq 0,$$

$\boldsymbol{A}$ 有四个三阶子式，且都等于 0，即

$$\begin{vmatrix}2&-3&8\\2&12&-2\\1&3&1\end{vmatrix}=0,\quad \begin{vmatrix}2&-3&2\\2&12&12\\1&3&4\end{vmatrix}=0,$$

$$\begin{vmatrix} 2 & 8 & 2 \\ 2 & -2 & 12 \\ 1 & 1 & 4 \end{vmatrix}=0,\quad \begin{vmatrix} -3 & 8 & 2 \\ 12 & -2 & 12 \\ 3 & 1 & 4 \end{vmatrix}=0,$$

所以 $R(\mathbf{A})=2$.

若 $\mathbf{A}$ 是 $m\times n$ 矩阵，则 $R(\mathbf{A})\leqslant m$. 且 $R(\mathbf{A})\leqslant n$. 当 $R(\mathbf{A})=m$ 时，称 $\mathbf{A}$ 为行满秩矩阵；当 $R(\mathbf{A})=n$ 时，称 $\mathbf{A}$ 为列满秩矩阵；若 $\mathbf{A}$ 是 n 阶方阵，当 $R(\mathbf{A})=n$ 时，称 $\mathbf{A}$ 为**满秩矩阵**.

例如，$\mathbf{A}=\begin{pmatrix} 1 & 2 & 3 & 0 \\ 0 & 1 & 0 & 1 \\ 0 & 0 & 1 & 0 \end{pmatrix}$，$R(\mathbf{A})=3$，即 $\mathbf{A}$ 为行满秩的；

$\mathbf{B}=\begin{pmatrix} 1 & 2 \\ 0 & 1 \\ 0 & 0 \end{pmatrix}$，$R(\mathbf{B})=2$ 即 B 为列满秩的；

$\mathbf{C}=\begin{pmatrix} 1 & 1 & 0 \\ 0 & 1 & 0 \\ 0 & 0 & 1 \end{pmatrix}$，$R(\mathbf{C})=3$，故 $\mathbf{C}$ 为满秩方阵.

易知有：

定理 2.6　若 $\mathbf{A}$ 是 n 阶方阵，则 $|\mathbf{A}|\neq 0$ 的充分必要条件是 $\mathbf{A}$ 为满秩矩阵.

在矩阵的行数、列数都很大的情形，用定义通过计算子式的方法来求矩阵的秩是不方便的，下面介绍用初等变换法求矩阵的秩.

定理 2.7　矩阵经初等变换后，其秩不变.

证明略.

特别提醒

定理 2.7 表明，矩阵的秩是初等变换下的不变量，即若 $\mathbf{A}\sim\mathbf{B}$，则 $R(\mathbf{A})=R(\mathbf{B})$. 于是我们可以借助于初等变换将 $\mathbf{A}$ 的形式变得简单，直到我们可以看出矩阵的秩是多少.

例 2.25　求矩阵 $\mathbf{A}=\begin{pmatrix} 1 & 0 & 0 & 1 \\ 1 & 2 & 0 & -1 \\ 3 & -1 & 0 & 4 \\ 1 & 4 & 5 & 1 \end{pmatrix}$ 的秩.

解

$$\mathbf{A}\rightarrow\begin{pmatrix} 1 & 0 & 0 & 1 \\ 0 & 2 & 0 & -2 \\ 0 & -1 & 0 & 1 \\ 0 & 4 & 5 & 0 \end{pmatrix}\rightarrow\begin{pmatrix} 1 & 0 & 0 & 1 \\ 0 & 1 & 0 & -1 \\ 0 & 0 & 5 & 4 \\ 0 & 0 & 0 & 0 \end{pmatrix}\rightarrow\begin{pmatrix} 1 & 0 & 0 & 0 \\ 0 & 1 & 0 & 0 \\ 0 & 0 & 1 & 0 \\ 0 & 0 & 0 & 0 \end{pmatrix},$$

最后一矩阵的秩显然等于 3，故 $R(\mathbf{A})=3$.

由定理2.4及定理2.7可知，要求任意一矩阵 $\boldsymbol{A}$ 的秩，用初等变换化 $\boldsymbol{A}$ 为标准形 $\boldsymbol{I}=\begin{pmatrix}\boldsymbol{E}_r & \boldsymbol{0}\\ \boldsymbol{0} & \boldsymbol{0}\end{pmatrix}$，便可得 $R(\boldsymbol{A})=r$. 当然，有时尚未化为标准形时就已经能看出所得矩阵的秩，则变换即可停止.

例 2.26 求下列矩阵的秩

$$\begin{pmatrix}1 & -2 & -1 & 0 & 2\\ -2 & 4 & 2 & 6 & -6\\ 2 & -1 & 0 & 2 & 3\\ 3 & 3 & 3 & 3 & 4\end{pmatrix}.$$

解 对 $\boldsymbol{A}$ 仅作初等行变换.

$$\boldsymbol{A}\overset{\substack{r_2+2r_1\\ r_3-2r_1\\ r_4-3r_1}}{\sim}\begin{pmatrix}1 & -2 & -1 & 0 & 2\\ 0 & 0 & 0 & 6 & -2\\ 0 & 3 & 2 & 2 & -1\\ 0 & 9 & 6 & 3 & -2\end{pmatrix}\overset{\substack{r_2\leftrightarrow r_3\\ r_3\leftrightarrow r_4}}{\sim}\begin{pmatrix}1 & -2 & -1 & 0 & 2\\ 0 & 3 & 2 & 2 & -1\\ 0 & 9 & 6 & 3 & -2\\ 0 & 0 & 0 & 6 & -2\end{pmatrix}$$

$$\overset{r_3-3r_2}{\sim}\begin{pmatrix}1 & -2 & -1 & 0 & 2\\ 0 & 3 & 2 & 2 & -1\\ 0 & 0 & 0 & -3 & 1\\ 0 & 0 & 0 & 6 & -2\end{pmatrix}\overset{r_4+2r_3}{\sim}\begin{pmatrix}1 & -2 & -1 & 0 & 2\\ 0 & 3 & 2 & 2 & -1\\ 0 & 0 & 0 & -3 & 1\\ 0 & 0 & 0 & 0 & 0\end{pmatrix}.$$

上式中最后一个矩阵称为**行阶梯形矩阵**，由 $\boldsymbol{A}$ 的行阶梯形矩阵可以看出 $R(\boldsymbol{A})=3$. 若继续施行行变换还可以进一步得

$$\boldsymbol{A}\overset{\substack{r_2\div 3\\ r_3\div(-3)}}{\sim}\begin{pmatrix}1 & -2 & -1 & 0 & 2\\ 0 & 1 & \frac{2}{3} & \frac{2}{3} & -\frac{1}{3}\\ 0 & 0 & 0 & 1 & -\frac{1}{3}\\ 0 & 0 & 0 & 0 & 0\end{pmatrix}\overset{\substack{r_2-\frac{2}{3}r_3\\ r_1+2r_2}}{\sim}\begin{pmatrix}1 & 0 & \frac{1}{3} & 0 & \frac{16}{9}\\ 0 & 1 & \frac{2}{3} & 0 & -\frac{1}{9}\\ 0 & 0 & 0 & 1 & -\frac{1}{9}\\ 0 & 0 & 0 & 0 & 0\end{pmatrix},$$

称最后所得的矩阵为 A 的**行最简形**，也可直接看出 $\boldsymbol{A}$ 的秩等于3.

行最简形矩阵是初等行变换下得到的形式上最简单的矩阵，它在向量的讨论以及线性方程组的求解中有着重要的应用。

专题小结：行阶梯形矩阵和行最简形矩阵的特点

行阶梯形和行最简形矩阵都是在对矩阵仅作行变换下得到的.

行阶梯形矩阵的特点：(1) 元素全为0的行位于矩阵的最下方；(2) 其他行的第一个非零元素缩进排列，呈现出阶梯状；(3) 每个阶梯的高度只有一行.

行最简形矩阵的特点：(1) 是行阶梯形矩阵；(2) 每个非零行的第一个非零元素为1，且含这些元素的列的其他元素都是0.

2. 线性方程组与系数矩阵的秩

利用矩阵的秩,我们可以给出齐次线性方程组有非零解的一个充分必要条件.

对于线性方程组

$$\begin{cases} a_{11}x_1 + a_{12}x_2 + \cdots + a_{1n}x_n = b_1, \\ a_{21}x_1 + a_{22}x_2 + \cdots + a_{2n}x_n = b_2, \\ \cdots\cdots\cdots\cdots\cdots\cdots\cdots\cdots \\ a_{m1}x_1 + a_{m2}x_2 + \cdots + a_{mn}x_n = b_m. \end{cases} \tag{2.9}$$

若记

$$\boldsymbol{A} = \begin{pmatrix} a_{11} & a_{12} & \cdots & a_{1n} \\ a_{21} & a_{22} & \cdots & a_{2n} \\ \vdots & \vdots & & \vdots \\ a_{m1} & a_{m2} & \cdots & a_{mn} \end{pmatrix}, \boldsymbol{x} = \begin{pmatrix} x_1 \\ x_2 \\ \vdots \\ x_n \end{pmatrix}, \boldsymbol{b} = \begin{pmatrix} b_1 \\ b_2 \\ \vdots \\ b_m \end{pmatrix}.$$

利用矩阵的乘法,可将方程组写成如下的矩阵方程

$$\boldsymbol{Ax} = \boldsymbol{b}, \tag{2.10}$$

矩阵 $\boldsymbol{A}$ 称为方程组(2.9)的系数矩阵.

若方程组(2.9)中的常数项全为零,即 $b_1 = b_2 = \cdots = b_n = 0$,则称方程组为齐次线性方程组,用矩阵表示为

$$\boldsymbol{Ax} = \boldsymbol{0}.$$

用消元法求解线性方程组实际上就是对线性方程组进行初等行变换,简化未知量的系数,从而得到与原方程组同解且易直接求解的阶梯形方程组,下面以齐次方程组为例说明其解法.

例 2.27 解齐次线性方程组

$$\begin{cases} x_1 - x_2 - x_3 + x_4 = 0, & ① \\ x_1 - x_2 + x_3 - 3x_4 = 0, & ② \\ x_1 - x_2 - 2x_3 + 3x_4 = 0. & ③ \end{cases} \tag{2.11}$$

解 将①式的 -1 倍分别加到②,③式上,得

$$\begin{cases} x_1 - x_2 - x_3 + x_4 = 0, & ④ \\ 2x_3 - 4x_4 = 0, & ⑤ \\ -x_3 + 2x_4 = 0, & ⑥ \end{cases}$$

将⑤式乘以 $\frac{1}{2}$,再加到⑥式上,得

$$\begin{cases} x_1 - x_2 - x_3 + x_4 = 0, & ⑦ \\ x_3 - 2x_4 = 0, & ⑧ \\ 0 = 0. & ⑨ \end{cases} \tag{2.12}$$

上式是 4 个未知量、2 个独立方程的阶梯形方程组,可设 x_2, x_4 为自由取值的量(称为**自由变量**),用回代法解出

$$\begin{cases} x_1 = x_2 + x_4, \\ x_3 = 2x_4, \end{cases} (x_2, x_4 \text{ 可自由取值}) \tag{2.13}$$

对 x_2,x_4 的任一组值,代入上式就得到方程组的一个解,故知该方程组有无穷多解.

下面用矩阵的初等行变换求解方程组,其过程可与上面的消元过程一一对照.

$$\boldsymbol{A}=\begin{pmatrix}1&-1&-1&1\\1&-1&1&-3\\1&-1&-2&3\end{pmatrix}\underset{r_3-r_1}{\overset{r_2-r_1}{\sim}}\begin{pmatrix}1&-1&-1&1\\0&0&2&-4\\0&0&-1&2\end{pmatrix}$$

$$\underset{r_3+r_2}{\overset{r_2\times\frac{1}{2}}{\sim}}\begin{pmatrix}1&-1&-1&1\\0&0&1&-2\\0&0&0&0\end{pmatrix}=\boldsymbol{B}_1.$$

由 $\boldsymbol{B}_1$ 可以得到方程组(2.12).回代过程也可用矩阵的初等行变换来完成,即

$$\boldsymbol{B}_1\overset{r_1+r_2}{\sim}\begin{pmatrix}1&-1&0&-1\\0&0&1&-2\\0&0&0&0\end{pmatrix}=\boldsymbol{B}_2,$$

$\boldsymbol{B}_2$ 对应方程组

$$\begin{cases}x_1-x_2-x_4=0,\\x_3-2x_4=0.\end{cases}$$

取 x_2,x_4 为自由变量,令 $x_2=k_1,x_4=k_2$,方程组的解可记为

$$\boldsymbol{x}=\begin{pmatrix}x_1\\x_2\\x_3\\x_4\end{pmatrix}=k_1\begin{pmatrix}1\\1\\0\\0\end{pmatrix}+k_2\begin{pmatrix}1\\0\\2\\1\end{pmatrix}.$$

在例 2-27 中,原方程组为 3 个方程、4 个变量的齐次线性方程组,但由于独立方程只有两个,故有两个自由变量.因为自由变量可任意取值,从而方程组有非零解.

在用消元法解线性方程组时,主要用到了下面三种变换:

(1) 交换两个方程的次序;

(2) 用一个非零的常数乘以某个方程;

(3) 把一个方程的适当倍数加到另一个方程上.

由于上述三种变换都是可逆的,所以得到的方程组与原方程组是同解的(也称为是等价的).

上述对方程组的变换中,实际只是对方程组的系数作变换,未知量并未参与运算.故该变换过程完全可以转换为对系数矩阵作初等行变换来实现.

特别提醒

由上面讨论知:方程组 $\boldsymbol{A}\boldsymbol{x}=\boldsymbol{0}$ 中独立方程的个数与系数矩阵 $\boldsymbol{A}$ 在行变换下化成的行阶梯形的阶数是一致的,他们都等于 $\boldsymbol{A}$ 的秩.

而方程组中自由变量的个数等于变量的总数 n 减去独立方程的个数,亦即:自由变量的个数等于变量的总数 n 减去系数矩阵 $\boldsymbol{A}$ 的秩.

下面用矩阵的秩给出齐次线性方程组有非零解的充分必要条件.

定理 2.8 n 元齐次线性方程组 $\boldsymbol{Ax}=\boldsymbol{0}$ 有非零解的充分必要条件是系数矩阵 $\boldsymbol{A}$ 的秩 $R(\boldsymbol{A})<n$.

证 必要性. 设方程组 $\boldsymbol{Ax}=\boldsymbol{0}$ 有非零解，要证 $R(\boldsymbol{A})<n$.

(用反证法)假设 $R(\boldsymbol{A})=n$，则 $\boldsymbol{A}$ 中必有一个 n 阶子式 $D_n\neq 0$，根据克莱姆法则，D_n 所对应的 n 个方程只有零解. 这与原方程组有非零解矛盾. 从而 $R(\boldsymbol{A})=n$ 不成立，故 $R(\boldsymbol{A})<n$.

充分性. 设 $R(\boldsymbol{A})=r<n$，则 $\boldsymbol{A}$ 的行阶梯形矩阵只有 r 个非零行，从而方程组 $\boldsymbol{Ax}=\boldsymbol{0}$ 有 $n-r$ 个自由未知量，让自由未知量的值都取 1，即可得方程组的一个非零解.

定理 2.8 是克莱姆法则的推广，克莱姆法则只适用于 $m=n$ 的情形. 由于当 $\boldsymbol{A}$ 是 n 阶方阵时，$|\boldsymbol{A}|=0$ 的充要条件是 $R(\boldsymbol{A})<n$，故有：

推论 含有 n 个方程的 n 元齐次线性方程组 $\boldsymbol{Ax}=\boldsymbol{0}$ 有非零解的充分必要条件是 $|\boldsymbol{A}|=0$.

用矩阵的初等行变换也可以求解非齐次线性方程组，第 3 章将详细讨论线性方程组的求解问题.

习题 2.6

1. 用定义求下列矩阵的秩：

(1) $\boldsymbol{A}=\begin{pmatrix} 1 & -5 & 6 & -2 \\ 2 & -1 & 3 & -2 \\ -1 & -4 & 3 & 0 \end{pmatrix}$； (2) $\begin{pmatrix} -1 & 2 & 1 & 0 \\ -2 & 4 & -2 & 0 \\ 0 & 6 & -1 & 1 \\ 3 & 0 & 0 & 1 \end{pmatrix}$.

2. 用初等变换法求下列矩阵的秩：

(1) $\begin{pmatrix} 3 & 1 & 0 & 2 \\ 1 & -1 & 2 & -1 \\ 1 & 3 & -4 & 4 \end{pmatrix}$； (2) $\begin{pmatrix} 3 & 2 & -1 & -3 & -2 \\ 2 & -1 & 3 & 1 & -3 \\ 7 & 0 & 5 & -1 & -8 \end{pmatrix}$.

3. 设 $\boldsymbol{A}$ 与 $\boldsymbol{B}$ 都是 $m\times n$ 矩阵，证明矩阵 $\boldsymbol{A}$ 与矩阵 $\boldsymbol{B}$ 等价的充分必要条件是

$$R(\boldsymbol{A}) = R(\boldsymbol{B}).$$

第 2 章小结

本章先从实际问题出发，引出矩阵的概念，并给出一些特殊的矩阵，进而介绍矩阵的运算，包括：矩阵的加减法、数乘矩阵、矩阵乘以矩阵、矩阵的转置和方阵的行列式等. 以下一些问题是初学者在学习中需要特别注意的：(1) 矩阵与行列式在概念上的区别；(2) 矩阵乘以矩阵的运算不满足交换律，因而在数的乘法运算中与交换律有关的一些规律对矩阵乘法来说也不满足；(3) 数乘方阵的性质，如 $|\lambda\boldsymbol{A}|=\lambda^n|\boldsymbol{A}|$.

方阵可逆的充要条件以及如何求逆是线性代数中一类重要的习题类型. 本章中我们看到：

n 阶方阵 $\boldsymbol{A}$ 可逆 $\Leftrightarrow$ 存在 n 阶方阵 $\boldsymbol{B}$ 使 $\boldsymbol{AB}=\boldsymbol{E}$(或 $\boldsymbol{BA}=\boldsymbol{E}$)；

$\Leftrightarrow |\boldsymbol{A}| \neq 0$（即 $\boldsymbol{A}$ 是非奇异的）；

$\Leftrightarrow |\boldsymbol{A}| = \boldsymbol{P}_1\boldsymbol{P}_2\cdots\boldsymbol{P}_l$（$\boldsymbol{P}_i$ 为初等矩阵）；

$\Leftrightarrow R(\boldsymbol{A}) = n$（即 $\boldsymbol{A}$ 是满秩的）；

$\Leftrightarrow \boldsymbol{Ax} = \boldsymbol{0}$ 只有零解；

$\Leftrightarrow \boldsymbol{A} \sim \boldsymbol{E}_n$（即 $\boldsymbol{A}$ 的标准形是 n 阶单位阵）.

随着学习的深入，我们还将看到更多的有关 $\boldsymbol{A}$ 可逆的充要条件，读者在学习中应注意总结.

矩阵的初等变换是线性代数中最为重要的一种计算方法. 在本章中，我们利用初等变换来求可逆矩阵的逆矩阵、求矩阵的秩以及解矩阵方程，以后的学习中我们将会看到，线性代数中几乎所有的问题都可以用初等变换加以解决，因此大家一定要熟练掌握这种方法，并注意总结用初等变换可以解决哪些线性代数的问题.

矩阵的秩是矩阵的重要特性之一，也是线性代数中最为抽象的一个概念. 线性代数中的一些重要问题，如向量组的线性相关性、线性方程组的求解、二次型的化简都与秩有密切关系. 在本章中我们知道秩在初等变换下是不变的，因此我们可用初等变换来求矩阵的秩，这也是求矩阵秩的最常用的方法.

本章是线性代数的基础，所涉及的内容都是读者应该熟练掌握的.

答疑解惑

1. 问：矩阵与行列式的区别是什么？

答：(1) 矩阵与行列式是两个完全不同的概念. 矩阵仅仅是一个矩形的“数表”；行列式是一个方形数表根据定义规则进行运算而得到的一个数或一个代数式，因此可以认为行列式是一种运算符号；另外，矩阵通常用圆括号表示，而行列式用双竖线表示. 如：

矩阵 $\boldsymbol{B} = \begin{pmatrix} 1 & 2 & 0 \\ 4 & 3 & 2 \end{pmatrix}$，　行列式 $\begin{vmatrix} 1 & 2 \\ 3 & 4 \end{vmatrix} = 4 - 6 = -2$.

(2) 行列式是在方形数表中定义，若不是方形数表则不能讨论行列式的问题.

例如 $|\boldsymbol{B}| = \begin{vmatrix} 1 & 2 & 0 \\ 4 & 3 & 2 \end{vmatrix}$ 是无意义的，而矩阵无此限制.

(3) 矩阵相加与行列式相加的区别.

例如 $\begin{pmatrix} a & b \\ c & d \end{pmatrix} + \begin{pmatrix} e & f \\ g & h \end{pmatrix} = \begin{pmatrix} a+e & b+f \\ c+g & d+h \end{pmatrix}$，

而 $\begin{vmatrix} a+b & c+d \\ e+f & g+h \end{vmatrix} = \begin{vmatrix} a & c \\ e & g \end{vmatrix} + \begin{vmatrix} a & d \\ e & h \end{vmatrix} + \begin{vmatrix} b & c \\ f & g \end{vmatrix} + \begin{vmatrix} b & d \\ f & h \end{vmatrix}$.

(4) 数乘矩阵与数乘行列式的区别.

例如：$k\begin{pmatrix} a & b \\ c & d \end{pmatrix} = \begin{pmatrix} ka & kb \\ kc & kd \end{pmatrix}$，而 $\begin{vmatrix} ka & kb \\ kc & kd \end{vmatrix} = k^2\begin{vmatrix} a & b \\ c & d \end{vmatrix}$.

(5) 行列式进行某些运算可保持其值不变而矩阵相等则要求对应元素都分别相等.

例如 $D_1 = \begin{vmatrix} 1 & 2 \\ 3 & 4 \end{vmatrix} = -2, D_2 = \begin{vmatrix} 1 & 3 \\ 2 & 4 \end{vmatrix} = -2$.

虽然 D_1,D_2 的形式不同，但实质一样，$D_1=D_2$；而 $\boldsymbol{A}_1=\begin{pmatrix}1&2\\3&4\end{pmatrix}$，$\boldsymbol{A}_2=\begin{pmatrix}1&3\\2&4\end{pmatrix}$ 就是两个不相同的矩阵.

(6) 当 $|\boldsymbol{A}|\neq 0$ 时，$\dfrac{1}{|\boldsymbol{A}|}$ 是有意义的，而对矩阵而言 $\dfrac{1}{\boldsymbol{A}}$ 无意义.

矩阵和行列式的区别可能还可列举一些，读者要牢牢地把握：矩阵是一个"数表"，而行列式是一种"算符"，结果是一个数.

2. 问：矩阵运算与实数运算的区别是什么？

答：(1) 任何实数都可以作加减、乘、正整数幂的运算，但并非任意的矩阵都可以作加减、乘、正整数幂的运算.

只有当两个矩阵的行数和列数分别相等时才能相加；只有当左矩阵的列数等于右矩阵的行数时，矩阵相乘才有意义；只有方阵才可讨论正整数幂.

(2) 实数乘法满足交换律，但矩阵乘法一般不满足交换律.

首先，如果 $\boldsymbol{A},\boldsymbol{B}$ 不是同阶方阵，那么 $\boldsymbol{AB}$ 和 $\boldsymbol{BA}$ 不一定都有意义.

如 $\boldsymbol{A}=\begin{pmatrix}1&2\\3&4\end{pmatrix}$，$\boldsymbol{B}=\begin{pmatrix}1\\-1\end{pmatrix}$，则 $\boldsymbol{AB}=\begin{pmatrix}1&2\\3&4\end{pmatrix}\begin{pmatrix}1\\-1\end{pmatrix}=\begin{pmatrix}-1\\-1\end{pmatrix}$，但 $\boldsymbol{BA}$ 无意义.

再者，即使 $\boldsymbol{AB}$ 和 $\boldsymbol{BA}$ 都有意义，$\boldsymbol{AB}$ 也不一定等于 $\boldsymbol{BA}$.

例如 $\boldsymbol{A}=\begin{pmatrix}1&1\\0&0\end{pmatrix}$，$\boldsymbol{B}=\begin{pmatrix}1&0\\1&0\end{pmatrix}$，

$$\boldsymbol{AB}=\begin{pmatrix}1&1\\0&0\end{pmatrix}\begin{pmatrix}1&0\\1&0\end{pmatrix}=\begin{pmatrix}2&0\\0&0\end{pmatrix},\ \boldsymbol{BA}=\begin{pmatrix}1&0\\1&0\end{pmatrix}\begin{pmatrix}1&1\\0&0\end{pmatrix}=\begin{pmatrix}1&1\\1&1\end{pmatrix},$$

可见 $\boldsymbol{AB}\neq\boldsymbol{BA}$.

(3) 实数运算的乘法公式用到矩阵运算中不一定成立. 例如，实数运算中有

$(a+b)^2=a^2+2ab+b^2$，但 $(\boldsymbol{A}+\boldsymbol{B})^2=(\boldsymbol{A}+\boldsymbol{B})(\boldsymbol{A}+\boldsymbol{B})=\boldsymbol{A}^2+\boldsymbol{BA}+\boldsymbol{AB}+\boldsymbol{B}^2$.

由此可见，如果 $\boldsymbol{A},\boldsymbol{B}$ 不是同阶方阵，上面的算式无意义；如果 $\boldsymbol{AB}\neq\boldsymbol{BA}$，那么即使上面算式有意义，但 $(\boldsymbol{A}+\boldsymbol{B})^2\neq\boldsymbol{A}^2+2\boldsymbol{AB}+\boldsymbol{B}^2$. 类似的，一般有

$$(\boldsymbol{A}+\boldsymbol{B})(\boldsymbol{A}-\boldsymbol{B})\neq\boldsymbol{A}^2-\boldsymbol{B}^2,\ (\boldsymbol{AB})^2\neq\boldsymbol{A}^2\boldsymbol{B}^2.$$

3. 问：矩阵的等价关系是否满足：自反性、对称性、传递性？在所有彼此相互等价的矩阵中，形式上最为简单的矩阵是什么？

答：矩阵的等价关系满足自反性、对称性、传递性，验证略.

由于等价关系满足自反性、对称性、传递性，故可将 $m\times n$ 矩阵的全体按等价关系进行分类，其中每个等价类中形式上最为简单的矩阵是标准形 I.

4. 问：在秩为 r 的矩阵中，有没有等于0的 r 阶子式？有没有不等于0的 $r+1$ 阶子式？

答：矩阵的秩等于 r，表示矩阵不为零的子式的最高阶数为 r，可从两个方面来理解. 其一，该矩阵至少存在一个不为零的 r 阶子式（其余的 r 阶子式可以等于零，也可以不等于零）；其二. 该矩阵的所有 $r+1$ 阶子式都等于零. 据此，我们来回答上面的问题：可能存在等于零的 r 阶子式，肯定不存在非零的 $r+1$ 阶子式.

5. 问：从矩阵 $\boldsymbol{A}$ 中增加一列得到矩阵 $\boldsymbol{B}$，则 $\boldsymbol{A}$，$\boldsymbol{B}$ 的秩的关系如何？

答：此时 $\boldsymbol{B}$ 的秩只有两种可能，即 $R(\boldsymbol{B})=R(\boldsymbol{A})$，或 $R(\boldsymbol{B})=R(\boldsymbol{A})+1$.

☞ 自测题 A

1. 填空题:

(1) $\boldsymbol{A}$ 为 n 阶方阵,且 $|\boldsymbol{A}|=1$,则 $|k\boldsymbol{A}|=$________.

(2) 设 $\boldsymbol{A}=a\begin{pmatrix} b & 0 & 0 \\ 0 & 0 & c \\ 0 & d & 0 \end{pmatrix}$, $abcd\neq 0$,则 $\boldsymbol{A}^{-1}=$__________.

(3) 设 $\boldsymbol{\alpha}=(1,1,1)$,$\boldsymbol{A}=\boldsymbol{\alpha}^{\mathrm{T}}\boldsymbol{\alpha}$,则 $\boldsymbol{A}^{n}=$________.

(4) 设 $\boldsymbol{A}=\begin{pmatrix} 3 & 1 & 2 \\ 1 & 3 & 2 \\ 1 & 2 & 4 \end{pmatrix}$,则 $\boldsymbol{A}^{\mathrm{T}}=$ ________.

(5) 已知 $\boldsymbol{A}=\begin{pmatrix} 3 & 1 & 1 \\ 2 & 1 & 2 \\ 1 & 2 & 3 \end{pmatrix}$,$\boldsymbol{B}=\begin{pmatrix} 1 & 1 & 1 \\ 2 & -1 & 0 \\ 1 & 0 & 1 \end{pmatrix}$, 则 $\boldsymbol{AB}=$________.

2. 单项选择题:

(1) 若 $\boldsymbol{A}$ 是 4 阶方阵,$|\boldsymbol{A}|=2$,则 $|2\boldsymbol{A}|=$(　　).

A. 4　　B. 8　　C. 16　　D. 32

(2) 矩阵$\begin{pmatrix} 1 & -1 \\ 3 & 2 \end{pmatrix}$的标准形是(　　).

A. $\begin{pmatrix} 1 & 1 \\ 1 & 1 \end{pmatrix}$　　B. $\begin{pmatrix} 1 & 0 \\ 0 & 1 \end{pmatrix}$　　C. 0　　D. 1

(3) 设 $\boldsymbol{A}$,$\boldsymbol{B}$ 都是 n 阶方阵,若 $\boldsymbol{AB}=\boldsymbol{0}$($\boldsymbol{0}$ 为 n 阶零矩阵),则必有(　　).

A. $|\boldsymbol{A}|=0$ 或 $|\boldsymbol{B}|=0$　　B. $\boldsymbol{A}+\boldsymbol{B}=\boldsymbol{0}$

C. $\boldsymbol{A}=\boldsymbol{0}$ 或 $\boldsymbol{B}=\boldsymbol{0}$　　D. $|\boldsymbol{A}|+|\boldsymbol{B}|=0$

(4) 设 $\boldsymbol{A}=\begin{pmatrix} 1 & 0 & 0 \\ 0 & 0 & 1 \\ 0 & 1 & 0 \end{pmatrix}$,则 $\boldsymbol{A}$ 可逆,且 $\boldsymbol{A}^{-1}=$(　　).

A. $\begin{pmatrix} -1 & 0 & 0 \\ 0 & 0 & -1 \\ 0 & -1 & 0 \end{pmatrix}$　　B. $\begin{pmatrix} 1 & 0 & 0 \\ 0 & 0 & -1 \\ 0 & -1 & 0 \end{pmatrix}$

C. $\begin{pmatrix} -1 & 0 & 0 \\ 0 & 0 & 1 \\ 0 & 1 & 0 \end{pmatrix}$　　D. $\begin{pmatrix} 1 & 0 & 0 \\ 0 & 0 & 1 \\ 0 & 1 & 0 \end{pmatrix}$

(5) 设 $\boldsymbol{A}$,$\boldsymbol{B}$ 都是 n 阶方阵,则必有(　　).

A. $|\boldsymbol{A}+\boldsymbol{B}|=|\boldsymbol{A}|+|\boldsymbol{B}|$　　B. $\boldsymbol{AB}=\boldsymbol{BA}$

C. $|\boldsymbol{AB}|=|\boldsymbol{BA}|$　　D. $(\boldsymbol{A}+\boldsymbol{B})^{-1}=\boldsymbol{A}^{-1}+\boldsymbol{B}^{-1}$

3. 用矩阵的初等变换解下列问题:

(1) 求矩阵 $\boldsymbol{A}=\begin{pmatrix} 1 & 3 & 11 \\ -2 & 4 & 8 \\ 6 & -5 & -3 \end{pmatrix}$的秩;

(2) 求矩阵 $\boldsymbol{A}=\begin{pmatrix}1&2&3&4\\0&1&2&3\\0&0&1&2\\0&0&0&1\end{pmatrix}$ 的逆矩阵.

4. 举反例说明下列命题是错误的:

(1) 若 $\boldsymbol{A}^2=\boldsymbol{0}$,则 $\boldsymbol{A}=\boldsymbol{0}$;

(2) 若 $\boldsymbol{A}^2=\boldsymbol{A}$,则 $\boldsymbol{A}=\boldsymbol{0}$ 或 $\boldsymbol{A}=\boldsymbol{E}$.

5. 解矩阵方程 $\begin{pmatrix}1&-5\\-1&4\end{pmatrix}\boldsymbol{X}=\begin{pmatrix}3&2\\1&4\end{pmatrix}$.

6. 若 $\boldsymbol{A}^2=\boldsymbol{A}$,则称 $\boldsymbol{A}$ 为**幂等矩阵**,试证若 $\boldsymbol{A},\boldsymbol{B}$ 皆为幂等矩阵,则 $\boldsymbol{A}+\boldsymbol{B}$ 为幂等矩阵的充要条件是 $\boldsymbol{AB}=-\boldsymbol{BA}$.

7. 若 n 阶矩阵 $\boldsymbol{A}$ 满足 $\boldsymbol{A}^2-2\boldsymbol{A}-4\boldsymbol{E}=\boldsymbol{0}$,试证 $\boldsymbol{A}+\boldsymbol{E}$ 可逆,并求 $(\boldsymbol{A}+\boldsymbol{E})^{-1}$.

8. 若 $\boldsymbol{AB}=\boldsymbol{BA}$,则称 $\boldsymbol{A},\boldsymbol{B}$ 可交换. 试求与 $\boldsymbol{A}=\begin{pmatrix}1&1\\0&1\end{pmatrix}$ 可交换的全体二阶矩阵.

☞ 自测题 B

1. 填空题

(1) 设 3 阶矩阵 $\boldsymbol{A}$ 满足 $|\boldsymbol{A}|=\frac{1}{3}$,则 $\left|\left(\frac{1}{4}\boldsymbol{A}\right)^{-1}-15\boldsymbol{A}^*\right|=$________.

(2) 设 $\boldsymbol{A}=\begin{pmatrix}1&0&0\\2&2&0\\3&4&5\end{pmatrix}$,则 $(\boldsymbol{A}^*)^{-1}=$________.

(3) 设 $\boldsymbol{A}$ 为 4×3 的矩阵,且 $\boldsymbol{A}$ 的秩为 $R(\boldsymbol{A})=2$,$\boldsymbol{B}=\begin{pmatrix}1&0&2\\0&2&0\\-1&0&3\end{pmatrix}$,则 $R(\boldsymbol{AB})=$________.

(4) 已知 $\boldsymbol{A}=\begin{pmatrix}0&0&1\\0&2&0\\1&0&1\end{pmatrix}$ 满足 $\boldsymbol{AX}+\boldsymbol{E}=\boldsymbol{A}^2+\boldsymbol{X}$,则 $\boldsymbol{X}=$________.

(5) 设 4 阶方阵 $\boldsymbol{A}$ 的秩为 2,则 $\boldsymbol{A}^*$ 的秩=________.

2. 选择题

(1) 设 $\boldsymbol{A}$ 是 $n(n\geqslant2)$ 阶可逆矩阵,则下列等式正确的是( ).

A. $(\boldsymbol{A}^*)^*=|\boldsymbol{A}|^{n-1}\boldsymbol{A}$　　B. $(\boldsymbol{A}^*)^*=|\boldsymbol{A}|^{n+1}\boldsymbol{A}$

C. $(\boldsymbol{A}^*)^*=|\boldsymbol{A}|^{n-2}\boldsymbol{A}$　　D. $(\boldsymbol{A}^*)^*=|\boldsymbol{A}|^{n+2}\boldsymbol{A}$

(2) 设方阵 $\boldsymbol{A},\boldsymbol{B}$ 满足 $\boldsymbol{A}(\boldsymbol{B}-\boldsymbol{E})=\boldsymbol{0}$,则必有( ).

A. $\boldsymbol{A}=\boldsymbol{0}$ 或 $\boldsymbol{B}=\boldsymbol{E}$　　B. $\boldsymbol{A}+\boldsymbol{B}=\boldsymbol{E}$

C. 当 $\boldsymbol{A}\neq\boldsymbol{0}$ 时 $\boldsymbol{B}=\boldsymbol{E}$　　D. $|\boldsymbol{A}|=0$ 或 $|\boldsymbol{B}-\boldsymbol{E}|=0$

(3) 设矩阵 $\boldsymbol{A}=\begin{pmatrix}1&a&a&a\\a&1&a&a\\a&a&1&a\\a&a&a&1\end{pmatrix}$ 的秩为 3,则 $a=$( ).

A. 1　　B. $-\frac{1}{3}$　　C. -1　　D. $\frac{1}{3}$

(4) 设方阵 $\boldsymbol{A},\boldsymbol{B},\boldsymbol{C}$ 满足 $\boldsymbol{ABC}=\boldsymbol{E}$,则必有(　　).

A. $\boldsymbol{CBA}=\boldsymbol{E}$　　B. $\boldsymbol{BCA}=\boldsymbol{E}$　　C. $\boldsymbol{BAC}=\boldsymbol{E}$　　D. $\boldsymbol{ACB}=\boldsymbol{E}$

(5) 设 $\boldsymbol{A}$ 为 $m\times n$ 矩阵,且 $\mathrm{R}(\boldsymbol{A})=m<n$,则齐次线性方程组 $\boldsymbol{Ax}=\boldsymbol{0}$ 必为(　　).

A. 有非零解　　B. 只有零解

C. 不能确定是否有非零解　　D. 无解

3. 设 $\boldsymbol{A}=\begin{pmatrix}\frac{\sqrt{2}}{2} & a & 0\\ 0 & 0 & 1\\ b & c & 0\end{pmatrix}$,

(1) a,b,c 为何值时,$\boldsymbol{A}$ 为对称矩阵?

(2) a,b,c 为何值时,$\boldsymbol{A}$ 为可逆矩阵?

4. 求满足关系式 $\boldsymbol{AX}+\boldsymbol{B}=\boldsymbol{X}$ 的矩阵 $\boldsymbol{X}$,其中

$$\boldsymbol{A}=\begin{pmatrix}0 & 1 & 0\\ -1 & 1 & 1\\ -1 & 0 & -1\end{pmatrix},\boldsymbol{B}=\begin{pmatrix}1 & -1\\ 2 & 0\\ 5 & -3\end{pmatrix}.$$

5. 设 $\boldsymbol{P}^{-1}\boldsymbol{AP}=\boldsymbol{\Lambda}$,其中 $\boldsymbol{P}=\begin{pmatrix}-1 & -4\\ 1 & 1\end{pmatrix}$,$\boldsymbol{\Lambda}=\begin{pmatrix}-1 & 0\\ 0 & 2\end{pmatrix}$,求 $\boldsymbol{A}^{11}$.

6. 设 $\boldsymbol{A}$ 是 n 阶方阵,满足 $\boldsymbol{AA}^{\mathrm{T}}=\boldsymbol{E}$,且 $|\boldsymbol{A}|=-1$,求 $|\boldsymbol{A}+\boldsymbol{E}|$.

7. 证明:对于任意的 n 阶矩阵 $\boldsymbol{A}$,

(1) $\boldsymbol{A}+\boldsymbol{A}^{\mathrm{T}}$ 是对称阵,$\boldsymbol{A}-\boldsymbol{A}^{\mathrm{T}}$ 是反对称阵;

(2) $\boldsymbol{A}$ 可表示为对称矩阵和反对称矩阵之和.

8. 设 n 阶方阵 $\boldsymbol{A}$ 的伴随矩阵为 $\boldsymbol{A}^*$,证明:

(1) 若 $|\boldsymbol{A}|=0$,则 $|\boldsymbol{A}^*|=0$;　　(2) $|\boldsymbol{A}^*|=|\boldsymbol{A}|^{n-1}$.

第 3 章 向量与线性方程组

核心知识点

1. 向量的加、减、数乘运算.
2. 向量组的相关性及判别.
3. 向量组的秩和最大无关组.
4. 线性方程组的通解结构,齐次方程组有非零解及非齐次方程组有解的条件.

学习目标

1. 理解线性相关和线性无关、向量组的秩、最大无关组的概念.
2. 掌握向量的线性运算.
3. 了解关于向量组线性相关性的命题.
4. 熟练掌握用定义讨论向量组的线性相关性的方法.
5. 理解线性方程组的系数矩阵与增广矩阵、基础解系、通解的概念.掌握齐次方程组有非零解及非齐次方程组有解的充分必要条件.
6. 熟练掌握用初等行变换法求向量组的秩、最大无关组及求解齐次和非齐次线性方程组的方法.

学习重点

1. 向量组线性相关、线性无关的概念及判定.
2. 求向量组的秩和最大无关组.
3. 齐次和非齐次线性方程组的解的结构理论,用初等行变换法求齐次和非齐次线性方程组的通解.

3.1 向量及其线性相关性

1. 向量及其运算

在平面上建立了坐标系以后,坐标平面上的任一向量可用一个有序实数对(a_1,a_2)来表示.类似地,空间向量可用一个三元有序实数组(a_1,a_2,a_3)来表示.平面向量、空间向量我们都称之为**几何向量**.

在实际问题中,往往会遇到一些量,需要用更多的实数来表示.比如:

期末进行了五门课程考试,每个学生的考试成绩情况可用顺序排列的五科成绩来表示;

在汽车生产线上,如果对装配好的汽车进行制动距离、最高车速、每千米油耗量、滑行距离、噪声、废气排放量等六项指标的测试,那么每辆新车的质量可用六元有序数组表示.

定义 3.1 n 个数 $a_1,a_2,\cdots,a_n$ 所组成的有序数组

$$\boldsymbol{\alpha}=(a_1,a_2,\cdots,a_n)$$

叫做 n **维向量**,数 $a_1,a_2,\cdots,a_n$ 叫做向量 $\boldsymbol{\alpha}$ 的**分量**(或坐标),n 称为向量 $\boldsymbol{\alpha}$ 的维数.

n 维向量是几何向量的推广.所有 n 维向量的全体构成的集合,称作 n **维向量空间**.它的一个元素可看成 n 维向量空间的一点.

通常一个向量可写成一列也可写成一行,并称

$$\boldsymbol{\alpha}=\begin{pmatrix}a_1\\a_2\\\vdots\\a_n\end{pmatrix}$$

为 n 维**列向量**,而称

$$\boldsymbol{\alpha}=(a_1,a_2,\cdots,a_n)$$

为 n 维**行向量**.以后在未指明时,所说的向量通常理解为列向量.

分量是实数的向量称为**实向量**,分量是复数的向量称为**复向量**,分量都是零的向量叫做**零向量**,记作 $\mathbf{0}$,即 $\mathbf{0}=(0,0,\cdots,0)$,向量 $\boldsymbol{\alpha}=(a_1,a_2,\cdots,a_n)$ 的**负向量**为

$$-\boldsymbol{\alpha}=(-a_1,-a_2,\cdots,-a_n).$$

定义 3.2 设 $\boldsymbol{\alpha}=\begin{pmatrix}a_1\\a_2\\\vdots\\a_n\end{pmatrix}$, $\boldsymbol{\beta}=\begin{pmatrix}b_1\\b_2\\\vdots\\b_n\end{pmatrix}$ 是两个 n 维向量,规定

$$\boldsymbol{\alpha}=\boldsymbol{\beta}\Leftrightarrow a_i=b_i\quad(i=1,2,\cdots,n),$$

即各个分量皆对应相等的两个向量才相等.因此维数不同的两个零向量也是不相等的.

以下定义向量的加法运算和数乘以向量的运算.

定义 3.3 设 $\boldsymbol{\alpha}=\begin{pmatrix}a_1\\a_2\\\vdots\\a_n\end{pmatrix}$, $\boldsymbol{\beta}=\begin{pmatrix}b_1\\b_2\\\vdots\\b_n\end{pmatrix}$ 是两个 n 维向量,λ 是一个数.规定

$$\boldsymbol{\alpha}+\boldsymbol{\beta}=\begin{pmatrix}a_1+b_1\\a_2+b_2\\\vdots\\a_n+b_n\end{pmatrix},\lambda\boldsymbol{\alpha}=\begin{pmatrix}\lambda a_1\\\lambda a_2\\\vdots\\\lambda a_n\end{pmatrix}.$$

特别提醒

向量加法定义为对应分量的相加，数乘以向量定义为数乘以向量的每一个分量.

向量的加法和数乘统称为向量的**线性运算**，可以验证它们满足下述运算规律(8 条)：

(1) $\boldsymbol{\alpha}+\boldsymbol{\beta}=\boldsymbol{\beta}+\boldsymbol{\alpha}$；

(2) $(\boldsymbol{\alpha}+\boldsymbol{\beta})+\boldsymbol{\gamma}=\boldsymbol{\alpha}+(\boldsymbol{\beta}+\boldsymbol{\gamma})$；

(3) $\boldsymbol{\alpha}+\mathbf{0}=\boldsymbol{\alpha}$；

(4) $\boldsymbol{\alpha}+(-\boldsymbol{\alpha})=\mathbf{0}$；

(5) $1\boldsymbol{\alpha}=\boldsymbol{\alpha}$；

(6) $\lambda(\mu\boldsymbol{\alpha})=(\lambda\mu)\boldsymbol{\alpha}$；

(7) $\lambda(\boldsymbol{\alpha}+\boldsymbol{\beta})=\lambda\boldsymbol{\alpha}+\lambda\boldsymbol{\beta}$；

(8) $(\lambda+\mu)\boldsymbol{\alpha}=\lambda\boldsymbol{\alpha}+\mu\boldsymbol{\alpha}$.

由若干个同维数的列向量(或行向量)组成的集合称为列(或行)**向量组**. 以后，我们在提到向量组时，总是约定向量组中各个向量的维数是相同的，而且或同为行向量或同为列向量.

例 3.1 设 $\boldsymbol{\alpha}_1=(2,1,5)$，$\boldsymbol{\alpha}_2=(1,3,6)$，$\boldsymbol{\alpha}_3=(4,-3,3)$，求 $\boldsymbol{\alpha}_3-3\boldsymbol{\alpha}_1+2\boldsymbol{\alpha}_2$.

解

$$\begin{aligned}\boldsymbol{\alpha}_3-3\boldsymbol{\alpha}_1+2\boldsymbol{\alpha}_2&=(4,-3,3)-3(2,1,5)+2(1,3,6)\\&=(4,-3,3)-(6,3,15)+(2,6,12)\\&=(0,0,0).\end{aligned}$$

例 3.2 设 $\boldsymbol{\alpha}_1=(-1,3,6,0)$，$\boldsymbol{\beta}=(8,3,-3,18)$，求 $\boldsymbol{\gamma}$ 满足 $\boldsymbol{\alpha}+3\boldsymbol{\gamma}=\boldsymbol{\beta}$.

解 因为

$$\begin{aligned}3\boldsymbol{\gamma}&=\boldsymbol{\beta}-\boldsymbol{\alpha}\\&=(8,3,-3,18)-(-1,3,6,0)\\&=(9,0,-9,18),\end{aligned}$$

所以

$$\boldsymbol{\gamma}=\frac{1}{3}(9,0,-9,18)=(3,0,-3,6).$$

2. 向量的线性相关性

考虑如下齐次线性方程组：

$$\begin{cases}2x_1+x_2-x_3=0, & ①\\3x_1-x_2+2x_3=0, & ②\\x_1+3x_2-4x_3=0. & ③\end{cases}$$

方程组中每一个方程中的变量系数对应一个行向量，记

$$\boldsymbol{\alpha}_1=(2,\ 1,\ -1),\ \boldsymbol{\alpha}_2=(3,\ -1,\ 2),\ \boldsymbol{\alpha}_3=(1,\ 3,\ -4),$$

容易知道，在方程组中③＝2×①－②，也即方程③是多余方程. 类似地，有 $\boldsymbol{\alpha}_3=2\boldsymbol{\alpha}_1-\boldsymbol{\alpha}_2$，可见方程组中有无多余方程的问题对应于向量组中是否有某个向量能用其他向量表示出来.

定义 3.4 对于向量组 $\boldsymbol{\alpha},\boldsymbol{\alpha}_1,\boldsymbol{\alpha}_2,\cdots,\boldsymbol{\alpha}_m$，如果有一组数 $\boldsymbol{\lambda}_1,\boldsymbol{\lambda}_2,\cdots,\boldsymbol{\lambda}_m$，使

$$\boldsymbol{\alpha}=\lambda_1\boldsymbol{\alpha}_1+\lambda_2\boldsymbol{\alpha}_2+\cdots+\lambda_m\boldsymbol{\alpha}_m,$$

则说向量 $\boldsymbol{\alpha}$ 是 $\boldsymbol{\alpha}_1,\boldsymbol{\alpha}_2,\cdots,\boldsymbol{\alpha}_m$ 的**线性组合**,或说 $\boldsymbol{\alpha}$ 可由 $\boldsymbol{\alpha}_1,\boldsymbol{\alpha}_2,\cdots,\boldsymbol{\alpha}_m$ 线性表示.

向量组中是否有某个向量能由其余的向量线性表示,这一问题称为向量组的线性相关性.为叙述方便,我们引入线性相关的定义.

定义 3.5 设有 n 维向量组 $\boldsymbol{\alpha}_1,\boldsymbol{\alpha}_2,\cdots,\boldsymbol{\alpha}_m$,如果存在一组不全为 0 的数 $k_1,k_2,\cdots,k_m$,使

$$k_1\boldsymbol{\alpha}_1+k_2\boldsymbol{\alpha}_2+\cdots+k_m\boldsymbol{\alpha}_m=\mathbf{0}, \tag{3.1}$$

则称向量组**线性相关**,否则称为**线性无关**.

判断向量组线性相关还是线性无关,就是看能否找到一组不全为 0 的数,使得(3.1)式成立.因此在实际证明中,可考虑如下齐次线性方程组

$$x_1\boldsymbol{\alpha}_1+x_2\boldsymbol{\alpha}_2+\cdots+x_m\boldsymbol{\alpha}_m=\mathbf{0}, \tag{3.2}$$

如果(3.2)式有非零解,则说明向量组 $\boldsymbol{\alpha}_1,\boldsymbol{\alpha}_2,\cdots,\boldsymbol{\alpha}_m$ 线性相关,如果只有零解,则说明向量组 $\boldsymbol{\alpha}_1,\boldsymbol{\alpha}_2,\cdots,\boldsymbol{\alpha}_m$ 线性无关.

例 3.3 证明零向量与任何向量是线性相关的.

证 设有零向量 $\mathbf{0}$,又 $\boldsymbol{\alpha}$ 是任一向量,则有

$$1\cdot\mathbf{0}+0\cdot\boldsymbol{\alpha}=\mathbf{0},$$

也即存在一组不全为 0 的数 1 和 0,使得 $\mathbf{0}$ 与 $\boldsymbol{\alpha}$ 组合起来等于零向量,从而由定义知 $\mathbf{0}$ 与 $\boldsymbol{\alpha}$ 线性相关.

类似可知,当一个向量组中含有零向量时,该向量组必线性相关.

例 3.4 设 $\boldsymbol{\alpha},\boldsymbol{\beta}$ 是两个非零向量,证明 $\boldsymbol{\alpha}$ 与 $\boldsymbol{\beta}$ 线性相关的充分必要条件是存在一个数 $\lambda\neq0$,使得 $\boldsymbol{\alpha}=\lambda\boldsymbol{\beta}$.

证 先证必要性.设 $\boldsymbol{\alpha}$ 与 $\boldsymbol{\beta}$ 线性相关,则由定义知存在不全为 0 的数 k_1,k_2,使

$$k_1\boldsymbol{\alpha}+k_2\boldsymbol{\beta}=\mathbf{0}.$$

由于 $\boldsymbol{\alpha},\boldsymbol{\beta}$ 都是非零向量,故 $k_1\neq0$ 且 $k_2\neq0$.记 $\lambda=-\dfrac{k_2}{k_1}$,则 $\lambda\neq0$ 且

$$\boldsymbol{\alpha}=-\frac{k_2}{k_1}\boldsymbol{\beta}=\lambda\boldsymbol{\beta}.$$

再证充分性.若 $\boldsymbol{\alpha}=\lambda\boldsymbol{\beta}$,且 $\lambda\neq0$,则有

$$1\cdot\boldsymbol{\alpha}+(-\lambda)\boldsymbol{\beta}=\mathbf{0},$$

由定义即知 $\boldsymbol{\alpha},\boldsymbol{\beta}$ 线性相关.

由例 3.4 知,对于两个非零向量来说,若对应分量成比例,则它们线性相关,否则为线性无关.例如向量 $\boldsymbol{\alpha}=(1,2,-1)$,$\boldsymbol{\beta}=(2,-3,1)$ 是线性无关的.而 $\boldsymbol{\alpha}=(1,2,-1)$,$\boldsymbol{\gamma}=(2,4,-2)$ 是线性相关的.

专题小结:由定义判断一个向量组 $\boldsymbol{\alpha}_1,\boldsymbol{\alpha}_2,\cdots,\boldsymbol{\alpha}_m$ 的线性相关性的基本步骤

(1) 假定存在一组数 $k_1,k_2,\cdots,k_m$,使

$$k_1\boldsymbol{\alpha}_1+k_2\boldsymbol{\alpha}_2+\cdots+k_m\boldsymbol{\alpha}_m=\mathbf{0};$$

(2) 利用向量的线性运算和向量相等的定义,得到关于 $k_1,k_2,\cdots,k_m$ 的齐次线性方程组;

(3) 判断方程组有无非零解;

(4) 如有非零解,则 $\boldsymbol{\alpha}_1,\boldsymbol{\alpha}_2,\cdots,\boldsymbol{\alpha}_m$ 线性相关,如仅有零解,则 $\boldsymbol{\alpha}_1,\boldsymbol{\alpha}_2,\cdots,\boldsymbol{\alpha}_m$ 线性无关.

典型例题

例 3.5 n 维向量组

$$e_1=\begin{pmatrix}1\\0\\\vdots\\0\end{pmatrix},\ e_2=\begin{pmatrix}0\\1\\\vdots\\0\end{pmatrix},\cdots,e_n=\begin{pmatrix}0\\0\\\vdots\\1\end{pmatrix},$$

称为 n **维单位坐标向量组**,试讨论它的线性相关性.

解 设有一组数 $\lambda_1,\lambda_2,\cdots,\lambda_n$,使

$$\lambda_1 e_1+\lambda_2 e_2+\cdots+\lambda_n e_n=\mathbf{0},$$

即

$$\lambda_1\begin{pmatrix}1\\0\\\vdots\\0\end{pmatrix}+\lambda_2\begin{pmatrix}0\\1\\\vdots\\0\end{pmatrix}+\cdots+\lambda_n\begin{pmatrix}0\\0\\\vdots\\1\end{pmatrix}=\begin{pmatrix}0\\0\\\vdots\\0\end{pmatrix},$$

也即

$$\begin{pmatrix}\lambda_1\\\lambda_2\\\vdots\\\lambda_n\end{pmatrix}=\begin{pmatrix}0\\0\\\vdots\\0\end{pmatrix},$$

由向量相等的定义知 $\lambda_1=\lambda_2=\cdots=\lambda_n=0$,所以 $e_1,e_2,\cdots,e_n$ 线性无关.

特别提醒

$e_1,e_2,\cdots,e_n$ 是一组比较特殊的向量,后面还会经常遇到.当 $n=3$ 时,e_1,e_2,e_3 就是空间直角坐标系中与三个坐标轴同向的三个单位坐标向量.

例 3.6 讨论向量组 $\boldsymbol{\alpha}_1=(1,1,1),\boldsymbol{\alpha}_2=(0,2,5),\boldsymbol{\alpha}_3=(1,3,6)$的线性相关性.

解法 1(观察法) 易见有 $\boldsymbol{\alpha}_3=\boldsymbol{\alpha}_1+\boldsymbol{\alpha}_2$,故 $\boldsymbol{\alpha}_1,\boldsymbol{\alpha}_2,\boldsymbol{\alpha}_3$ 线性相关.

解法 2(用定义) 设有 x_1,x_2,x_3,使

$$x_1\boldsymbol{\alpha}_1+x_2\boldsymbol{\alpha}_2+x_3\boldsymbol{\alpha}_3=\mathbf{0},$$

即

$$(x_1+x_3,x_1+2x_2+3x_3,x_1+5x_2+6x_3)=(0,0,0),$$

得到方程组

$$\begin{cases}x_1 \qquad\quad +x_3=0,\\x_1+2x_2+3x_3=0,\\x_1+5x_2+6x_3=0.\end{cases}$$

由第 1 式得 $x_1=-x_3$,代入后两个方程,得

$$2x_2+2x_3=0,$$

$$5x_2 + 5x_3 = 0.$$

取 $x_3 = -1$ 得到 $x_1 = x_2 = 1$，于是得一组不全为 0 的数 1,1,−1，使

$$1\boldsymbol{\alpha}_1 + 1\boldsymbol{\alpha}_2 + (-1)\boldsymbol{\alpha}_3 = \mathbf{0},$$

所以 $\boldsymbol{\alpha}_1,\boldsymbol{\alpha}_2,\boldsymbol{\alpha}_3$ 线性相关.

例 3.7 设向量组 $\boldsymbol{\alpha}_1,\boldsymbol{\alpha}_2,\boldsymbol{\alpha}_3$ 线性无关，记

$$\boldsymbol{\beta}_1 = \boldsymbol{\alpha}_1 + \boldsymbol{\alpha}_2, \boldsymbol{\beta}_2 = \boldsymbol{\alpha}_2 + \boldsymbol{\alpha}_3, \boldsymbol{\beta}_3 = \boldsymbol{\alpha}_3 + \boldsymbol{\alpha}_1,$$

试证明向量组 $\boldsymbol{\beta}_1,\boldsymbol{\beta}_2,\boldsymbol{\beta}_3$ 也线性无关.

证 设有 x_1,x_2,x_3 使

$$x_1\boldsymbol{\beta}_1 + x_2\boldsymbol{\beta}_2 + x_3\boldsymbol{\beta}_3 = \mathbf{0},$$

即
$$x_1(\boldsymbol{\alpha}_1+\boldsymbol{\alpha}_2) + x_2(\boldsymbol{\alpha}_2+\boldsymbol{\alpha}_3) + x_3(\boldsymbol{\alpha}_3+\boldsymbol{\alpha}_1) = \mathbf{0},$$

整理得

$$(x_1 + x_3)\boldsymbol{\alpha}_1 + (x_1 + x_2)\boldsymbol{\alpha}_2 + (x_2 + x_3)\boldsymbol{\alpha}_3 = \mathbf{0}.$$

因 $\boldsymbol{\alpha}_1,\boldsymbol{\alpha}_2,\boldsymbol{\alpha}_3$ 线性无关，故有

$$\begin{cases} x_1 \quad + x_3 = 0, \\ x_1 + x_2 \quad = 0, \\ \quad x_2 + x_3 = 0. \end{cases}$$

方程组的系数行列式为

$$\begin{vmatrix} 1 & 0 & 1 \\ 1 & 1 & 0 \\ 0 & 1 & 1 \end{vmatrix} = 2 \neq 0,$$

故方程组只有零解 $x_1 = x_2 = x_3 = 0$，所以 $\boldsymbol{\beta}_1,\boldsymbol{\beta}_2,\boldsymbol{\beta}_3$ 线性无关.

3. 线性相关与线性组合的关系

定理 3.1　向量组 $\boldsymbol{\alpha}_1,\boldsymbol{\alpha},\cdots,\boldsymbol{\alpha}_m$ $(m\geqslant 2)$ 线性相关的充分必要条件是向量组中至少有一个向量可由其余 $m-1$ 个向量线性表示.

证 必要性. 设 $\boldsymbol{\alpha}_1,\boldsymbol{\alpha}_2,\cdots,\boldsymbol{\alpha}_m$ 线性相关，即有一组不为零的数 $k_1,k_2,\cdots,k_m$ 使

$$k_1\boldsymbol{\alpha}_1 + k_2\boldsymbol{\alpha}_2 + \cdots + k_m\boldsymbol{\alpha}_m = \mathbf{0}.$$

不妨设 $k_m \neq 0$，则有

$$\boldsymbol{\alpha}_m = \left(-\frac{k_1}{k_m}\right)\boldsymbol{\alpha}_1 + \left(-\frac{k_2}{k_m}\right)\boldsymbol{\alpha}_2 + \cdots + \left(-\frac{k_{m-1}}{k_m}\right)\boldsymbol{\alpha}_{m-1}.$$

即 $\boldsymbol{\alpha}_m$ 可由其余向量线性表示.

充分性. 设向量组中有一个向量(譬如 $\boldsymbol{\alpha}_m$)能由其余的向量线性表示，即有

$$\boldsymbol{\alpha}_m = \lambda_1\boldsymbol{\alpha}_1 + \lambda_2\boldsymbol{\alpha}_2 + \cdots + \lambda_{m-1}\boldsymbol{\alpha}_{m-1}.$$

故
$$\lambda_1\boldsymbol{\alpha}_1 + \lambda_2\boldsymbol{\alpha}_2 + \cdots + \lambda_{m-1}\boldsymbol{\alpha}_{m-1} + (-1)\boldsymbol{\alpha}_m = \mathbf{0}.$$

因 $\lambda_1,\lambda_2,\cdots,(-1)$ 这 m 个数不全为零，故 $\boldsymbol{\alpha}_1,\boldsymbol{\alpha}_2,\cdots,\boldsymbol{\alpha}_m$ 线性相关.

定理 3.2　设 $\boldsymbol{\alpha}_1,\boldsymbol{\alpha}_2,\cdots,\boldsymbol{\alpha}_m$ 线性无关，而 $\boldsymbol{\alpha}_1,\boldsymbol{\alpha}_2,\cdots,\boldsymbol{\alpha}_m,\boldsymbol{\beta}$ 线性相关，则 $\boldsymbol{\beta}$ 能由 $\boldsymbol{\alpha}_1,\boldsymbol{\alpha}_2,\cdots,\boldsymbol{\alpha}_m$ 线性表示，且表示式是唯一的.

证 因 $\boldsymbol{\alpha}_1,\boldsymbol{\alpha}_2,\cdots,\boldsymbol{\alpha}_m,\boldsymbol{\beta}$ 线性相关，故有 $k_1,k_2,\cdots,k_{m+1}$ 不全为 0，使

$$k_1\boldsymbol{\alpha}_1 + k_2\boldsymbol{\alpha}_2 + \cdots + k_m\boldsymbol{\alpha}_m + k_{m+1}\boldsymbol{\beta} = \mathbf{0}.$$

要证 $\boldsymbol{\beta}$ 能由 $\boldsymbol{\alpha}_1,\boldsymbol{\alpha}_2,\cdots,\boldsymbol{\alpha}_m$ 线性表示，只需证 $k_{m+1}\neq 0$.

用反证法.假设 $k_{m+1}=0$，则 $k_1,\cdots,k_m$ 不全为0，且有

$$k_1\boldsymbol{\alpha}_1+\cdots+k_m\boldsymbol{\alpha}_m=\boldsymbol{0},$$

这与 $\boldsymbol{\alpha}_1,\cdots,\boldsymbol{\alpha}_m$ 线性无关矛盾，此矛盾说明 $k_{m+1}\neq 0$.

再证表示式的唯一性.设有两个表示式

$$\boldsymbol{\beta}=\lambda_1\boldsymbol{\alpha}_1+\cdots+\lambda_m\boldsymbol{\alpha}_m \text{ 及 } \boldsymbol{\beta}=\mu_1\boldsymbol{\alpha}_1+\cdots+\mu_m\boldsymbol{\alpha}_m,$$

两式相减即得

$$(\lambda_1-\mu_1)\boldsymbol{\alpha}_1+\cdots+(\lambda_m-\mu_m)\boldsymbol{\alpha}_m=\boldsymbol{0},$$

因 $\boldsymbol{\alpha}_1,\boldsymbol{\alpha}_2,\cdots,\boldsymbol{\alpha}_m$ 线性无关，所以 $\lambda_i-\mu_i=0(i=1,\cdots,m)$，即

$$\lambda_i=\mu_i\quad(i=1,\cdots,m).$$

特别提醒

向量组 $\boldsymbol{\alpha}_1,\boldsymbol{\alpha}_2,\cdots,\boldsymbol{\alpha}_m$ 线性相关，通常是指 $m\geqslant 2$ 的情形，但定义也适用于 $m=1$ 的情形，对于单个向量 $\boldsymbol{\alpha}$，若 $\boldsymbol{\alpha}\neq\boldsymbol{0}$，称其是线性无关的，若 $\boldsymbol{\alpha}=\boldsymbol{0}$ 时，则称其是线性相关的.

习题3.1

1. 设 $\boldsymbol{v}_1=(1,1,0),\boldsymbol{v}_2=(0,1,1),\boldsymbol{v}_3=(3,4,0)$，求 $\boldsymbol{v}_1-\boldsymbol{v}_2$ 及 $3\boldsymbol{v}_1+2\boldsymbol{v}_2-\boldsymbol{v}_3$.

2. 设 $3(\boldsymbol{\alpha}_1-\boldsymbol{\alpha})+2(\boldsymbol{\alpha}_2+\boldsymbol{\alpha})=5(\boldsymbol{\alpha}_3+\boldsymbol{\alpha})$，其中 $\boldsymbol{\alpha}_1=(2,5,1,3),\boldsymbol{\alpha}_2=(10,1,5,10),\boldsymbol{\alpha}_3=(4,1,-1,1)$，求 $\boldsymbol{\alpha}$.

3. 下列向量 $\boldsymbol{\beta}$ 能否由其余向量线性表示，若能，写出线性表示式：

(1) $\boldsymbol{\beta}=(4,3),\boldsymbol{\alpha}_1=(2,1),\boldsymbol{\alpha}_2=(-1,1)$；

(2) $\boldsymbol{\beta}=(1,1,1),\boldsymbol{\alpha}_1=(0,1,-1),\boldsymbol{\alpha}_2=(1,1,0),\boldsymbol{\alpha}_3=(1,0,2)$；

(3) $\boldsymbol{\beta}=(1,2,0),\boldsymbol{\alpha}_1=(2,-11,0),\boldsymbol{\alpha}_2=(1,0,2)$；

(4) $\boldsymbol{\beta}=(2,3,-1,-4),\boldsymbol{e}_1=(1,0,0,0),\boldsymbol{e}_2=(0,1,0,0),\boldsymbol{e}_3=(0,0,1,0),\boldsymbol{e}_4=(0,0,0,1)$.

4. 设 $\boldsymbol{\beta}_1=\boldsymbol{\alpha}_1+\boldsymbol{\alpha}_2,\boldsymbol{\beta}_2=\boldsymbol{\alpha}_2+\boldsymbol{\alpha}_3,\boldsymbol{\beta}_3=\boldsymbol{\alpha}_3+\boldsymbol{\alpha}_4,\boldsymbol{\beta}_4=\boldsymbol{\alpha}_4+\boldsymbol{\alpha}_1$，证明向量组 $\boldsymbol{\beta}_1,\boldsymbol{\beta}_2,\boldsymbol{\beta}_3,\boldsymbol{\beta}_4$ 线性相关.

3.2 线性相关性的判定定理

本节，我们要进一步研究向量组的线性相关性的判定方法.这些方法主要是从两个方面来建立的：其一是从矩阵的角度来给出；其二是从向量的本身(如个数、维数等)给出.

下面我们来建立矩阵与向量组的联系.

设有行向量组

$$\boldsymbol{\alpha}_i = (a_{i1}, a_{i2}, \cdots, a_{in}) \quad (i = 1,2,\cdots,m). \tag{3.3}$$

记矩阵

$$\boldsymbol{A} = \begin{pmatrix} a_{11} & a_{12} & \cdots & a_{1n} \\ a_{21} & a_{22} & \cdots & a_{2n} \\ \vdots & \vdots & & \vdots \\ a_{m1} & a_{m2} & \cdots & a_{mn} \end{pmatrix} = \begin{pmatrix} \boldsymbol{\alpha}_1 \\ \boldsymbol{\alpha}_2 \\ \vdots \\ \boldsymbol{\alpha}_m \end{pmatrix},$$

称 $\boldsymbol{A}$ 为向量组(3.3)所构成的矩阵，$\boldsymbol{\alpha}_i$ 称为矩阵 $\boldsymbol{A}$ 的第 i 个行向量. 所以一个含有限个行向量的向量组总可以看成由一个矩阵的全部行向量所构成.

类似地，设有列向量组

$$\boldsymbol{a}_j = \begin{pmatrix} a_{1j} \\ a_{2j} \\ \vdots \\ a_{mj} \end{pmatrix} \quad (j = 1,\cdots,n). \tag{3.4}$$

可以构成矩阵

$$\boldsymbol{A} = \begin{pmatrix} a_{11} & a_{12} & \cdots & a_{1n} \\ a_{21} & a_{22} & \cdots & a_{2n} \\ \vdots & \vdots & & \vdots \\ a_{m1} & a_{m2} & \cdots & a_{mn} \end{pmatrix} = (\boldsymbol{a}_1 \quad \boldsymbol{a}_2 \quad \cdots \quad \boldsymbol{a}_n).$$

因此，一个含有限个列向量的向量组也可以看成由一个矩阵的全部列向量构成. 总之，一个含有限个向量的向量组可构成一个矩阵，而一个矩阵也可以看作是由有限个向量(行向量或列向量)所构成的向量组.

设有列向量组 $\boldsymbol{a}_1,\boldsymbol{a}_2,\cdots,\boldsymbol{a}_m$，构成矩阵记为 $\boldsymbol{A}=(\boldsymbol{a}_1,\boldsymbol{a}_2,\cdots,\boldsymbol{a}_m)$. 由线性相关的定义知，$\boldsymbol{a}_1,\boldsymbol{a}_2,\cdots,\boldsymbol{a}_m$ 线性相关的充分必要条件是齐次线性方程组

$$x_1\boldsymbol{a}_1 + x_2\boldsymbol{a}_2 + \cdots + x_m\boldsymbol{a}_m = \boldsymbol{0},$$

即 $\boldsymbol{Ax}=\boldsymbol{0}$ 有非零解，再由第 2 章的定理 2.8，可得如下重要结论：

定理 3.3　向量组 $\boldsymbol{a}_1,\boldsymbol{a}_2,\cdots,\boldsymbol{a}_m$ 线性相关的充分必要条件是它们所构成的矩阵 $\boldsymbol{A}=(\boldsymbol{a}_1 \quad \boldsymbol{a}_2 \quad \cdots \quad \boldsymbol{a}_m)$ 的秩小于向量的个数 m，即 $R(\boldsymbol{A})<m$，该向量组线性无关的充分必要条件是 $R(\boldsymbol{A})=m$.

定理 3.3 是利用矩阵的秩来讨论向量组的线性相关性，其结论对于行向量情形也同样适用.

典型例题

例 3.8　证明 n 维向量组 $a_1=\begin{pmatrix}1\\0\\0\\\vdots\\0\end{pmatrix}$，$a_2=\begin{pmatrix}1\\1\\0\\\vdots\\0\end{pmatrix}$ $a_3=\begin{pmatrix}1\\1\\1\\\vdots\\0\end{pmatrix}$ $\cdots$，$a_n=\begin{pmatrix}1\\1\\1\\\vdots\\1\end{pmatrix}$ 是线性无关的.

证 $\boldsymbol{a}_1,\boldsymbol{a}_2,\cdots,\boldsymbol{a}_n$ 排成的矩阵即为上三角矩阵 $\boldsymbol{A}=\begin{pmatrix}1&1&\cdots&1\\0&1&\cdots&1\\\vdots&\vdots&&\vdots\\0&0&\cdots&1\end{pmatrix}$，而 $R(\boldsymbol{A}_n)=n$，故由定理 3.3 知 $\boldsymbol{a}_1,\boldsymbol{a}_2,\cdots,\boldsymbol{a}_n$ 线性无关.

例 3.9 讨论下列行向量组的线性相关性：

$$\boldsymbol{\alpha}_1=(1,3,-2,2),\boldsymbol{\alpha}_2=(0,2,-1,3),\boldsymbol{\alpha}_3=(-2,0,1,5).$$

解 记 $\boldsymbol{A}=\begin{pmatrix}\boldsymbol{\alpha}_1\\\boldsymbol{\alpha}_2\\\boldsymbol{\alpha}_3\end{pmatrix}=\begin{pmatrix}1&3&-2&2\\0&2&-1&3\\-2&0&1&5\end{pmatrix}$，

因为

$$\boldsymbol{A}=\begin{pmatrix}1&3&-2&2\\0&2&-1&3\\-2&0&1&5\end{pmatrix}\xrightarrow[r_3-3r_2]{r_3+2r_1}\begin{pmatrix}1&3&-2&2\\0&2&-1&3\\0&0&0&0\end{pmatrix},$$

可见 $R(\boldsymbol{A})=2<3$，故由定理 3.3 知 $\boldsymbol{\alpha}_1,\boldsymbol{\alpha}_2,\boldsymbol{\alpha}_3$ 线性相关.

定理 3.3 是在判别向量组的线性相关性时最为常用的一个定理，读者应注意掌握. 由定理 3.3，可推得如下一些常用的结论.

推论 1 **n 个 n 维向量线性无关的充分必要条件是它们所构成的方阵的行列式不等于 0.**

推论 2 **当 $m>n$ 时，m 个 n 维向量 $a_1,a_2,\cdots,a_m$ 一定线性相关(即向量组中的向量个数大于维数则必线性相关).**

特别地，$n+1$ 个 n 维向量必线性相关.

此二推论的证明留作习题.

定理 3.4 **若 $\boldsymbol{\alpha}_1,\boldsymbol{\alpha}_2,\cdots,\boldsymbol{\alpha}_r$ 线性相关，则 $\boldsymbol{\alpha}_1,\cdots,\boldsymbol{\alpha}_r,\boldsymbol{\alpha}_{r+1},\cdots,\boldsymbol{\alpha}_m$ 也线性相关(局部相关则整体相关).**

证 记 $\boldsymbol{A}=(\boldsymbol{\alpha}_1,\boldsymbol{\alpha}_2,\cdots,\boldsymbol{\alpha}_r)$，$\boldsymbol{B}=(\boldsymbol{\alpha}_1,\boldsymbol{\alpha}_2,\cdots,\boldsymbol{\alpha}_r,\boldsymbol{\alpha}_{r+1},\cdots,\boldsymbol{\alpha}_m)$，

因为 $\boldsymbol{\alpha}_1,\boldsymbol{\alpha}_2,\cdots,\boldsymbol{\alpha}_r$ 线性相关，由定理 3.3 知 $R(A)<r$，

矩阵 $\boldsymbol{B}$ 是在 $\boldsymbol{A}$ 的基础上增加了 $m-r$ 列，而每增加一列，秩最多增加 1，

因此
$$R(\boldsymbol{B})\leqslant R(\boldsymbol{A})+m-r<r+m-r=m,$$
即
$$R(\boldsymbol{B})<m.$$
再由定理 3.3 知，$\boldsymbol{\alpha}_1,\cdots,\boldsymbol{\alpha}_r,\boldsymbol{\alpha}_{r+1},\cdots,\boldsymbol{\alpha}_m$ 线性相关.

推论 **含有零向量的向量组是线性相关的.**

定理 3.5 **设有两个 n 维列向量组**

$$A:\boldsymbol{a}_1,\boldsymbol{a}_2,\cdots,\boldsymbol{a}_m;B:\boldsymbol{b}_1,\boldsymbol{b}_2,\cdots,\boldsymbol{b}_m,$$

其中

$$\boldsymbol{a}_j=\begin{pmatrix}a_{1j}\\a_{2j}\\\vdots\\a_{nj}\end{pmatrix},\boldsymbol{b}_j=\begin{pmatrix}a_{2j}\\a_{1j}\\\vdots\\a_{nj}\end{pmatrix}\quad(j=1,2,\cdots,m),$$

即向量 $\boldsymbol{b}_j$ 是把 $\boldsymbol{a}_j$ 的第 1 与第 2 个分量对调而得到的，则向量组 A 与向量组 B 的线性相关性相同.

证 记 $\boldsymbol{A}=(\boldsymbol{a}_1,\boldsymbol{a}_2,\cdots,\boldsymbol{a}_m)$；$\boldsymbol{B}=(\boldsymbol{b}_1,\boldsymbol{b}_2,\cdots,\boldsymbol{b}_m)$，

因为 $\boldsymbol{B}\xrightarrow{r_2\leftrightarrow r_1}\boldsymbol{A}$，故 $R(\boldsymbol{B})=R(\boldsymbol{A})$，

所以若 A 组线性相关 $\Rightarrow R(\boldsymbol{A})<m$，于是 $R(\boldsymbol{B})<m$，$\Rightarrow B$ 组也线性相关；

若 A 组线性无关 $\Rightarrow R(\boldsymbol{A})=m$，于是 $R(\boldsymbol{B})=m$，$\Rightarrow B$ 组也线性无关，

即它们的线性相关性相同.

定理 3.5 中的 $\boldsymbol{b}_j$ 是交换 $\boldsymbol{a}_j$ 的第 1 与第 2 个分量而得，如果交换的是另外两个分量，结论显然也是成立的. 交换一次是这样，交换多次也是这样.

定理 3.5 是对列向量叙述的，对行向量显然也有相同的结论.

例 3.10 判别下列向量组的线性相关性：

(1) 行向量组 $\boldsymbol{\alpha}_1=(2\ 3)$，$\boldsymbol{\alpha}_2=(-3\ 1)$，$\boldsymbol{\alpha}_3=(0\ -2)$；

(2) 列向量组 $\boldsymbol{\alpha}_1=(1\ 2\ 3)^{\mathrm{T}}$，$\boldsymbol{\alpha}_2=(2\ 2\ 4)^{\mathrm{T}}$，$\boldsymbol{\alpha}_3=(3\ 1\ 3)^{\mathrm{T}}$.

解 (1) 此向量组由 3 个 2 维向量构成，由定理 3.3 推论 2 知 $\boldsymbol{\alpha}_1,\boldsymbol{\alpha}_2,\boldsymbol{\alpha}_3$ 必线性相关.

(2) 记 $\boldsymbol{B}=(\boldsymbol{\alpha}_1\ \boldsymbol{\alpha}_2\ \boldsymbol{\alpha}_3)=\begin{pmatrix}1&2&3\\2&2&1\\3&4&3\end{pmatrix}$；因为 $|\boldsymbol{B}|=2\neq0$，由定理 3.3 的推论 1 知 $\boldsymbol{\alpha}_1,\boldsymbol{\alpha}_2,\boldsymbol{\alpha}_3$ 线性无关.

专题小结：向量组 $\boldsymbol{\alpha}_1,\boldsymbol{\alpha}_2,\cdots,\boldsymbol{\alpha}_m$ 的相关性的判别方法

方法 1 定义法，即令 $k_1\boldsymbol{\alpha}_1+k_2\boldsymbol{\alpha}_2+\cdots+k_m\boldsymbol{\alpha}_m=\boldsymbol{0}$，看组合系数 $k_1,k_2,\cdots,k_m$ 是否全为零；

方法 2 考察齐次方程组 $\boldsymbol{Ax}=\boldsymbol{0}$ 是否有非零解，其中 $\boldsymbol{A}$ 为与向量组对应的矩阵；

方法 3 考察矩阵的秩，根据定理 3.3，若 $R(\boldsymbol{A})<m$，则线性相关；若 $R(\boldsymbol{A})=m$，则线性无关；

方法 4 特殊情况：

n 个 n 维向量的情况下，可考察 $|\boldsymbol{A}|$ 是否为零；

$n+1$ 个 n 维向量必定线性相关.

习题 3.2

1. 判别下列向量组的线性相关性：

(1) $(1,2)$，$(2,3)$，$(4,3)$；

(2) $(1,2,3)$，$(1,1,1)$，$\left(\frac{1}{2},1,\frac{3}{2}\right)$；

(3) $(1,1,3,1)$，$(4,1,-3,2)$，$(1,0,-1,2)$；

(4) (1,1,2,2,1),(0,2,1,5,−1),(2,0,3,−1,3),(1,1,0,4,−1).

2. 证明定理3.3的两个推论.

3. 设向量组$\boldsymbol{\alpha}_1,\boldsymbol{\alpha}_2,\cdots,\boldsymbol{\alpha}_r$线性无关,证明向量组

$$\boldsymbol{\beta}_1=\boldsymbol{\alpha}_1+\boldsymbol{\alpha}_r,\boldsymbol{\beta}_2=\boldsymbol{\alpha}_2+\boldsymbol{\alpha}_r,\cdots,\boldsymbol{\beta}_{r-1}=\boldsymbol{\alpha}_{r-1}+\boldsymbol{\alpha}_r,\boldsymbol{\beta}_r=\boldsymbol{\alpha}_r$$

线性无关.

4. 设向量组$\boldsymbol{\alpha}_1,\boldsymbol{\alpha}_2,\boldsymbol{\alpha}_3$线性无关,问$l,m$满足什么条件,向量组$l\boldsymbol{\alpha}_2-\boldsymbol{\alpha}_1,m\boldsymbol{\alpha}_3-\boldsymbol{\alpha}_2,\boldsymbol{\alpha}_1-\boldsymbol{\alpha}_3$线性相关.

3.3 向量组的秩和最大无关组

1. 向量组的等价

定义3.6 设有两个n维向量组

$$A:\boldsymbol{\alpha}_1,\boldsymbol{\alpha}_2,\cdots,\boldsymbol{\alpha}_r;$$
$$B:\boldsymbol{\beta}_1,\boldsymbol{\beta}_2,\cdots,\boldsymbol{\beta}_s.$$

如果向量组A中的每个向量都能由向量组B中的向量线性表示,则称向量组A能由向量组B线性表示.如果向量组A能由向量组B线性表示,且向量组B也能由向量组A线性表示,则称**向量组A和向量组B等价**.

例3.11 试验证下面两个向量组等价:

$$A:\boldsymbol{\alpha}_1=\begin{pmatrix}1\\0\end{pmatrix},\boldsymbol{\alpha}_2=\begin{pmatrix}0\\1\end{pmatrix};$$

$$B:\boldsymbol{\beta}_1=\begin{pmatrix}1\\0\end{pmatrix},\boldsymbol{\beta}_2=\begin{pmatrix}0\\1\end{pmatrix},\boldsymbol{\beta}_3=\begin{pmatrix}1\\1\end{pmatrix}.$$

证 A组向量能由B组向量线性表示:

$$\boldsymbol{\alpha}_1=\boldsymbol{\beta}_1+0\boldsymbol{\beta}_2+0\boldsymbol{\beta}_3,\ \boldsymbol{\alpha}_2=0\boldsymbol{\beta}_1+\boldsymbol{\beta}_2+0\boldsymbol{\beta}_3;$$

B组向量也能由A组向量线性表示:

$$\boldsymbol{\beta}_1=\boldsymbol{\alpha}_1+0\boldsymbol{\alpha}_2,\boldsymbol{\beta}_2=0\boldsymbol{\alpha}_1+\boldsymbol{\alpha}_2,\boldsymbol{\beta}_3=\boldsymbol{\alpha}_1+\boldsymbol{\alpha}_2.$$

故两个向量组等价.

向量组之间的等价关系具有下述性质:

(1) 反身性:A组与A组等价;

(2) 对称性:若A组与B组等价,则B组也与A组等价;

(3) 传递性:若A组与B组等价,B组与C组等价,则A组与C组等价.

2. 向量组的秩和最大无关组

定义3.7 设有向量组T,如果

(1) 在T中有r个向量$\boldsymbol{\alpha}_1,\boldsymbol{\alpha}_2,\cdots,\boldsymbol{\alpha}_r$线性无关;

(2) T中任意$r+1$个向量(如果T中有的话)都线性相关,则称$\boldsymbol{\alpha}_1,\boldsymbol{\alpha}_2,\cdots,\boldsymbol{\alpha}_r$是向量组$T$的一个**最大无关向量组**,简称最大无关组;数$r$称为**向量组$T$的秩**.并规定只含零向量的

向量组的秩为零.

例 3.12 设有向量组 T:

$$\boldsymbol{\alpha}_1=\begin{pmatrix}1\\0\\0\end{pmatrix},\boldsymbol{\alpha}_2=\begin{pmatrix}0\\1\\0\end{pmatrix},\boldsymbol{\alpha}_3=\begin{pmatrix}0\\0\\1\end{pmatrix},\boldsymbol{\alpha}_4=\begin{pmatrix}1\\1\\0\end{pmatrix},\boldsymbol{\alpha}_5=\begin{pmatrix}1\\1\\1\end{pmatrix},$$

求向量组的秩并求一个最大无关组.

解 由于 $\boldsymbol{\alpha}_1,\boldsymbol{\alpha}_2,\boldsymbol{\alpha}_3$ 是三维单位坐标向量,故 $\boldsymbol{\alpha}_1,\boldsymbol{\alpha}_2,\boldsymbol{\alpha}_3$ 线性无关.

而
$$\boldsymbol{\alpha}_4=\boldsymbol{\alpha}_1+\boldsymbol{\alpha}_2,\boldsymbol{\alpha}_5=\boldsymbol{\alpha}_1+\boldsymbol{\alpha}_2+\boldsymbol{\alpha}_3,$$

可见 $\boldsymbol{\alpha}_1,\boldsymbol{\alpha}_2,\boldsymbol{\alpha}_3$ 是 T 的一个最大无关组,故 T 的秩为 3.

易知 $\boldsymbol{\alpha}_1,\boldsymbol{\alpha}_4,\boldsymbol{\alpha}_5$ 也线性无关. 而 $\boldsymbol{\alpha}_2=\boldsymbol{\alpha}_4-\boldsymbol{\alpha}_1,\boldsymbol{\alpha}_3=\boldsymbol{\alpha}_5-\boldsymbol{\alpha}_4$,故 $\boldsymbol{\alpha}_1,\boldsymbol{\alpha}_4,\boldsymbol{\alpha}_5$ 也是 T 的一个最大无关组. 一般地,向量组的最大无关组可能不止一个,但易知最大无关组中所含向量的个数是一样的.

例 3.13 全体 n 维向量构成的向量组记作 R^n,求 R^n 的一个最大无关组及 R^n 的秩.

解 n 维单位坐标向量构成的向量组

$$E: \boldsymbol{e}_1,\boldsymbol{e}_1,\cdots,\boldsymbol{e}_n$$

是线性无关的,又根据定理 3.3 的推论 2 知 R^n 中任意 $n+1$ 个向量都线性相关,因此向量组 E 是 R^n 的一个最大无关组且 R^n 的秩等于 n.

显然 R^n 的最大无关组很多,任何 n 个线性无关的 n 维向量都是 R^n 的最大无关组.

如果一个向量组本身是线性无关的,则它的最大无关组就是它本身,即

性质 1 向量组线性无关的充分必要条件是它所含向量的个数等于它的秩.

性质 2 设向量组 A: $\boldsymbol{\alpha}_1,\boldsymbol{\alpha}_2,\cdots,\boldsymbol{\alpha}_r$ 是向量组 T 的一个最大无关组,则向量组 A 与向量组 T 等价.

证 因 $A\subset T$,故向量组 A 能由向量组 T 线性表示.

按定义可知 T 中任意 $r+1$ 个向量都是线性相关的,因此任取 $\boldsymbol{\alpha}\in T$,当 $\boldsymbol{\alpha}\notin A$ 时,有 $\boldsymbol{\alpha}_1,\boldsymbol{\alpha}_2,\cdots,\boldsymbol{\alpha}_r,\boldsymbol{\alpha}$ 这 $r+1$ 个向量线性相关,而 $\boldsymbol{\alpha}_1,\boldsymbol{\alpha}_2,\cdots,\boldsymbol{\alpha}_r$ 线性无关,故 $\boldsymbol{\alpha}$ 能由向量组 A 线性表示;而当 $\boldsymbol{\alpha}\in A$ 时,$\boldsymbol{\alpha}$ 也能由 A 组线性表示(A 组能由 A 组自身线性表示). 总之,任取 $\boldsymbol{\alpha}\in T$,$\boldsymbol{\alpha}$ 总能由 A 组线性表示,即向量组 T 能由向量组 A 线性表示. 于是向量组 A 与向量组 T 等价.

特别提醒

可以证明,最大无关组有如下等价定义:

设有向量组 T,如果

(1) 在 T 中有 r 个向量 $\boldsymbol{\alpha}_1,\boldsymbol{\alpha}_2,\cdots,\boldsymbol{\alpha}_r$ 线性无关,

(2) T 中任意向量都可由 $\boldsymbol{\alpha}_1,\boldsymbol{\alpha}_2,\cdots,\boldsymbol{\alpha}_r$ 线性表示,

那么 $\boldsymbol{\alpha}_1,\boldsymbol{\alpha}_2,\cdots,\boldsymbol{\alpha}_r$ 就是向量组 T 的一个最大无关向量组.

性质 3 向量组的任意两个最大无关组等价.

定理 3.6 设向量组 A: $\boldsymbol{\alpha}_1,\boldsymbol{\alpha}_2,\cdots,\boldsymbol{\alpha}_s$ 可由向量组 B: $\boldsymbol{\beta}_1,\boldsymbol{\beta}_2,\cdots,\boldsymbol{\beta}_r$ 线性表示且 $s>r$,则

向量组 $\boldsymbol{\alpha}_1,\boldsymbol{\alpha}_2,\cdots,\boldsymbol{\alpha}_s$ 线性相关.

这个定理的证明略去.

由定理 3.6 可知,一个线性无关的向量组一定不能由所含向量个数比它少的向量组线性表示,即

推论 1　如果向量组 $\boldsymbol{\alpha}_1,\boldsymbol{\alpha}_2,\cdots,\boldsymbol{\alpha}_s$ 线性无关,且 $\boldsymbol{\alpha}_1,\boldsymbol{\alpha}_2,\cdots,\boldsymbol{\alpha}_s$ 可由向量组 $\boldsymbol{\beta}_1,\boldsymbol{\beta}_2,\cdots,\boldsymbol{\beta}_r$ 线性表示,则 $s\leqslant r$.

推论 2　设向量组 A: $\boldsymbol{\alpha}_1,\boldsymbol{\alpha}_2,\cdots,\boldsymbol{\alpha}_s$ 线性无关,向量组 B: $\boldsymbol{\beta}_1,\boldsymbol{\beta}_2,\cdots,\boldsymbol{\beta}_r$ 也线性无关,若 A 组与 B 组等价,则 $s=r$.

定理 3.7　设向量组 A: $\boldsymbol{\alpha}_1,\boldsymbol{\alpha}_2,\cdots,\boldsymbol{\alpha}_r$ 的秩为 r_1,向量组 B: $\boldsymbol{\beta}_1,\boldsymbol{\beta}_2,\cdots,\boldsymbol{\beta}_s$ 的秩为 r_2,如果 A 组能由 B 组线性表示,则 $r_1\leqslant r_2$.

证　设 A_1 是 A 的最大无关组,B_1 是 B 的最大无关组,则 A_1,B_1 中所含向量的个数分别为 r_1,r_2. 由于 A 能由 B 线性表示,因而 A_1 能由 B 线性表示;又由于 B 能由 B_1 线性表示,因而 A_1 能由 B_1 线性表示. 由定理 3.6 推论 1,知 $r_1\leqslant r_2$.

推论 1　等价的向量组有相同的秩.

推论 2　向量组的任意两个最大无关组所含向量的个数相同.

3. 向量组的秩与矩阵秩的关系

设 $m\times n$ 矩阵

$$\boldsymbol{A}=\begin{pmatrix} a_{11} & a_{12} & \cdots & a_{1n} \\ a_{21} & a_{22} & \cdots & a_{2n} \\ \vdots & \vdots & & \vdots \\ a_{m1} & a_{m2} & \cdots & a_{mn} \end{pmatrix},$$

则可把 $\boldsymbol{A}$ 看作 n 个列向量构成的矩阵,也可把 $\boldsymbol{A}$ 看作 m 个行向量构成的矩阵. 称矩阵 $\boldsymbol{A}$ 的 n 个列向量所组成的向量组的秩为 $\boldsymbol{A}$ 的**列秩**,称 $\boldsymbol{A}$ 的 m 个行向量所组成的向量组的秩为 $\boldsymbol{A}$ 的**行秩**.

矩阵的秩与它的列秩和行秩的关系有如下定理:

定理 3.8　矩阵的秩等于它的列秩,也等于它的行秩.

证　设 $\boldsymbol{A}$ 为 $m\times n$ 矩阵. 当 $R(\boldsymbol{A})=0$,时,即 $\boldsymbol{A}=\boldsymbol{0}$ 定理结论显然成立.

设 $R(\boldsymbol{A})=r>0$,把 $\boldsymbol{A}$ 看作 n 个列向量构成的矩阵,令 $\boldsymbol{A}=(\boldsymbol{\alpha}_1,\boldsymbol{\alpha}_2,\cdots,\boldsymbol{\alpha}_n)$,由矩阵秩的定义,存在一个 r 阶子式 $D_r\neq 0$,由定理 3.3 知 D_r 所在的 r 列线性无关. 又由于 $\boldsymbol{A}$ 中所有 $r+1$ 阶子式均为零,知 $\boldsymbol{A}$ 中任意 $r+1$ 个列向量都线性相关. 因此 D_r 所在的 r 列是 $\boldsymbol{A}$ 的列向量组的一个最大线性无关组,所以 $\boldsymbol{A}$ 的列秩等于 r.

同理可证 $\boldsymbol{A}$ 的行秩也等于 r.

定理 3.8 常称为**三秩相等**定理,在解题中会经常用到.

例 3.14　证明 $R(\boldsymbol{AB})\leqslant\min\{R(\boldsymbol{A}),R(\boldsymbol{B})\}$.

证　记 $\boldsymbol{C}_{m\times n}=\boldsymbol{A}_{m\times r}\boldsymbol{B}_{r\times n}$,即

$$(\boldsymbol{c}_1,\boldsymbol{c}_2,\cdots,\boldsymbol{c}_n)=(\boldsymbol{a}_1,\boldsymbol{a}_2,\cdots,\boldsymbol{a}_r)\begin{pmatrix} b_{11} & b_{12} & \cdots & b_{1n} \\ b_{21} & b_{22} & \cdots & b_{2n} \\ \vdots & \vdots & & \vdots \\ b_{r1} & b_{r2} & \cdots & b_{rn} \end{pmatrix}.$$

按分块矩阵的乘法得到

$$c_j = b_{1j}a_1 + b_{2j}a_2 + \cdots + b_{rj}a_r \quad (j = 1,2,\cdots,n),$$

即向量组 $c_1,c_2,\cdots,c_n$ 可由向量组 $a_1,a_2,\cdots,a_r$ 线性表示,由定理 3.7 知

$$R\{c_1,c_2,\cdots,c_n\} \leqslant R\{a_1,a_2,\cdots,a_r\},$$

即 $R(\boldsymbol{C})\leqslant R(\boldsymbol{A})$. 同样考虑 $\boldsymbol{C}$ 的行向量组,即

$$\begin{pmatrix} c_1 \\ c_2 \\ \vdots \\ c_m \end{pmatrix} = \begin{pmatrix} a_{11} & a_{12} & \cdots & a_{1r} \\ a_{21} & a_{22} & \cdots & a_{2r} \\ \vdots & \vdots & & \vdots \\ a_{m1} & a_{m2} & \cdots & a_{mr} \end{pmatrix} \begin{pmatrix} b_1 \\ b_2 \\ \vdots \\ b_r \end{pmatrix}.$$

即 $$c_i = a_{i1}b_1 + a_{i2}b_2 + \cdots + c_{ir}b_r \quad (i=1,2,\cdots,r),$$

即向量组$\{c_1,c_2,\cdots,c_m\}$可由向量组$\{b_1,b_2,\cdots,b_r\}$线性表示,由定理 3.7 可知

$$R\{c_1,c_2,\cdots,c_m\} \leqslant R\{b_1,b_2,\cdots,b_r\},$$

由三秩相等定理,此即

$$R(\boldsymbol{C})\leqslant R(\boldsymbol{B}),$$

因此得到 $$R(\boldsymbol{AB}) = R(\boldsymbol{C}) \leqslant \min\{R(\boldsymbol{A}),R(\boldsymbol{B})\}.$$

例 3.15 设有向量组 A:

$$\boldsymbol{\alpha}_1 = (1,4,1,0),\ \boldsymbol{\alpha}_2 = (2,1,-1,-3),$$
$$\boldsymbol{\alpha}_3 = (1,0,-3,-1),\ \boldsymbol{\alpha}_4 = (0,2,-6,3),$$

求向量组 A 的秩,并求 A 的一个最大无关组.

解 向量组 A 构成的矩阵

$$\boldsymbol{A} = \begin{pmatrix} 1 & 4 & 1 & 0 \\ 2 & 1 & -1 & -3 \\ 1 & 0 & -3 & -1 \\ 0 & 2 & -6 & 3 \end{pmatrix},$$

容易看出,$\boldsymbol{A}$ 的二阶子式

$$D = \begin{vmatrix} 1 & 4 \\ 2 & 1 \end{vmatrix} \neq 0,$$

$\boldsymbol{A}$ 的三阶子式中

$$D_3 = \begin{vmatrix} 1 & 4 & 1 \\ 2 & 1 & -1 \\ 1 & 0 & -3 \end{vmatrix} = 16 \neq 0,$$

$\boldsymbol{A}$ 的四阶子式只有一个$|\boldsymbol{A}|$,计算知$|\boldsymbol{A}|=0$.

所以 $R(A)=3$,即向量组的秩等于 3,由 D_3 位于前 3 行,知 $\boldsymbol{\alpha}_1,\boldsymbol{\alpha}_2,\boldsymbol{\alpha}_3$ 是向量组 A 的一个最大无关组.

定理 3.9 矩阵 $\boldsymbol{A}$ 经过初等行变换化为矩阵 $\boldsymbol{B}$,则 $\boldsymbol{A}$ 的列向量组与 $\boldsymbol{B}$ 对应的列向量组有相同的线性组合关系.

证明略.

由定理 3.9,我们可借助矩阵的初等变换来求一向量组的最大无关组,并将其余的向量

用该最大无关组线性表示.

典型例题

例 3.16 设有向量组

$$\boldsymbol{\alpha}_1=\begin{pmatrix}1\\-2\\2\\3\end{pmatrix},\boldsymbol{\alpha}_2=\begin{pmatrix}-2\\4\\-1\\3\end{pmatrix},\boldsymbol{\alpha}_3=\begin{pmatrix}-1\\2\\0\\3\end{pmatrix},\boldsymbol{\alpha}_4=\begin{pmatrix}0\\6\\2\\3\end{pmatrix},\boldsymbol{\alpha}_5=\begin{pmatrix}2\\-6\\3\\4\end{pmatrix},$$

(1) 求向量组的秩;

(2) 求向量组的一个最大无关组;

(3) 将其余向量用该最大无关组线性表示出来.

解 注意题中的三个问题在初等行变换下可同时解决,其理论根据正是上面的定理3.9.

把向量组按列排成矩阵 $\boldsymbol{A}$,并对 $\boldsymbol{A}$ 作初等行变换化为行最简形.

$$\boldsymbol{A}=\begin{pmatrix}1&-2&-1&0&2\\-2&4&2&6&-6\\2&-1&0&2&3\\3&3&3&3&4\end{pmatrix}\overset{\text{行}}{\sim}\begin{pmatrix}1&-2&-1&0&2\\0&3&2&2&-1\\0&0&0&-3&1\\0&0&0&0&0\end{pmatrix}$$

$$\overset{\text{行}}{\sim}\begin{pmatrix}1&0&\frac{1}{3}&0&\frac{16}{9}\\0&1&\frac{2}{3}&0&-\frac{1}{9}\\0&0&0&1&-\frac{1}{3}\\0&0&0&0&0\end{pmatrix}=\boldsymbol{C},$$

故知 $R(\boldsymbol{A})=3$,从而向量组 $\boldsymbol{\alpha}_1,\boldsymbol{\alpha}_2,\boldsymbol{\alpha}_3,\boldsymbol{\alpha}_4,\boldsymbol{\alpha}_5$ 的秩为 3.

若记 $\boldsymbol{C}$ 的列向量为 $\boldsymbol{\beta}_1,\boldsymbol{\beta}_2,\boldsymbol{\beta}_3,\boldsymbol{\beta}_4,\boldsymbol{\beta}_5$,则易知 $\boldsymbol{\beta}_1,\boldsymbol{\beta}_2,\boldsymbol{\beta}_4$ 是 $\boldsymbol{C}$ 的列向量组的一个最大无关组,且

$$\boldsymbol{\beta}_3=\frac{1}{3}\boldsymbol{\beta}_1+\frac{2}{3}\boldsymbol{\beta}_2+0\boldsymbol{\beta}_4,$$

$$\boldsymbol{\beta}_5=\frac{16}{9}\boldsymbol{\beta}_1-\frac{1}{9}\boldsymbol{\beta}_2-\frac{1}{3}\boldsymbol{\beta}_4,$$

故对于矩阵 $\boldsymbol{A}$ 来说,有 $\boldsymbol{\alpha}_1,\boldsymbol{\alpha}_2,\boldsymbol{\alpha}_4$ 是 $\boldsymbol{A}$ 的列向量组的一个最大无关组,且

$$\boldsymbol{\alpha}_3=\frac{1}{3}\boldsymbol{\alpha}_1+\frac{2}{3}\boldsymbol{\alpha}_2+0\boldsymbol{\alpha}_4,$$

$$\boldsymbol{\alpha}_5=\frac{16}{9}\boldsymbol{\alpha}_1-\frac{1}{9}\boldsymbol{\alpha}_2-\frac{1}{3}\boldsymbol{\alpha}_4.$$

特别提醒

在用初等行变换求向量组的最大无关组时,即使所给向量组是行向量组,也要按列排成矩阵再作初等行变换.

专题小结：求向量组的秩、一个最大无关组及将其余向量用这个最大无关组线性表示的方法

1. 写出与向量组对应的矩阵 $\boldsymbol{A}$(按列排列)；

2. 对 $\boldsymbol{A}$ 进行初等行变换，化为行阶梯形；

3. 行阶梯形中，非零行的行数 r 就是向量组的秩，设每个非零行第一个非零元素所在的列标为 $i_1,i_2,\cdots i_r$，则矩阵 $\boldsymbol{A}$ 的第 $i_1,i_2,\cdots i_r$ 列就是向量组的一个最大无关组；

4. 继续将上述行阶梯形化为行最简形，由此可以写出其余向量用最大无关组线性表示的组合系数.

习题 3.3

1. 设 $\boldsymbol{\alpha}_1,\boldsymbol{\alpha}_2,\cdots,\boldsymbol{\alpha}_n$ 是一组 n 维向量，已知 n 维单位坐标向量 $\boldsymbol{e}_1,\boldsymbol{e}_2,\cdots,\boldsymbol{e}_n$ 能由它们线性表示，证明 $\boldsymbol{\alpha}_1,\boldsymbol{\alpha}_2,\cdots,\boldsymbol{\alpha}_n$ 线性无关.

2. 设 $\boldsymbol{\alpha}_1,\boldsymbol{\alpha}_2,\cdots,\boldsymbol{\alpha}_n$ 是一组 n 维向量，证明它们线性无关的充分必要条件是：任一 n 维向量都可由它们线性表示.

3. 利用初等行变换求下列矩阵列向量组的秩和一个最大无关组：

(1) $\begin{pmatrix} 25 & 75 & 75 & 25 \\ 31 & 94 & 94 & 32 \\ 17 & 53 & 54 & 20 \\ 43 & 132 & 134 & 48 \end{pmatrix}$；　　(2) $\begin{pmatrix} 1 & 0 & 2 & 1 \\ 1 & 2 & 0 & 1 \\ 2 & 1 & 3 & 0 \\ 2 & 5 & -1 & 4 \\ 1 & -1 & 3 & -1 \end{pmatrix}$.

4. 设有向量组

$$\boldsymbol{\alpha}_1=\begin{pmatrix}3\\1\\1\end{pmatrix},\boldsymbol{\alpha}_2=\begin{pmatrix}1\\-1\\3\end{pmatrix},\boldsymbol{\alpha}_3=\begin{pmatrix}0\\2\\-4\end{pmatrix},\boldsymbol{\alpha}_4=\begin{pmatrix}2\\-1\\4\end{pmatrix},$$

(1) 求向量组的秩和一个最大无关组；

(2) 将其余向量用该最大无关组线性表示.

3.4 齐次线性方程组

设有齐次线性方程组

$$\begin{cases} a_{11}x_1+a_{12}x_2+\cdots+a_{1n}x_n=0, \\ a_{21}x_1+a_{22}x_2+\cdots+a_{2n}x_n=0, \\ \cdots\cdots\cdots\cdots\cdots\cdots\cdots\cdots \\ a_{m1}x_1+a_{m2}x_2+\cdots+a_{mn}x_n=0. \end{cases} \tag{3.5}$$

若记
$$\mathbf{A}=\begin{pmatrix}a_{11}&a_{12}&\cdots&a_{1n}\\a_{21}&a_{22}&\cdots&a_{2n}\\\vdots&\vdots&&\vdots\\a_{m1}&a_{m2}&\cdots&a_{mn}\end{pmatrix},\boldsymbol{x}=\begin{pmatrix}x_1\\x_2\\\vdots\\x_n\end{pmatrix},$$

则(3.5)式的矩阵形式为

$$\mathbf{A}\boldsymbol{x}=\mathbf{0}. \tag{3.6}$$

又若把 $\mathbf{A}$ 看作由列向量构成的矩阵,设

$$\mathbf{A}=(\boldsymbol{\alpha}_1,\boldsymbol{\alpha}_2,\cdots,\boldsymbol{\alpha}_n),$$

则方程组(3.5)可表示为向量组合的形式

$$x_1\boldsymbol{\alpha}_1+x_2\boldsymbol{\alpha}_2+\cdots+x_n\boldsymbol{\alpha}_n=\mathbf{0}. \tag{3.7}$$

方程(3.5)～(3.7)给出了齐次线性方程组的三种不同的形式,它们都表示同一个线性方程组.方程组的矩阵形式,表示简洁,可方便地用于讨论方程组的性质.要注意系数矩阵的结构,矩阵的行对应于方程,列对应于未知量,如第 1 行对应第 1 个方程,第 2 列对应第 2 个未知量.

若 $x_1,x_2,\cdots,x_n$ 为齐次线性方程组(3.5)的解,则

$$\boldsymbol{x}=\begin{pmatrix}x_1\\x_2\\\vdots\\x_n\end{pmatrix}$$

称为方程组(3.5)的**解向量**,它也就是矩阵形式方程(3.6)的解.根据矩阵形式方程(3.6),我们来讨论解向量的性质.

性质 1　若 $\boldsymbol{\xi}_1,\boldsymbol{\xi}_2$ 为齐次方程组(3.6)的解,则 $\boldsymbol{x}=\boldsymbol{\xi}_1+\boldsymbol{\xi}_2$ 也是(3.6)的解.

证　只要验证 $\boldsymbol{x}=\boldsymbol{\xi}_1+\boldsymbol{\xi}_2$ 满足方程即可

$$\mathbf{A}(\boldsymbol{\xi}_1+\boldsymbol{\xi}_2)=\mathbf{A}\boldsymbol{\xi}_1+\mathbf{A}\boldsymbol{\xi}_2=\mathbf{0}.$$

性质 2　若 $\boldsymbol{\xi}$ 为齐次方程组(3.6)的解,k 为实数,则 $\boldsymbol{x}=k\boldsymbol{\xi}$ 也是(3.6)的解.

证
$$\mathbf{A}(k\boldsymbol{\xi})=k(\mathbf{A}\boldsymbol{\xi})=k\mathbf{0}=\mathbf{0}.$$

若用 S 表示方程组的全体解向量所组成的集合,即

$$S=\{\boldsymbol{x}:\mathbf{A}\boldsymbol{x}=\mathbf{0},\boldsymbol{x}\in R^n\}$$

性质 1,2 表明集合 S 对向量的线性运算是封闭的,所以常称集合 S 为齐次线性方程组 $\mathbf{A}\boldsymbol{x}=\mathbf{0}$ 的**解空间**.

由上可知,如果一个齐次线性方程组有非零解,则它就有无穷多解,如果我们能求出解空间的一个最大无关组,则齐次线性方程组的全部解就可以用该最大无关组线性表示.

定义 3.8　设 $\boldsymbol{\xi}_1,\boldsymbol{\xi}_2,\cdots,\boldsymbol{\xi}_{n-r}$ 是齐次线性方程组 $\mathbf{A}\boldsymbol{x}=\mathbf{0}$ 的解空间 S 的一个最大无关组,则称 $\boldsymbol{\xi}_1,\boldsymbol{\xi}_2,\cdots,\boldsymbol{\xi}_{n-r}$ 为方程组的一个**基础解系**.

可以证明,解空间的基础解系中所含向量的个数(也即全体解向量集合 S 的秩)与系数矩阵的秩有密切的联系.

定理 3.10　如果 n 元齐次线性方程组 $\mathbf{A}\boldsymbol{x}=\mathbf{0}$ 的系数矩阵的秩 $R(\mathbf{A})=r<n$,则解空间 S 的基础解系存在,且每个基础解系恰有 $n-r$ 个解向量,也即解空间 S 的秩等于 $n-r$.

本定理是关于齐次线性方程组理论的最重要的定理,其证明略去,后面我们将用具体的

例子加以说明.由向量组的最大无关组理论,我们知道,齐次线性方程组的基础解系不是唯一的,若 $\boldsymbol{\xi}_1,\boldsymbol{\xi}_2,\cdots,\boldsymbol{\xi}_{n-r}$ 是方程组的基础解系,则一定有:

(1) $\boldsymbol{\xi}_1,\boldsymbol{\xi}_2,\cdots,\boldsymbol{\xi}_{n-r}$ 是线性无关的;

(2) 每一个 $\boldsymbol{\xi}_i(i=1,2,\cdots,n-r)$ 皆是 $\boldsymbol{Ax}=\boldsymbol{0}$ 的解;

(3) $\boldsymbol{Ax}=\boldsymbol{0}$ 的任一解 $\boldsymbol{x}$ 都可以用 $\boldsymbol{\xi}_1,\boldsymbol{\xi}_2,\cdots,\boldsymbol{\xi}_{n-r}$ 线性表示,即有

$$\boldsymbol{x}=k_1\boldsymbol{\xi}_1+k_2\boldsymbol{\xi}_2+\cdots+k_{n-r}\boldsymbol{\xi}_{n-r}\quad(k_1,k_2,\cdots,k_{n-r}\text{ 是实数}).\tag{3.8}$$

我们称(3.8)式是齐次线性方程组 $\boldsymbol{Ax}=\boldsymbol{0}$ 的**通解**(或一般解).

一般情况下,求解一个齐次线性方程组就是要求方程组的基础解系和通解的表达式.具体方法是对系数矩阵作初等行变换化为行最简形,再写出与行最简形对应的方程组(则此方程组与原方程组是同解的).进而可得到基础解系和通解.此种方法常称为**消元法**.

例 3.17 用消元法求解方程组

$$\begin{cases}x_1+2x_2+2x_3+x_4=0,\\2x_1+x_2-2x_3-2x_4=0,\\x_1-x_2-4x_3-3x_4=0.\end{cases}$$

解 对系数矩阵施行行变换变为行最简形:

$$\boldsymbol{A}=\begin{pmatrix}1&2&2&1\\2&1&-2&-2\\1&-1&-4&-3\end{pmatrix}\overset{r_2-2r_1}{\underset{r_3-r_1}{\sim}}\begin{pmatrix}1&2&2&1\\0&-3&-6&-4\\0&-3&-6&-4\end{pmatrix}$$

$$\overset{r_3-r_2}{\underset{r_2\div(-3)}{\sim}}\begin{pmatrix}1&2&2&1\\0&1&2&\frac{4}{3}\\0&0&0&0\end{pmatrix}\overset{r_1-2r_2}{\sim}\begin{pmatrix}1&0&-2&-\frac{5}{3}\\0&1&2&\frac{4}{3}\\0&0&0&0\end{pmatrix},$$

即得与原方程组同解的方程组

$$\begin{cases}x_1=2x_3+\dfrac{5}{3}x_4,\\x_2=-2x_3-\dfrac{4}{3}x_4.\end{cases}\quad(x_3,x_4\text{ 是自由变量};x_1,x_2\text{ 是保留变量})$$

为把解表示得更清楚些,可把它写成

$$\begin{cases}x_1=2x_3+\dfrac{5}{3}x_4,\\x_2=-2x_3-\dfrac{4}{3}x_4,\\x_3=x_3,\\x_4=\qquad\quad x_4.\end{cases}$$

令 $x_3=k_1,x_4=k_2$ 把它写成通常的参数形式

$$\begin{cases}x_1=2k_1+\dfrac{5}{3}k_2,\\x_2=-2k_1-\dfrac{4}{3}k_2,\\x_3=k_1,\\x_4=\qquad\quad k_2.\end{cases}$$

其中 k_1,k_2 为任意实数.

或写成向量形式

$$\begin{pmatrix}x_1\\x_2\\x_3\\x_4\end{pmatrix}=k_1\begin{pmatrix}2\\-2\\1\\0\end{pmatrix}+k_2\begin{pmatrix}\frac{5}{3}\\-\frac{4}{3}\\0\\1\end{pmatrix}.$$

其中

$$\boldsymbol{\xi}_1=\begin{pmatrix}2\\-2\\1\\0\end{pmatrix},\ \boldsymbol{\xi}_2=\begin{pmatrix}\frac{5}{3}\\-\frac{4}{3}\\0\\1\end{pmatrix}$$

就是原方程组的一个基础解系.

这里需要注意的是,在解题中应将系数矩阵在行变换下化为行最简形,这是因为行最简形对应的方程组中保留未知量是分离的,不用解方程可以直接用自由未知量表示出来,从而可以很方便地写出通解.

例 3.18 用消元法求解方程组

$$\begin{cases}x_1-x_2-x_3+x_4=0,\\x_1-x_2+x_3-3x_4=0,\\x_1-x_2-2x_3+3x_4=0.\end{cases}$$

解 对系数矩阵施行行变换得到:

$$\begin{pmatrix}1&-1&-1&1\\1&-1&1&-3\\1&-1&-2&3\end{pmatrix}\underset{r_3-r_1}{\overset{r_2-r_1}{\sim}}\begin{pmatrix}1&-1&-1&1\\0&0&2&-4\\0&0&-1&2\end{pmatrix}\underset{\substack{r_2\div 2\\ r_3+r_2}}{\overset{r_1-r_3}{\sim}}\begin{pmatrix}1&-1&0&-1\\0&0&1&-2\\0&0&0&0\end{pmatrix}$$

即得

$$\begin{cases}x_1=x_2+x_4,\\x_2=x_2,\\x_3=\quad 2x_4,\\x_4=\quad x_4.\end{cases}$$

通解为

$$\begin{pmatrix}x_1\\x_2\\x_3\\x_4\end{pmatrix}=k_1\begin{pmatrix}1\\1\\0\\0\end{pmatrix}+k_2\begin{pmatrix}1\\0\\2\\1\end{pmatrix}\quad (k_1,k_2\text{ 为任意实数}).$$

定理 3.10 不仅是齐次线性方程组求解的基础,也可用于向量组线性相关性及矩阵秩的讨论.

推论 设 $\boldsymbol{A},\boldsymbol{B}$ 都是 n 阶方阵,且 $\boldsymbol{AB}=\boldsymbol{0}$,证明

$$R(\boldsymbol{A})+R(\boldsymbol{B})\leqslant n.$$

证 将 $\boldsymbol{B}$ 按列分块

$$\boldsymbol{B}=(\boldsymbol{\beta}_1,\boldsymbol{\beta}_2,\cdots,\boldsymbol{\beta}_n)\quad(\boldsymbol{\beta}_i\text{ 为列向量}),$$

于是

$$\boldsymbol{AB}=(\boldsymbol{A\beta}_1,\boldsymbol{A\beta}_2,\cdots,\boldsymbol{A\beta}_n),$$

由 $\boldsymbol{AB}=\boldsymbol{0}$,知

$$\boldsymbol{A\beta}_i=\boldsymbol{0}\quad(i=1,2,\cdots,n),$$

即 $\boldsymbol{B}$ 的每一个列向量皆为方程组 $\boldsymbol{Ax}=\boldsymbol{0}$ 的解.

若设 $R(\mathbf{A})=r$,由定理 3.10 知解空间的秩等于 $n-r$,从而 $\boldsymbol{\beta}_1,\boldsymbol{\beta}_2,\cdots,\boldsymbol{\beta}_n$ 的秩 $\leqslant n-r$,

亦即

$$R(\mathbf{B})\leqslant n-r,$$

此即

$$R(\mathbf{A})+R(\mathbf{B})\leqslant n.$$

专题小结:求 n 元齐次线性方程组的基础解系和通解的方法(当 $R(\mathbf{A})=r<n$ 时)

(1) 将系数矩阵 $\mathbf{A}$ 在初等行变换下化为行最简形;

(2) 写出与行最简形矩阵对应的方程组,并将与各非零行第一个非零元素 1 所对应的变量(共有 r 个,称为保留未知量)放在方程左端,将其余的 $n-r$ 个变量(称为独立变量或自由变量)移到方程右端;

(3) 在上述 $n-r$ 个独立变量中,依次令其中一个为 1,其余全为零,由此得到 $n-r$ 个解,这便是一个基础解系,对这个基础解系进行线性组合,便得到方程组的通解.

习题 3.4

1. 解下列齐次线性方程组并求一个基础解系(如果存在的话).

(1) $\begin{cases}x_1-x_2+2x_3=0,\\ \quad -x_2+x_3=0,\\ 2x_1+x_2+x_3=0;\end{cases}$

(2) $\begin{cases}x_1-2x_2+x_3+x_4=0,\\ x_1-2x_2+x_3-x_4=0,\\ x_1-2x_2+x_3+5x_4=0;\end{cases}$

(3) $\begin{cases}x_1-x_2+5x_3-x_4=0,\\ x_1+x_2-2x_3+3x_4=0,\\ 3x_1-x_2+8x_3+x_4=0,\\ x_1+3x_2-9x_3+7x_4=0;\end{cases}$

(4) $\begin{cases}3x_1+x_2+2x_3-7x_4=0,\\ 2x_1+3x_2-x_3+5x_4=0,\\ 4x_1+x_2-3x_3+6x_4=0,\\ x_1-2x_2+4x_3-7x_4=0.\end{cases}$

2. 证明与基础解系等价的线性无关的向量组也是基础解系.

3.5 非齐次线性方程组

设有非齐次线性方程组

$$\begin{cases}a_{11}x_1+a_{12}x_2+\cdots+a_{1n}x_n=b_1,\\ a_{21}x_1+a_{22}x_2+\cdots+a_{2n}x_n=b_2,\\ \cdots\cdots\cdots\cdots\cdots\cdots\cdots\cdots\\ a_{m1}x_1+a_{m2}x_2+\cdots+a_{mn}x_n=b_m,\end{cases}\tag{3.9}$$

记 $$\boldsymbol{a}_j=\begin{pmatrix}a_{1j}\\a_{2j}\\\vdots\\a_{mj}\end{pmatrix}\quad(j=1,2,\cdots,n),\quad \boldsymbol{b}=\begin{pmatrix}b_1\\b_2\\\vdots\\b_m\end{pmatrix}.$$

则方程组(3.9)可写成向量形式

$$x_1\boldsymbol{a}_1+x_2\boldsymbol{a}_2+\cdots+x_n\boldsymbol{a}_n=\boldsymbol{b}. \tag{3.10}$$

显然,下面四种提法是等价的:

① 方程组(3.9)有解;

② 向量 $\boldsymbol{b}$ 能由向量组 $\boldsymbol{a}_1,\boldsymbol{a}_2,\cdots,\boldsymbol{a}_n$ 线性表示;

③ 向量组 $\boldsymbol{a}_1,\boldsymbol{a}_2,\cdots,\boldsymbol{a}_n$ 与向量组 $\boldsymbol{a}_1,\boldsymbol{a}_2,\cdots,\boldsymbol{a}_n,\boldsymbol{b}$ 等价;

④ 矩阵 $\boldsymbol{A}=(\boldsymbol{a}_1,\boldsymbol{a}_2,\cdots,\boldsymbol{a}_n)$ 与矩阵 $\boldsymbol{B}=(\boldsymbol{a}_1,\boldsymbol{a}_2,\cdots,\boldsymbol{a}_n,\boldsymbol{b})$ 的秩相等.

$\boldsymbol{A}$ 称为方程组(3.10)的**系数矩阵**,$\boldsymbol{B}$ 称为方程组(3.10)的**增广矩阵**.通常用④来判别方程组解的存在性,即有:

定理 3.11 非齐次方程组(3.10)有解的充分必要条件是:它的系数矩阵 $\boldsymbol{A}$ 与增广矩阵 $\boldsymbol{B}$ 的秩相等.

下面讨论非齐次方程组的解的结构.

方程组(3.10)也可以写成矩阵形式方程

$$\boldsymbol{Ax}=\boldsymbol{b}, \tag{3.11}$$

矩阵形式方程组(3.11)的解也就是方程组(3.9)的解向量,它具有如下性质:

性质 1 设 $\boldsymbol{\eta}_1$ 及 $\boldsymbol{\eta}_2$ 都是方程组(3.11)的解,则 $\boldsymbol{x}=\boldsymbol{\eta}_1-\boldsymbol{\eta}_2$ 为对应的齐次方程

$$\boldsymbol{Ax}=\boldsymbol{0} \tag{3.12}$$

的解.

证 $$\boldsymbol{A}(\boldsymbol{\eta}_1-\boldsymbol{\eta}_2)=\boldsymbol{A}\boldsymbol{\eta}_1-\boldsymbol{A}\boldsymbol{\eta}_2=\boldsymbol{b}-\boldsymbol{b}=\boldsymbol{0},$$

即 $\boldsymbol{x}=\boldsymbol{\eta}_1-\boldsymbol{\eta}_2$ 满足方程组(3.12).

性质 2 设 $\boldsymbol{\eta}$ 是非齐次方程组(3.11)的解,ξ 是齐次方程组(3.12)的解,则 $\boldsymbol{x}=\boldsymbol{\xi}+\boldsymbol{\eta}$ 仍是非齐次方程组(3.11)的解.

证 $\boldsymbol{A}(\boldsymbol{\xi}+\boldsymbol{\eta})=\boldsymbol{A\xi}+\boldsymbol{A\eta}=\boldsymbol{0}+\boldsymbol{b}=\boldsymbol{b}$,即 $\boldsymbol{x}=\boldsymbol{\xi}+\boldsymbol{\eta}$ 满足方程组(3.11).

通常称齐次线性方程组 $\boldsymbol{Ax}=\boldsymbol{0}$ 为非齐次线性方程组 $\boldsymbol{Ax}=\boldsymbol{b}$ 的**导出组**.

上述两个性质表明了 $\boldsymbol{Ax}=\boldsymbol{b}$ 与其导出组 $\boldsymbol{Ax}=\boldsymbol{0}$ 的解之间的关系.由此可知,若求得非齐次方程组(3.11)的一个解 $\boldsymbol{\eta}^*$,则方程组(3.11)的任一解可表示为

$$\boldsymbol{x}=\boldsymbol{\xi}+\boldsymbol{\eta}^*,$$

其中 $\boldsymbol{\xi}$ 为齐次方程组(3.12)的解,又若方程组(3.12)的通解为

$$\boldsymbol{x}=k_1\boldsymbol{\xi}_1+k_2\boldsymbol{\xi}_2+\cdots+k_{n-r}\boldsymbol{\xi}_{n-r},$$

则非齐次方程组(3.11)的任一解可表示为

$$\boldsymbol{x}=k_1\boldsymbol{\xi}_1+k_2\boldsymbol{\xi}_2+\cdots+k_{n-r}\boldsymbol{\xi}_{n-r}+\boldsymbol{\eta}^*.$$

反之,对于任何实数 $k_1,k_2,\cdots,k_{n-r}$,上式总是非齐次方程组(3.11)的解,于是方程组(3.11)的通解为

$$\boldsymbol{x}=k_1\boldsymbol{\xi}_1+k_2\boldsymbol{\xi}_2+\cdots+k_{n-r}\boldsymbol{\xi}_{n-r}+\boldsymbol{\eta}^*, \tag{3.13}$$

其中 $k_1,k_2,\cdots,k_{n-r}$ 为任意实数,$\xi_1,\xi_2,\cdots,\xi_{n-r}$ 为导出组(3.12)的基础解系.

这样,求方程组(3.11)的解,只要求出非齐次方程组的一个特解和其导出组的基础解系,即可表示出通解,这可通过对方程组的增广矩阵作初等行变换(只能作行变换,不能作列变换)来解决.

非齐次线性方程组 $\boldsymbol{Ax}=\boldsymbol{b}$ 解的情形归纳如下:

(1) 若 $R(\boldsymbol{A})\neq R(\boldsymbol{B})$,则方程组 $\boldsymbol{Ax}=\boldsymbol{b}$ 无解.

(2) 若 $R(\boldsymbol{A})=R(\boldsymbol{B})=r$,则方程组 $\boldsymbol{Ax}=\boldsymbol{b}$ 有解:

① 当 $r=n$ 时,方程组 $\boldsymbol{Ax}=\boldsymbol{b}$ 有唯一解;

② 当 $r<n$ 时,方程组 $\boldsymbol{Ax}=\boldsymbol{b}$ 有无穷多解,其通解为(3.13)式.

典型例题

例 3.19 求解方程组

$$\begin{cases} x_1-x_2-x_3+x_4=0, \\ x_1-x_2+x_3-3x_4=1, \\ x_1-x_2-2x_3+3x_4=-\dfrac{1}{2}. \end{cases}$$

解 对增广矩阵 $\boldsymbol{B}$ 进行行变换:

$$\boldsymbol{B}=\begin{pmatrix} 1 & -1 & -1 & 1 & 0 \\ 1 & -1 & 1 & -3 & 1 \\ 1 & -1 & -2 & 3 & -\dfrac{1}{2} \end{pmatrix} \overset{r_2-r_1}{\underset{r_3-r_1}{\sim}} \begin{pmatrix} 1 & -1 & -1 & 1 & 0 \\ 0 & 0 & 2 & -4 & 1 \\ 0 & 0 & -1 & 2 & -\dfrac{1}{2} \end{pmatrix}$$

$$\overset{r_1-r_3}{\underset{\substack{r_2\div 2\\ r_3+r_2}}{\sim}} \begin{pmatrix} 1 & -1 & 0 & -1 & \dfrac{1}{2} \\ 0 & 0 & 1 & -2 & \dfrac{1}{2} \\ 0 & 0 & 0 & 0 & 0 \end{pmatrix},$$

可见 $R(\boldsymbol{A})=R(\boldsymbol{B})=2$,故方程组有解,并有

$$\begin{cases} x_1=x_2+x_4+\dfrac{1}{2}, \\ x_3=2x_4+\dfrac{1}{2}. \end{cases}$$

为了把解表示得更清楚些,可把它写为

$$\begin{cases} x_1=x_2+x_4+\dfrac{1}{2}, \\ x_2=x_2, \\ x_3=\quad 2x_4+\dfrac{1}{2}, \\ x_4=\quad x_4. \end{cases}$$

取 $x_2=x_4=0$,代入求出 $x_1=x_3=\dfrac{1}{2}$,则得到非齐次方程的特解

$$\boldsymbol{\eta}^* = \begin{pmatrix} \frac{1}{2} \\ 0 \\ \frac{1}{2} \\ 0 \end{pmatrix},$$

故知通解为

$$\begin{pmatrix} x_1 \\ x_2 \\ x_3 \\ x_4 \end{pmatrix} = k_1 \begin{pmatrix} 1 \\ 1 \\ 0 \\ 0 \end{pmatrix} + k_2 \begin{pmatrix} 1 \\ 0 \\ 2 \\ 1 \end{pmatrix} + \begin{pmatrix} \frac{1}{2} \\ 0 \\ \frac{1}{2} \\ 0 \end{pmatrix} \quad (k_1, k_2 \text{ 为任意实数}).$$

注意解题时，也可以先把方程的一般解写出来，再从中得出对应的齐次方程的基础解系和非齐次方程组的特解.

例 3.20 求解方程组

$$\begin{cases} x_1 - 2x_2 + 3x_3 - x_4 = 1, \\ 3x_1 - x_2 + 5x_3 - 3x_4 = 2, \\ 2x_1 + x_2 + 2x_3 - 2x_4 = 3. \end{cases}$$

解 对增广矩阵 $\boldsymbol{B}$ 施行行变换：

$$\boldsymbol{B} = \begin{pmatrix} 1 & -2 & 3 & -1 & 1 \\ 3 & -1 & 5 & -3 & 2 \\ 2 & 1 & 2 & -2 & 3 \end{pmatrix} \underset{r_3 - 2r_1}{\overset{r_2 - 3r_1}{\sim}} \begin{pmatrix} 1 & -2 & 3 & -1 & 1 \\ 0 & 5 & -4 & 0 & -1 \\ 0 & 5 & -4 & 0 & 1 \end{pmatrix}$$

$$\underset{r_3 - r_2}{\sim} \begin{pmatrix} 1 & -2 & 3 & -1 & 1 \\ 0 & 5 & -4 & 0 & -1 \\ 0 & 0 & 0 & 0 & 2 \end{pmatrix},$$

可见 $R(\boldsymbol{A})=2$，$R(\boldsymbol{B})=3$，故方程组无解.

例 3.21 求解方程组

$$\begin{cases} x_1 + x_2 - 3x_3 - x_4 = 1, \\ 3x_1 - x_2 - 3x_3 + 4x_4 = 4, \\ x_1 + 5x_2 - 9x_3 - 8x_4 = 0. \end{cases}$$

解 对增广矩阵进行初等行变换化为行最简形.

$$\boldsymbol{B} = \begin{pmatrix} 1 & 1 & -3 & -1 & 1 \\ 3 & -1 & -3 & 4 & 4 \\ 1 & 5 & -9 & -8 & 0 \end{pmatrix} \underset{r_3 - r_1}{\overset{r_2 - 3r_1}{\sim}} \begin{pmatrix} 1 & 1 & -3 & -1 & 1 \\ 0 & -4 & 6 & 7 & 1 \\ 0 & 4 & -6 & -7 & -1 \end{pmatrix}$$

$$\underset{r_2 \times (-\frac{1}{4})}{\overset{r_3 + r_2}{\sim}} \begin{pmatrix} 1 & 1 & -3 & -1 & 1 \\ 0 & 1 & -\frac{3}{2} & \frac{7}{4} & -\frac{1}{4} \\ 0 & 0 & 0 & 0 & 0 \end{pmatrix} \underset{r_1 - r_2}{\sim} \begin{pmatrix} 1 & 0 & -\frac{3}{2} & \frac{3}{4} & \frac{5}{4} \\ 0 & 1 & -\frac{3}{2} & -\frac{7}{4} & -\frac{1}{4} \\ 0 & 0 & 0 & 0 & 0 \end{pmatrix},$$

即得
$$\begin{cases} x_1=\frac{3}{2}x_3-\frac{3}{4}x_4+\frac{5}{4}, \\ x_2=\frac{3}{2}x_3+\frac{7}{4}x_4-\frac{1}{4}, \\ x_3=\quad x_3, \\ x_4=\qquad\qquad x_4. \end{cases}$$

亦即
$$\begin{pmatrix} x_1 \\ x_2 \\ x_3 \\ x_4 \end{pmatrix}=k_1\begin{pmatrix} \frac{3}{2} \\ \frac{3}{2} \\ 1 \\ 0 \end{pmatrix}+k_2\begin{pmatrix} -\frac{3}{4} \\ \frac{7}{4} \\ 0 \\ 1 \end{pmatrix}+\begin{pmatrix} \frac{5}{4} \\ -\frac{1}{4} \\ 0 \\ 0 \end{pmatrix}\quad (k_1,k_2\in \boldsymbol{R}),$$

或令 $k_1=2c_1,k_2=4c_2-1$，上式可简化为
$$\begin{pmatrix} x_1 \\ x_2 \\ x_3 \\ x_4 \end{pmatrix}=c_1\begin{pmatrix} 3 \\ 3 \\ 2 \\ 0 \end{pmatrix}+c_2\begin{pmatrix} -3 \\ 7 \\ 0 \\ 4 \end{pmatrix}+\begin{pmatrix} 2 \\ -2 \\ 0 \\ -1 \end{pmatrix}\quad (c_1,c_2\in \boldsymbol{R}).$$

专题小结：求 n 元非齐次线性方程组通解的方法（当 $R(\boldsymbol{A})=R(\boldsymbol{B})=r<n$ 时）

(1) 将增广矩阵 $\boldsymbol{B}$ 在初等行变换下化为行最简形；

(2) 写出与行最简形对应的方程组，并将与每一非零行第一个非零元素 1 对应的未知量（保留未知量）保留在方程组的左端，其余 $n-r$ 个未知量（独立变量）及常数项移到等式右端；

(3) 令右端 $n-r$ 个独立变量全部等于 0，得到非齐次方程组的一个特解 $\boldsymbol{\eta}^*$；

(4) 在相应的齐次方程组的同解方程组中令右端 $n-r$ 个独立未知量其中一个为 1，其余全为 0，得到的 $n-r$ 个解向量就是对应齐次方程组的一个基础解系；

(5) 基础解系的线性组合加上非齐次方程组的特解 $\boldsymbol{\eta}^*$ 即为非齐次方程组的通解：
$$\boldsymbol{x}=k_1\boldsymbol{\xi}_1+k_2\boldsymbol{\xi}_2+\dots+k_{n-r}\boldsymbol{\xi}_{n-r}+\boldsymbol{\eta}^*.$$

习题 3.5

1. 求解下列非齐次线性方程组：

(1) $\begin{cases} 4x_1+2x_2-x_3=2, \\ 11x_1+3x_2\qquad=8, \\ 3x_1-x_2+2x_3=10; \end{cases}$ (2) $\begin{cases} 2x+y-z+w=1, \\ 4x+2y-2z+w=2, \\ 2x+y-z-w=1; \end{cases}$

2. 讨论 λ,a,b 取什么值时下列方程组有解,什么情况下无解.

(1) $\begin{cases}x_1 \qquad\quad +x_3=1,\\ 4x_1+x_2+2x_3=\lambda+2,\\ 6x_1+x_2+4x_3=2\lambda+3;\end{cases}$ (2) $\begin{cases}ax_1+x_2+x_3=4,\\ x_1+bx_2+x_3=3,\\ x_1+2bx_2+x_3=4.\end{cases}$

3. 设四元非齐次线性方程组的系数矩阵的秩为 3,已知 $\boldsymbol{\eta}_1,\boldsymbol{\eta}_2,\boldsymbol{\eta}_3$ 是它的 3 个解向量,且

$$\boldsymbol{\eta}_1=\begin{pmatrix}2\\3\\4\\5\end{pmatrix},\boldsymbol{\eta}_2+\boldsymbol{\eta}_3=\begin{pmatrix}1\\2\\3\\4\end{pmatrix},$$

求该方程组的通解.

4. 设 $x_1-x_2=a_1,x_2-x_3=a_2,x_3-x_4=a_3,x_4-x_5=a_4,x_5-x_1=a_5$,证明这个方程组有解的充分必要条件是

$$\sum_{i=1}^{5}a_i=0.$$

第 3 章小结

向量在数学的许多问题的研究中都有着广泛的应用.本章主要讨论了 n 维向量的线性相关性、秩和最大无关组的理论及其应用.尽管 n 维向量没有明确的几何意义,但我们仍可借助于空间几何向量来理解有关概念,如 n 个向量线性相关,在维数 $n=3$ 时,即表示这些向量是共面的($n=2$ 时则为共线).

m 个 n 维的向量组可排成一个矩阵,反过来一个矩阵也可以看作是一个向量组,这样就把矩阵和向量组从形式上联系起来.通过三秩相等定理我们知道,向量组与矩阵在理论上可以相互转化,本章中讨论向量组线性相关性时的最为常用的定理(即定理 3.3),正是通过矩阵的秩来刻画的.

有关向量组的秩和矩阵的秩的理论是线性代数内容中较为抽象的一部分,不少初学者常常觉得这部分内容未能很好掌握.因此读者在学习中要注意克服畏难情绪.概念要清楚,定理要记熟.解题中可抓住以下几个问题:

(1) 线性相关性讨论的常用方法有哪些?

(2) 解题中经常用到的定理有哪几个?

(3) 矩阵与其行(列)向量组的本质联系如何,等等.

本章中还讨论了线性方程组的解的结构及其求解方法.我们用向量组的最大无关组理论给出了齐次线性方程组的基础解系和通解的概念,其中定理 3.10 在理论上是非常重要的.

求解方程组是线性代数的主要任务之一,也是应用非常广泛的问题.不管是齐次方程组,还是非齐次方程组,对方程组进行同解变换,使方程组化为较为简单的方程组是最基本的步骤.所用的方法就是初等行变换.从这里也可以看出初等行变换的重要性和初等行变换对方程组意味着什么.矩阵的一行对应于方程组中的一个方程,对矩阵施行初等行变换就是

对各方程进行适当的线性组合和简化.从这个角度更容易理解,解方程组只能作行变换,通常不作列变换.利用初等行变换简化方程组,就是利用消去法把方程组变为最简形式,其特点是关于保留变量是独立的,保留未知量可直接用自由未知量表示.这种方法在计算方法中称为高斯消去法,它是把方程组化为上三角方程组,再回代求解.

答疑解惑

1. 问:若向量组 $\boldsymbol{\alpha}_1,\boldsymbol{\alpha}_2,\cdots,\boldsymbol{\alpha}_n$ 中任意 $n-1$ 个向量都线性无关,那么这组向量是否一定线性无关?

答:不一定.

例如,向量组 $\boldsymbol{\alpha}_1=\begin{pmatrix}1\\0\\0\end{pmatrix},\boldsymbol{\alpha}_2=\begin{pmatrix}0\\1\\0\end{pmatrix},\boldsymbol{\alpha}_3=\begin{pmatrix}1\\1\\0\end{pmatrix}$ 线性相关,但其中任意两个向量都是线性无关的.

实际上,不难证明:若 $\boldsymbol{\alpha}_1,\boldsymbol{\alpha}_2,\cdots,\boldsymbol{\alpha}_n$ 线性无关,则下面 $n+1$ 个向量构成的向量组

$$\boldsymbol{\alpha}_1,\boldsymbol{\alpha}_2,\cdots,\boldsymbol{\alpha}_n,\boldsymbol{\alpha}_1+\boldsymbol{\alpha}_2+\cdots+\boldsymbol{\alpha}_n$$

一定线性相关,而且可以证明其中任意 n 个都是线性无关的.

该问题说明:仅凭局部某些向量的无关性是不能得出整个向量组的无关性的.

2. 问:若两个向量组等价,则二者的秩相等;反之是否成立?

答:不成立.

因为向量组等价必须是两者之间能相互线性表示,而秩相等是完全反映不出这一点的.

例如:$\boldsymbol{\alpha}_1=(1,0,0,0),\boldsymbol{\alpha}_2=(0,1,0,0)$ 与 $\boldsymbol{\beta}_1=(0,0,1,0),\boldsymbol{\beta}_2=(0,0,0,1)$ 秩都是 2,但显然二者不能相互表示,因此不等价.

该问题说明:秩相等是向量组等价的必要条件,但不是充分条件.

3. 问:设 $\boldsymbol{A}$ 为 $m\times n$ 阶矩阵,且 $m<n$,那么,在本章范围内你会由此得出什么结论?

答:由已知,$R(\boldsymbol{A})\leqslant m<n$,所以可以断定:

(1) 齐次方程组 $\boldsymbol{Ax}=\boldsymbol{0}$ 有非零解;(2) $\boldsymbol{A}$ 的 n 个列向量线性相关.

4. 问:设 $R(\boldsymbol{A}_{m\times n})=r<n$,则齐次方程组 $\boldsymbol{A}_{m\times n}\boldsymbol{x}=\boldsymbol{0}$ 的解构成的向量组(即解空间)的秩为 $n-r$.现在设非齐次方程组 $\boldsymbol{A}_{m\times n}\boldsymbol{x}=\boldsymbol{b}$ 有解,那么其解构成的向量组的秩是多少?

答:设非齐次方程组的通解为 $\boldsymbol{x}=k_1\boldsymbol{\xi}_1+k_2\boldsymbol{\xi}_2+\cdots+k_{n-r}\boldsymbol{\xi}_{n-r}+\boldsymbol{\eta}^*$,不难证明 $\boldsymbol{\eta}^*,\boldsymbol{\eta}^*+\boldsymbol{\xi}_1,\boldsymbol{\eta}^*+\boldsymbol{\xi}_2,\cdots,\boldsymbol{\eta}^*+\boldsymbol{\xi}_{n-r}$ 这 $n-r+1$ 个解线性无关,且其余解都可由此线性表示,所以非齐次方程解向量组的秩为 $n-r+1$.

5. 问:一个非零向量组的最大无关组一定存在吗?

答:一定存在,但可能不唯一.

设有向量组 $\boldsymbol{\alpha}_1,\boldsymbol{\alpha}_2,\cdots,\boldsymbol{\alpha}_n$,若这组向量无关,那么最大无关组就是它本身,若相关,那么其中必有一个向量(不妨假设是 $\boldsymbol{\alpha}_n$)可由其余向量线性表示,我们下面就可考察 $\boldsymbol{\alpha}_1,\boldsymbol{\alpha}_2,\cdots,\boldsymbol{\alpha}_{n-1}$,若这组向量无关,那么它就是一个最大无关组,若相关,则又可去掉一个多余的向量(不妨假设是 $\boldsymbol{\alpha}_{n-1}$),转向考察 $\boldsymbol{\alpha}_1,\boldsymbol{\alpha}_2,\cdots,\boldsymbol{\alpha}_{n-2},\cdots$,依次进行下去,最终必定会得到一个最大无关组.

☞ 自测题 A

1. 填空题：

(1) 设向量组 $\boldsymbol{\alpha}_1=(a,0,c)^{\mathrm{T}}$，$\boldsymbol{\alpha}_2=(b,c,0)^{\mathrm{T}}$，$\boldsymbol{\alpha}_3=(0,a,b)^{\mathrm{T}}$ 线性相关，则 a,b,c 必须满足关系式________.

(2) 已知向量 $2\boldsymbol{\alpha}+\boldsymbol{\beta}=(1,-2,-2)^{\mathrm{T}}$，$3\boldsymbol{\alpha}+2\boldsymbol{\beta}=(1,-4,-3)^{\mathrm{T}}$，则向量 $\boldsymbol{\alpha}=$________.

(3) 向量组 $\boldsymbol{\alpha}_1=\begin{pmatrix}1\\0\\0\end{pmatrix}$，$\boldsymbol{\alpha}_2=\begin{pmatrix}0\\1\\0\end{pmatrix}$，$\boldsymbol{\alpha}_3=\begin{pmatrix}0\\0\\1\end{pmatrix}$，$\boldsymbol{\alpha}_4=\begin{pmatrix}1\\2\\3\end{pmatrix}$ 是线性相关还是无关？

答案为________.

(4) 向量组 $\boldsymbol{\alpha}_1=\begin{pmatrix}1\\0\\0\end{pmatrix}$，$\boldsymbol{\alpha}_2=\begin{pmatrix}1\\1\\0\end{pmatrix}$，$\boldsymbol{\alpha}_3=\begin{pmatrix}1\\1\\1\end{pmatrix}$，$\boldsymbol{\alpha}_4=\begin{pmatrix}3\\2\\1\end{pmatrix}$ 的秩为________，一个最大无关组为________.

(5) 若矩阵 $\boldsymbol{A}$ 经过初等行变换后化为的行最简形是 $\begin{pmatrix}1&1&0\\0&0&1\\0&0&0\end{pmatrix}$，则齐次方程组 $\boldsymbol{Ax}=0$ 的通解为________.

2. 单项选择题：

(1) 若向量组 $\boldsymbol{\alpha}_1=(1,\ 1,\ 1)$，$\boldsymbol{\alpha}_2=(1,\ 2,\ 3)$，$\boldsymbol{\alpha}_3=(1,\ 3,\ t)$ 线性相关，则 $t=$(　　)；

A. 2　　B. 3　　C. 4　　D. 5

(2) 设 $\boldsymbol{A}$ 为 n 阶方阵，$|\boldsymbol{A}|=0$，则 $\boldsymbol{A}$ 中(　　)；

A. 必有一列元素全为零

B. 必有两列元素成比例

C. 必有一列向量是其余列向量的线性组合

D. 任一列向量都是其余列向量的线性组合

(3) 设 $\boldsymbol{A}$ 为 n 阶可逆矩阵，则(　　)；

A. $|\boldsymbol{A}|=0$　　B. $\boldsymbol{A}$ 的 n 个列向量线性相关

C. $\boldsymbol{A}$ 的秩 $R(\boldsymbol{A})=n$　　D. $|\boldsymbol{A}|=1$

(4) 设有线性方程组，其对应的导出组为 $\boldsymbol{Ax}=\boldsymbol{0}$，现有四个命题：

① $\boldsymbol{Ax}=\boldsymbol{0}$ 只有零解时，$\boldsymbol{Ax}=\boldsymbol{b}$ 有唯一解

② $\boldsymbol{Ax}=\boldsymbol{0}$ 有非零解时，$\boldsymbol{Ax}=\boldsymbol{b}$ 有无穷多解

③ 若 $\boldsymbol{u}$ 是 $\boldsymbol{Ax}=\boldsymbol{0}$，$\boldsymbol{v}$ 是 $\boldsymbol{Ax}=\boldsymbol{b}$ 的解，则 $\boldsymbol{u}+\boldsymbol{v}$ 是 $\boldsymbol{Ax}=\boldsymbol{b}$ 的解

④ 若 $\boldsymbol{u},\boldsymbol{v}$ 都是 $\boldsymbol{Ax}=\boldsymbol{b}$ 的解时，则 $\boldsymbol{u}-\boldsymbol{v}$ 是 $\boldsymbol{Ax}=\boldsymbol{0}$ 的解

其中正确命题的个数为(　　)；

A. 1　　B. 2　　C. 3　　D. 4

(5) 当 $\lambda=$(　　)时，下面方程组无解.

$$\begin{cases} x_1+2x_2-x_3=\lambda-1, \\ \qquad 3x_2-x_3=\lambda-2, \\ \qquad \lambda x_2-x_3=(\lambda-3)(\lambda-4)(\lambda-2). \end{cases}$$

A. 1　　B. 2　　C. 3　　D. 4

3. 已知向量组 $\boldsymbol{\alpha}_1,\boldsymbol{\alpha}_2,\boldsymbol{\alpha}_3$，证明向量组 $\boldsymbol{\alpha}_1-\boldsymbol{\alpha}_2,\boldsymbol{\alpha}_2-\boldsymbol{\alpha}_3,\boldsymbol{\alpha}_3-\boldsymbol{\alpha}_1$ 线性相关.

4. 设 $\boldsymbol{\beta}_1=\boldsymbol{\alpha}_1,\boldsymbol{\beta}_2=\boldsymbol{\alpha}_1+\boldsymbol{\alpha}_2,\cdots,\boldsymbol{\beta}_r=\boldsymbol{\alpha}_1+\boldsymbol{\alpha}_2+\cdots+\boldsymbol{\alpha}_r$ 且 $\boldsymbol{\alpha}_1,\boldsymbol{\alpha}_2,\cdots,\boldsymbol{\alpha}_r$ 线性无关，证明向量组 $\boldsymbol{\beta}_1,\boldsymbol{\beta}_2,\cdots,\boldsymbol{\beta}_r$ 线性无关(注：本题可推广到一般的形式，只要表示的系数矩阵可逆即可).

5. 设有向量组 $\boldsymbol{\alpha}_1=\begin{pmatrix}2\\1\\-1\\-1\end{pmatrix},\boldsymbol{\alpha}_2=\begin{pmatrix}0\\3\\-2\\0\end{pmatrix},\boldsymbol{\alpha}_3=\begin{pmatrix}2\\4\\-3\\-1\end{pmatrix}$，

(1) 求此向量组的秩，并求一个最大无关组；

(2) 将其余向量用这个最大无关组线性表示.

6. 用消元法解线性方程组

$$\begin{cases} x_1-2x_2+x_3+x_4=1, \\ x_1-2x_2+x_3-x_4=-1, \\ x_1-2x_2+x_3-5x_4=-5. \end{cases}$$

7. 已知非齐次方程组 $\boldsymbol{Ax}=\boldsymbol{b}$ 有解，且解不唯一，$\boldsymbol{A}=\begin{pmatrix}1&-1&2\\2&0&-3\\-2&a&10\end{pmatrix}$，求常数 a 的值.

8. 已知向量组 $\boldsymbol{\beta}_1=\begin{pmatrix}0\\1\\-1\end{pmatrix},\boldsymbol{\beta}_2=\begin{pmatrix}a\\2\\1\end{pmatrix},\boldsymbol{\beta}_3=\begin{pmatrix}b\\1\\0\end{pmatrix}$ 与向量组 $\boldsymbol{\alpha}_1=\begin{pmatrix}1\\2\\-3\end{pmatrix},\boldsymbol{\alpha}_2=\begin{pmatrix}3\\0\\1\end{pmatrix},\boldsymbol{\alpha}_3=\begin{pmatrix}9\\6\\-7\end{pmatrix}$ 有相同的秩，且 $\boldsymbol{\beta}_3$ 可由 $\boldsymbol{\alpha}_1,\boldsymbol{\alpha}_2,\boldsymbol{\alpha}_3$ 线性表示，求 a,b 的值.

☞ 自测题 B

1. 填空题：

(1) 已知向量组 $\boldsymbol{\alpha}_1=(1,2,-1)^{\mathrm{T}},\boldsymbol{\alpha}_2=(2,0,t)^{\mathrm{T}},\boldsymbol{\alpha}_3=(0,-4,5)^{\mathrm{T}}$ 的秩为 2，则 $t=$________.

(2) 设矩阵 $\boldsymbol{A}=\begin{pmatrix}3&-2&5\\-6&-3&0\\-2&-1&4\end{pmatrix}$，向量 $\boldsymbol{\alpha}=\begin{pmatrix}1\\t\\1\end{pmatrix}$，若 $\boldsymbol{A\alpha}$ 与 $\boldsymbol{\alpha}$ 线性相关，则 $t=$________.

(3) 向量组 $\boldsymbol{\alpha}_1=\begin{pmatrix}1\\1\\-1\end{pmatrix},\boldsymbol{\alpha}_2=\begin{pmatrix}1\\2\\-2\end{pmatrix},\boldsymbol{\alpha}_3=\begin{pmatrix}3\\4\\-4\end{pmatrix}$ 是线性相关还是无关？

答案为________.

(4) 若非齐次方程组 $\boldsymbol{Ax}=\boldsymbol{b}$ 有 3 个解 $\boldsymbol{\eta}_1,\boldsymbol{\eta}_2,\boldsymbol{\eta}_3$，且 $\boldsymbol{\eta}_1=\begin{pmatrix}2\\3\\4\\5\end{pmatrix}$，$\boldsymbol{\eta}_1+\boldsymbol{\eta}_2+\boldsymbol{\eta}_3=\begin{pmatrix}4\\5\\6\\7\end{pmatrix}$，则齐次方程组 $\boldsymbol{Ax}=\boldsymbol{0}$ 的一个解为________.

(5) 若非齐次方程组 $\boldsymbol{Ax}=\boldsymbol{b}$ 的增广矩阵 $(\boldsymbol{A},\boldsymbol{b})$ 经过初等行变换后化为 $\begin{pmatrix}1&-1&1&1\\0&0&0&0\\0&0&0&0\end{pmatrix}$，则非齐次方程组 $\boldsymbol{Ax}=\boldsymbol{b}$ 的通解可写为 $\begin{pmatrix}x_1\\x_2\\x_3\end{pmatrix}=$________.

2. 单项选择题：

(1) 要使 $\boldsymbol{\xi}_1=(1,0,2)^{\mathrm{T}}$，$\boldsymbol{\xi}_2=(0,1,-1)^{\mathrm{T}}$ 都是齐次方程组 $\boldsymbol{Ax}=\boldsymbol{0}$ 的解，只要系数矩阵 $\boldsymbol{A}$ 为(　　).

A. $(-2,1,1)$　　B. $\begin{pmatrix}2&0&-1\\0&1&-1\end{pmatrix}$

C. $\begin{pmatrix}-1&0&2\\0&1&-1\end{pmatrix}$　　D. $\begin{pmatrix}0&1&-1\\4&-2&-2\\0&1&1\end{pmatrix}$

(2) 向量组 $\boldsymbol{\alpha}_1,\boldsymbol{\alpha}_2,\cdots,\boldsymbol{\alpha}_m$ 线性无关的充分必要条件为(　　).

A. 存在一组不全为零的数 $k_1,k_2,\cdots,k_m$，使得 $k_1\boldsymbol{\alpha}_1+k_2\boldsymbol{\alpha}_2+\cdots+k_m\boldsymbol{\alpha}_m\neq\boldsymbol{0}$

B. 向量组中总有一个向量不能由其余向量线性表示

C. 向量组中任意两个向量线性无关

D. 向量组中任意一个向量都不能由其余向量线性表示

(3) 设 $\boldsymbol{\alpha}_1=(1,0,0)^{\mathrm{T}}$，$\boldsymbol{\alpha}_2=(0,0,1)^{\mathrm{T}}$，则下列向量中能由 $\boldsymbol{\alpha}_1,\boldsymbol{\alpha}_2$ 线性表示的是(　　).

A. $(2,2,2)^{\mathrm{T}}$　　B. $(-3,0,4)^{\mathrm{T}}$

C. $(1,1,0)^{\mathrm{T}}$　　D. $(0,-1,0)^{\mathrm{T}}$

(4) 设向量组 $\boldsymbol{\alpha}_1,\boldsymbol{\alpha}_2,\cdots,\boldsymbol{\alpha}_m$ 的秩为 r，则下列结论成立的是(　　).

A. 向量组中任意 $r-1$ 个向量都无关

B. 向量组中任意 $r-1$ 个向量都相关

C. 向量组中任意 $r+1$ 个向量都相关

D. 向量组中任意 r 个向量都无关

(5) 下列命题错误的是(　　).

A. 若 $\boldsymbol{\alpha}_1,\boldsymbol{\alpha}_2,\boldsymbol{\alpha}_3$ 线性无关，$\boldsymbol{\alpha}_1,\boldsymbol{\alpha}_2,\boldsymbol{\alpha}_3,\boldsymbol{\alpha}_4$ 线性相关，则 $\boldsymbol{\alpha}_4$ 一定可由 $\boldsymbol{\alpha}_1,\boldsymbol{\alpha}_2,\boldsymbol{\alpha}_3$ 线性表示

B. 向量组的最大无关组是唯一的

C. 向量组的最大无关组可能不唯一

D. 矩阵的秩等于它的列向量组的秩

3. 设 $\boldsymbol{A}$ 为 n 阶可逆矩阵，$\boldsymbol{B}$ 为任一 $n\times m$ 矩阵，证明 $R(\boldsymbol{AB})=R(\boldsymbol{B})$.

4. 已知向量组 $\boldsymbol{\alpha}_1,\boldsymbol{\alpha}_2,\boldsymbol{\alpha}_3,\boldsymbol{\alpha}_4$ 线性无关，$\boldsymbol{\beta}=\boldsymbol{\alpha}_1+\boldsymbol{\alpha}_2+\boldsymbol{\alpha}_3+\boldsymbol{\alpha}_4$，求证向量组 $\boldsymbol{\beta}-\boldsymbol{\alpha}_1,\boldsymbol{\beta}-\boldsymbol{\alpha}_2,\boldsymbol{\beta}-\boldsymbol{\alpha}_3,\boldsymbol{\beta}-\boldsymbol{\alpha}_4$ 线性无关.

5. 设向量组 $\boldsymbol{\alpha}_1,\boldsymbol{\alpha}_2,\cdots,\boldsymbol{\alpha}_r$ 线性相关，而其中任意 $r-1$ 个向量线性无关，证明：要使

$$k_1\boldsymbol{\alpha}_1+k_2\boldsymbol{\alpha}_2+\cdots+k_r\boldsymbol{\alpha}_r=\mathbf{0}$$

成立,$k_1,k_2,\cdots,k_r$ 必全不为零或全为零.

6. 设向量组 $\boldsymbol{A}$ 与向量组 $\boldsymbol{B}$ 的秩相等,且 $\boldsymbol{A}$ 组能由 $\boldsymbol{B}$ 组线性表示,证明 $\boldsymbol{A}$ 组与 $\boldsymbol{B}$ 组等价.

7. 确定 a 的值使下列线性方程组有解,并求其解

$$\begin{cases}2x_1-x_2+x_3+x_4=1,\\ x_1+2x_2-x_3+4x_4=2,\\ x_1+7x_2-4x_3+11x_4=a.\end{cases}$$

8. 设 $\boldsymbol{\eta}^*$ 是非齐次线性方程组 $\boldsymbol{AX}=\boldsymbol{b}$ 的一个解,$\boldsymbol{\xi}_1,\boldsymbol{\xi}_2,\cdots,\boldsymbol{\xi}_{n-r}$ 是对应的齐次方程组的基础解系,证明 $\boldsymbol{\eta}^*,\boldsymbol{\xi}_1,\boldsymbol{\xi}_2,\cdots,\boldsymbol{\xi}_{n-r}$ 线性无关.

第 4 章 ⇨ 矩阵的特征值和相似对角化

4.1 向量的内积

核心知识点

1. 向量的内积、长度、正交和正交向量组、正交矩阵.
2. 方阵的特征值和特征向量.
3. 相似矩阵.
4. 实对称矩阵的相似对角化.

学习目标

1. 理解向量的内积、长度、特征值和特征向量、相似矩阵、正交向量组的概念.
2. 了解施密特正交化方法.
3. 熟练掌握矩阵的特征值、特征向量的求法.
4. 了解相似矩阵的性质、正交矩阵的性质、矩阵相似对角化的条件.
5. 熟练掌握用正交矩阵化实对称阵为对角阵的方法.

学习重点

1. 求矩阵的特征值和特征向量.
2. 矩阵能够相似对角化的条件.
3. 用正交矩阵化实对称矩阵为对角阵的方法.

1. 向量的内积与长度

定义 4.1 设有 n 维向量

$$\boldsymbol{x}=\begin{pmatrix}x_1\\x_2\\\vdots\\x_n\end{pmatrix},\quad \boldsymbol{y}=\begin{pmatrix}y_1\\y_2\\\vdots\\y_n\end{pmatrix},$$

向量 $\boldsymbol{x}$ 与向量 $\boldsymbol{y}$ 的内积定义为

$$[\boldsymbol{x},\boldsymbol{y}] = x_1y_1 + x_2y_2 + \cdots + x_ny_n = \boldsymbol{x}^{\mathrm{T}}\boldsymbol{y} = \boldsymbol{y}^{\mathrm{T}}\boldsymbol{x}.$$

向量 $\boldsymbol{x}$ 与 $\boldsymbol{y}$ 的内积等于对应分量之积的和，结果是一个数. 内积也称为点积或数量积.

例 4.1 设 $\boldsymbol{\alpha}=(1,2,3)^{\mathrm{T}}$，$\boldsymbol{\beta}=(1,1,-1)^{\mathrm{T}}$，求内积 $[\boldsymbol{\alpha},\boldsymbol{\beta}]$.

解 $[\boldsymbol{\alpha},\boldsymbol{\beta}]=\boldsymbol{\alpha}^{\mathrm{T}}\boldsymbol{\beta}=(1,2,3)\begin{pmatrix}1\\1\\-1\end{pmatrix}=1\times1+2\times1+3\times(-1)=0.$

内积满足下列运算规律（其中 $\boldsymbol{x},\boldsymbol{y}$ 为 n 维向量，λ 为实数）：

(1) $[\boldsymbol{x},\boldsymbol{y}]=[\boldsymbol{y},\boldsymbol{x}]$；

(2) $[\lambda\boldsymbol{x},\boldsymbol{y}]=\lambda[\boldsymbol{x},\boldsymbol{y}]$；

(3) $[\boldsymbol{x}+\boldsymbol{y},\boldsymbol{z}]=[\boldsymbol{x},\boldsymbol{z}]+[\boldsymbol{y},\boldsymbol{z}]$；

(4) $[\boldsymbol{x},\boldsymbol{x}]\geqslant0$，且 $[\boldsymbol{x},\boldsymbol{x}]=0\Leftrightarrow\boldsymbol{x}=\boldsymbol{0}$.

定义 4.2 应用内积定义向量 $\boldsymbol{x}$ 的**长度**为

$$\|\boldsymbol{x}\| = \sqrt{[\boldsymbol{x},\boldsymbol{x}]} = \sqrt{x_1^2 + x_2^2 + \cdots + x_n^2}\ .$$

当 $\|\boldsymbol{x}\|=1$ 时，称 $\boldsymbol{x}$ 为**单位向量**；当 $\boldsymbol{x}\neq\boldsymbol{0}$ 时，$\|\boldsymbol{x}\|>0$，此时 $\dfrac{\boldsymbol{x}}{\|\boldsymbol{x}\|}$ 是单位向量，称它为 $\boldsymbol{x}$ **的单位化**.

定义 4.3 当 $\|\boldsymbol{x}\|\neq0$，$\|\boldsymbol{y}\|\neq0$ 时，定义 n 维向量 $\boldsymbol{x}$ 与 $\boldsymbol{y}$ 的**夹角** θ **的余弦**为

$$\cos\theta = \frac{[\boldsymbol{x},\boldsymbol{y}]}{\|\boldsymbol{x}\|\ \|\boldsymbol{y}\|}.$$

例 4.2 设 $\boldsymbol{\alpha}=(1,0,-1,2)^{\mathrm{T}}$，$\boldsymbol{\beta}=(-1,4,0,2)^{\mathrm{T}}$，

(1) 将 $\boldsymbol{\alpha},\boldsymbol{\beta}$ 单位化；

(2) 计算 $\boldsymbol{\alpha},\boldsymbol{\beta}$ 的夹角 θ.

解 (1)

$$\|\boldsymbol{\alpha}\| = \sqrt{1^2+0^2+(-1)^2+2^2}=\sqrt{6},$$
$$\|\boldsymbol{\beta}\| = \sqrt{(-1)^2+4^2+0^2+2^2}=\sqrt{21}\ .$$

将 $\boldsymbol{\alpha},\boldsymbol{\beta}$ 单位化，得

$$\frac{\boldsymbol{\alpha}}{\|\boldsymbol{\alpha}\|}=\frac{1}{\sqrt{6}}(1,0,-1,2)^{\mathrm{T}},$$
$$\frac{\boldsymbol{\beta}}{\|\boldsymbol{\beta}\|}=\frac{1}{\sqrt{21}}(-1,4,0,2)^{\mathrm{T}}.$$

(2)

$$\cos\theta=\frac{[\boldsymbol{\alpha},\boldsymbol{\beta}]}{\|\boldsymbol{\alpha}\|\ \|\boldsymbol{\beta}\|}$$
$$=\frac{1\times(-1)+0\times4+(-1)\times0+2\times2}{\sqrt{6}\ \sqrt{21}}=\frac{\sqrt{14}}{14},$$

故

$$\theta=\arccos\frac{\sqrt{14}}{14}.$$

2. 向量的正交化

定义 4.4 当 $[\boldsymbol{x},\boldsymbol{y}]=0$ 时，称向量 $\boldsymbol{x}$ 与 $\boldsymbol{y}$ **正交**.

显然,若 $\boldsymbol{x}=\mathbf{0}$,则 $\boldsymbol{x}$ 与任何向量都**正交**.两两正交的非零向量所组成的向量组称为**正交向量组**.

定理 4.1 **若 n 维向量 $\boldsymbol{\alpha}_1,\boldsymbol{\alpha}_2,\cdots,\boldsymbol{\alpha}_r$ 是一组两两正交的非零向量,则 $\boldsymbol{\alpha}_1,\boldsymbol{\alpha}_2,\cdots,\boldsymbol{\alpha}_r$ 线性无关.**

证 设有 $\lambda_1,\lambda_2,\cdots,\lambda_r$,使

$$\lambda_1\boldsymbol{\alpha}_1+\lambda_2\boldsymbol{\alpha}_2+\cdots+\lambda_r\boldsymbol{\alpha}_r=\mathbf{0}.$$

以 $\boldsymbol{\alpha}_1^{\mathrm{T}}$ 左乘上式两端,得 $\lambda_1\boldsymbol{\alpha}_1^{\mathrm{T}}\boldsymbol{\alpha}_1=0$,因 $\boldsymbol{\alpha}_1\neq\mathbf{0}$,故 $\boldsymbol{\alpha}_1^{\mathrm{T}}\boldsymbol{\alpha}_1=\|\boldsymbol{\alpha}_1\|^2\neq0$,从而必有 $\lambda_1=0$,类似可证 $\lambda_2=\lambda_3=\cdots=\lambda_r=0$,于是向量组 $\boldsymbol{\alpha}_1,\boldsymbol{\alpha}_2,\cdots,\boldsymbol{\alpha}_r$ 线性无关.

例 4.3 已知 $\boldsymbol{\alpha}_1=\begin{pmatrix}1\\1\\1\end{pmatrix},\boldsymbol{\alpha}_2=\begin{pmatrix}1\\-2\\1\end{pmatrix}$正交,试求一个非零向量 $\boldsymbol{\alpha}_3$,使 $\boldsymbol{\alpha}_1,\boldsymbol{\alpha}_2,\boldsymbol{\alpha}_3$ 两两正交.

解 记 $\boldsymbol{A}=\begin{pmatrix}\boldsymbol{\alpha}_1^{\mathrm{T}}\\\boldsymbol{\alpha}_2^{\mathrm{T}}\end{pmatrix}=\begin{pmatrix}1&1&1\\1&-2&1\end{pmatrix}$,

$\boldsymbol{\alpha}_3$ 应满足齐次方程组 $\boldsymbol{Ax}=\mathbf{0}$,即

$$\begin{pmatrix}1&1&1\\1&-2&1\end{pmatrix}\begin{pmatrix}x_1\\x_2\\x_3\end{pmatrix}=\begin{pmatrix}0\\0\end{pmatrix}$$

由

$$\boldsymbol{A}\sim\begin{pmatrix}1&1&1\\0&-3&0\end{pmatrix}\sim\begin{pmatrix}1&0&1\\0&1&0\end{pmatrix},$$

得

$$\begin{cases}x_1=-x_3,\\x_2=0,\\x_3=x_3.\end{cases}$$

从而有基础解系 $\begin{pmatrix}-1\\0\\1\end{pmatrix}$,则 $\boldsymbol{\alpha}_3=\begin{pmatrix}-1\\0\\1\end{pmatrix}$ 即为所求.

设 $\boldsymbol{\alpha}_1,\boldsymbol{\alpha}_2,\cdots,\boldsymbol{\alpha}_r$ 是向量空间 R^n 的一个线性无关的向量组,要求 R^n 的一个两两正交的单位向量组 $\boldsymbol{e}_1,\boldsymbol{e}_2,\cdots,\boldsymbol{e}_r$,使 $\boldsymbol{e}_1,\boldsymbol{e}_2,\cdots,\boldsymbol{e}_r$ 与 $\boldsymbol{\alpha}_1,\boldsymbol{\alpha}_2,\cdots,\boldsymbol{\alpha}_r$ 等价,这样一个问题,称为把 $\boldsymbol{\alpha}_1,\boldsymbol{\alpha}_2,\cdots,\boldsymbol{\alpha}_r$ **正交规范化**.

把线性无关向量组 $\boldsymbol{\alpha}_1,\boldsymbol{\alpha}_2,\cdots,\boldsymbol{\alpha}_r$ 正交规范化的步骤如下:

(1) 正交化,取

$$\boldsymbol{b}_1=\boldsymbol{\alpha}_1,\qquad \boldsymbol{b}_2=\boldsymbol{\alpha}_2+\lambda_1\boldsymbol{b}_1,$$

要求 $\boldsymbol{b}_2$ 和 $\boldsymbol{b}_1$ 正交,确定待定系数 λ_1,即

$$\boldsymbol{b}_2=\boldsymbol{\alpha}_2-\frac{[\boldsymbol{b}_1,\boldsymbol{\alpha}_2]}{[\boldsymbol{b}_1,\boldsymbol{b}_1]}\boldsymbol{b}_1.$$

类似地,用待定系数法可得到一般表示式

$$\boldsymbol{b}_k=\boldsymbol{\alpha}_k-\frac{[\boldsymbol{b}_1,\boldsymbol{\alpha}_k]}{[\boldsymbol{b}_1,\boldsymbol{b}_1]}\boldsymbol{b}_1-\frac{[\boldsymbol{b}_2,\boldsymbol{\alpha}_k]}{[\boldsymbol{b}_2,\boldsymbol{b}_2]}\boldsymbol{b}_2-\cdots-\frac{[\boldsymbol{b}_{k-1},\boldsymbol{\alpha}_k]}{[\boldsymbol{b}_{k-1},\boldsymbol{b}_{k-1}]}\boldsymbol{b}_{k-1}\quad(k=2,\cdots,r).$$

容易验证 $\boldsymbol{b}_1,\boldsymbol{b}_2,\cdots,\boldsymbol{b}_r$ 两两正交,且 $\boldsymbol{b}_1,\boldsymbol{b}_2,\cdots,\boldsymbol{b}_r$ 与 $\boldsymbol{\alpha}_1,\boldsymbol{\alpha}_2,\cdots,\boldsymbol{\alpha}_r$ 等价.

(2) 单位化,即取

$$e_1 = \frac{1}{\| b_1 \|} b_1, e_2 = \frac{1}{\| b_2 \|} b_2, \cdots, e_r = \frac{1}{\| b_r \|} b_r,$$

就得到一个两两正交的单位向量组.

上述从线性无关向量组 $\boldsymbol{\alpha}_1, \boldsymbol{\alpha}_2, \cdots, \boldsymbol{\alpha}_r$ 导出正交向量组 $\boldsymbol{b}_1, \boldsymbol{b}_2, \cdots, \boldsymbol{b}_r$ 的过程称为**施密特(Schmidt)正交化过程**.

例 4.4 设 $\boldsymbol{\alpha}_1 = \begin{pmatrix} 1 \\ 2 \\ -1 \end{pmatrix}, \boldsymbol{\alpha}_2 = \begin{pmatrix} -1 \\ 3 \\ 1 \end{pmatrix}, \boldsymbol{\alpha}_3 = \begin{pmatrix} 4 \\ -1 \\ 0 \end{pmatrix}$,试用施密特正交化过程把这组向量正交规范化.

解 先将 $\boldsymbol{\alpha}_1, \boldsymbol{\alpha}_2, \boldsymbol{\alpha}_3$ 正交化.

取 $\boldsymbol{b}_1 = \boldsymbol{\alpha}_1$;

$$\boldsymbol{b}_2 = \boldsymbol{\alpha}_2 - \frac{[\boldsymbol{b}_1, \boldsymbol{\alpha}_2]}{[\boldsymbol{b}_1, \boldsymbol{b}_1]} \boldsymbol{b}_1 = \begin{pmatrix} -1 \\ 3 \\ 1 \end{pmatrix} - \frac{4}{6} \begin{pmatrix} 1 \\ 2 \\ -1 \end{pmatrix} = \frac{5}{3} \begin{pmatrix} -1 \\ 1 \\ 1 \end{pmatrix};$$

$$\begin{aligned} \boldsymbol{b}_3 &= \boldsymbol{\alpha}_3 - \frac{[\boldsymbol{b}_1, \boldsymbol{\alpha}_3]}{[\boldsymbol{b}_1, \boldsymbol{b}_1]} \boldsymbol{b}_1 - \frac{[\boldsymbol{b}_2, \boldsymbol{\alpha}_3]}{[\boldsymbol{b}_2, \boldsymbol{b}_2]} \boldsymbol{b}_2 \\ &= \begin{pmatrix} 4 \\ -1 \\ 0 \end{pmatrix} - \frac{1}{3} \begin{pmatrix} 1 \\ 2 \\ -1 \end{pmatrix} + \frac{5}{3} \begin{pmatrix} -1 \\ 1 \\ 1 \end{pmatrix} = 2 \begin{pmatrix} 1 \\ 0 \\ 1 \end{pmatrix}. \end{aligned}$$

再把 $\boldsymbol{b}_1, \boldsymbol{b}_2, \boldsymbol{b}_3$ 单位化,取

$$\boldsymbol{e}_1 = \frac{1}{\| \boldsymbol{b}_1 \|} \boldsymbol{b}_1 = \frac{1}{\sqrt{6}} \begin{pmatrix} 1 \\ 2 \\ -1 \end{pmatrix};$$

$$\boldsymbol{e}_2 = \frac{1}{\| \boldsymbol{b}_2 \|} \boldsymbol{b}_2 = \frac{1}{\sqrt{3}} \begin{pmatrix} -1 \\ 1 \\ 1 \end{pmatrix};$$

$$\boldsymbol{e}_3 = \frac{1}{\| \boldsymbol{b}_3 \|} \boldsymbol{b}_3 = \frac{1}{\sqrt{2}} \begin{pmatrix} 1 \\ 0 \\ 1 \end{pmatrix}.$$

则 $\boldsymbol{e}_1, \boldsymbol{e}_2, \boldsymbol{e}_3$ 为所求.

例 4.5 已知 $\boldsymbol{\alpha}_1 = \begin{pmatrix} 1 \\ 1 \\ 1 \end{pmatrix}$,求一组非零向量 $\boldsymbol{\alpha}_2, \boldsymbol{\alpha}_3$,使 $\boldsymbol{\alpha}_1, \boldsymbol{\alpha}_2, \boldsymbol{\alpha}_3$ 两两正交.

解 $\boldsymbol{\alpha}_2, \boldsymbol{\alpha}_3$ 应满足 $\boldsymbol{\alpha}_1^{\mathrm{T}} \boldsymbol{x} = 0$,即

$$x_1 + x_2 + x_3 = 0.$$

其基础解系为

$$\boldsymbol{\xi}_1 = \begin{pmatrix} 1 \\ 0 \\ -1 \end{pmatrix}, \boldsymbol{\xi}_2 = \begin{pmatrix} 0 \\ 1 \\ -1 \end{pmatrix}.$$

把基础解系正交化，得到所求的向量.

$$\boldsymbol{\alpha}_2=\boldsymbol{\xi}_1=\begin{pmatrix}1\\0\\-1\end{pmatrix};\qquad \boldsymbol{\alpha}_3=\boldsymbol{\xi}_2-\frac{[\boldsymbol{\xi}_1,\boldsymbol{\xi}_2]}{[\boldsymbol{\xi}_1,\boldsymbol{\xi}_1]}\boldsymbol{\xi}_1=\frac{1}{2}\begin{pmatrix}-1\\2\\-1\end{pmatrix}.$$

3. 正交矩阵

定义 4.5 如果 n 阶方阵 $\boldsymbol{A}$ 满足 $\boldsymbol{A}^{\mathrm{T}}\boldsymbol{A}=\boldsymbol{E}$（即 $\boldsymbol{A}^{-1}=\boldsymbol{A}^{\mathrm{T}}$），则称 $\boldsymbol{A}$ 为**正交矩阵**.

由定义易知，正交矩阵有以下性质：

(1) 正交矩阵的行列式等于 1 或 -1；

(2) 如果 $\boldsymbol{A}$ 是正交矩阵，则 $\boldsymbol{A}^{-1}=\boldsymbol{A}^{\mathrm{T}}$；

(3) 如果 $\boldsymbol{A}$ 是正交矩阵，则 $\boldsymbol{A}^{-1}$ 也是正交矩阵；

(4) 如果 $\boldsymbol{A},\boldsymbol{B}$ 是正交矩阵，则 $\boldsymbol{AB}$ 也是正交矩阵.

(1)～(3)容易验证，下面仅证(4).

因为 $\boldsymbol{A},\boldsymbol{B}$ 是正交矩阵，所以有 $\boldsymbol{A}^{\mathrm{T}}\boldsymbol{A}=\boldsymbol{E}$，$\boldsymbol{B}^{\mathrm{T}}\boldsymbol{B}=\boldsymbol{E}$，从而

$$(\boldsymbol{AB})^{\mathrm{T}}\boldsymbol{AB}=\boldsymbol{B}^{\mathrm{T}}\boldsymbol{A}^{\mathrm{T}}\boldsymbol{AB}=\boldsymbol{B}^{\mathrm{T}}\boldsymbol{EB}=\boldsymbol{B}^{\mathrm{T}}\boldsymbol{B}=\boldsymbol{E},$$

故 $\boldsymbol{AB}$ 也是正交矩阵.

设 $\boldsymbol{A}$ 是正交矩阵，将 $\boldsymbol{A}$ 用列向量表示，即

$$\boldsymbol{A}=(\boldsymbol{a}_1\quad \boldsymbol{a}_2\quad \cdots\quad \boldsymbol{a}_n),$$

则有

$$\boldsymbol{A}^{\mathrm{T}}\boldsymbol{A}=\begin{pmatrix}\boldsymbol{a}_1^{\mathrm{T}}\\ \boldsymbol{a}_2^{\mathrm{T}}\\ \vdots\\ \boldsymbol{a}_n^{\mathrm{T}}\end{pmatrix}(\boldsymbol{a}_1\quad \boldsymbol{a}_2\quad \cdots\quad \boldsymbol{a}_n)=\begin{pmatrix}\boldsymbol{a}_1^{\mathrm{T}}\boldsymbol{a}_1 & \boldsymbol{a}_1^{\mathrm{T}}\boldsymbol{a}_2 & \cdots & \boldsymbol{a}_1^{\mathrm{T}}\boldsymbol{a}_n\\ \boldsymbol{a}_2^{\mathrm{T}}\boldsymbol{a}_1 & \boldsymbol{a}_2^{\mathrm{T}}\boldsymbol{a}_2 & \cdots & \boldsymbol{a}_2^{\mathrm{T}}\boldsymbol{a}_n\\ \vdots & \vdots & & \vdots\\ \boldsymbol{a}_n^{\mathrm{T}}\boldsymbol{a}_1 & \boldsymbol{a}_n^{\mathrm{T}}\boldsymbol{a}_2 & \cdots & \boldsymbol{a}_n^{\mathrm{T}}\boldsymbol{a}_n\end{pmatrix}.$$

由 $\boldsymbol{A}^{\mathrm{T}}\boldsymbol{A}=\boldsymbol{E}$，即

$$\begin{pmatrix}\boldsymbol{a}_1^{\mathrm{T}}\boldsymbol{a}_1 & \boldsymbol{a}_1^{\mathrm{T}}\boldsymbol{a}_2 & \cdots & \boldsymbol{a}_1^{\mathrm{T}}\boldsymbol{a}_n\\ \boldsymbol{a}_2^{\mathrm{T}}\boldsymbol{a}_1 & \boldsymbol{a}_2^{\mathrm{T}}\boldsymbol{a}_2 & \cdots & \boldsymbol{a}_2^{\mathrm{T}}\boldsymbol{a}_n\\ \vdots & \vdots & & \vdots\\ \boldsymbol{a}_n^{\mathrm{T}}\boldsymbol{a}_1 & \boldsymbol{a}_n^{\mathrm{T}}\boldsymbol{a}_2 & \cdots & \boldsymbol{a}_n^{\mathrm{T}}\boldsymbol{a}_n\end{pmatrix}=\begin{pmatrix}1 & 0 & \cdots & 0\\ 0 & 1 & \cdots & 0\\ \vdots & \vdots & & \vdots\\ 0 & 0 & \cdots & 1\end{pmatrix}.$$

知
$$\boldsymbol{a}_i^{\mathrm{T}}\boldsymbol{a}_j=\begin{cases}1, & i=j,\\ 0, & i\neq j.\end{cases}$$

由此说明：方阵 $\boldsymbol{A}$ 为正交阵的充分必要条件是 $\boldsymbol{A}$ 的列向量都是两两正交的，且为单位向量.

考虑到 $\boldsymbol{A}^{\mathrm{T}}\boldsymbol{A}=\boldsymbol{E}$ 与 $\boldsymbol{AA}^{\mathrm{T}}=\boldsymbol{E}$ 等价，所以上述结论对 $\boldsymbol{A}$ 的行向量亦成立. 由此可见，正交矩阵 $\boldsymbol{A}$ 的 n 个行向量也是两两正交的单位向量.

定义 4.6 若 $\boldsymbol{P}$ 为正交矩阵，则线性变换 $\boldsymbol{y}=\boldsymbol{Px}$ 称为**正交变换**.

设 $\boldsymbol{y}=\boldsymbol{Px}$ 为正交变换，则有

$$\|\boldsymbol{y}\|=\sqrt{\boldsymbol{y}^{\mathrm{T}}\boldsymbol{y}}=\sqrt{\boldsymbol{x}^{\mathrm{T}}\boldsymbol{P}^{\mathrm{T}}\boldsymbol{Px}}=\sqrt{\boldsymbol{x}^{\mathrm{T}}\boldsymbol{x}}=\|\boldsymbol{x}\|.$$

这说明经正交变换后向量长度保持不变，即正交变换不改变向量的长度.

例 4.6 判别下列矩阵是否为正交矩阵：

(1) $\boldsymbol{A}=\begin{pmatrix}\cos\theta & -\sin\theta\\ \sin\theta & \cos\theta\end{pmatrix}$；

(2) $\boldsymbol{B}=\begin{pmatrix}1 & -1 & 0\\ 0 & 0 & 1\\ 1 & 1 & 0\end{pmatrix}$.

解 (1) $\boldsymbol{A}^{\mathrm{T}}\boldsymbol{A}=\begin{pmatrix}\cos\theta & \sin\theta\\ -\sin\theta & \cos\theta\end{pmatrix}\begin{pmatrix}\cos\theta & -\sin\theta\\ \sin\theta & \cos\theta\end{pmatrix}=\begin{pmatrix}1 & 0\\ 0 & 1\end{pmatrix}=\boldsymbol{E}$,

故 $\boldsymbol{A}$ 是正交矩阵.

(2) 易见矩阵 $\boldsymbol{B}$ 的 3 个列向量是两两正交的，但第 1,2 两列不是单位向量，故 $\boldsymbol{B}$ 不是正交矩阵.

习题 4.1

1. 设有向量 $\boldsymbol{\alpha}=\begin{pmatrix}1\\2\\3\end{pmatrix}$，$\boldsymbol{\beta}=\begin{pmatrix}1\\1\\-1\end{pmatrix}$.

(1) 计算向量 $\boldsymbol{\alpha},\boldsymbol{\beta}$ 的内积；

(2) 将向量 $\boldsymbol{\alpha},\boldsymbol{\beta}$ 单位化.

2. 试用施密特法把下列向量正交化：

(1) $(\boldsymbol{\alpha}_1\ \ \boldsymbol{\alpha}_2\ \ \boldsymbol{\alpha}_3)=\begin{pmatrix}1 & 1 & 1\\ 1 & 2 & 4\\ 1 & 3 & 9\end{pmatrix}$；

(2) $(\boldsymbol{\alpha}_1\ \ \boldsymbol{\alpha}_2\ \ \boldsymbol{\alpha}_3)=\begin{pmatrix}1 & 1 & -1\\ 0 & -2 & 1\\ 1 & 1 & 0\end{pmatrix}$.

3. 设 $\boldsymbol{x}$ 为 n 维列向量，$\boldsymbol{x}^{\mathrm{T}}\boldsymbol{x}=1$，令 $\boldsymbol{H}=\boldsymbol{E}-2\boldsymbol{x}\boldsymbol{x}^{\mathrm{T}}$，求证：$\boldsymbol{H}$ 是对称的正交阵.

4.2 方阵的特征值和特征向量

1. 特征值和特征向量的基本概念

本节讨论矩阵的特征值问题，有关结果在经济、工程领域中有着广泛的应用.

定义 4.7 设 $\boldsymbol{A}$ 为 n 阶方阵，如果数 λ 和 n 维非零向量 $\boldsymbol{x}$ 使关系式

$$\boldsymbol{A}\boldsymbol{x}=\lambda\boldsymbol{x} \tag{4.1}$$

成立，则这样的数 λ 称为方阵 $\boldsymbol{A}$ 的**特征值**，非零向量 $\boldsymbol{x}$ 称为 $\boldsymbol{A}$ 的对应于特征值 λ 的**特征向量**.

(4.1)式可表示为

$$(\lambda \boldsymbol{E} - \boldsymbol{A})\boldsymbol{x} = \boldsymbol{0}. \tag{4.2}$$

这是 n 个未知数 n 个方程的齐次线性方程组,它有非零解的充分必要条件是系数行列式

$$|\lambda \boldsymbol{E} - \boldsymbol{A}| = 0(\text{或 } |\boldsymbol{A} - \lambda \boldsymbol{E}| = 0), \tag{4.3}$$

即

$$|\lambda \boldsymbol{E}-\boldsymbol{A}|=\begin{vmatrix} \lambda-a_{11} & -a_{12} & \cdots & -a_{1n} \\ -a_{21} & \lambda-a_{22} & \cdots & -a_{2n} \\ \vdots & \vdots & & \vdots \\ -a_{n1} & -a_{n2} & \cdots & \lambda-a_{nn} \end{vmatrix}=0.$$

上式是以 λ 为未知数的一元 n 次方程,称为方阵 $\boldsymbol{A}$ 的**特征方程**,其左端 $|\lambda \boldsymbol{E}-\boldsymbol{A}|$ 或 $|\boldsymbol{A}-\lambda \boldsymbol{E}|$ 是 λ 的 n 次多项式,记为 $f(\lambda)$,称为方阵 $\boldsymbol{A}$ 的**特征多项式**. 特征方程在复数范围内恒有解,其个数为方程的次数(重根按重数计算),因此,n 阶方阵 $\boldsymbol{A}$ 有 n 个特征值.

设 $\lambda=\lambda_i$ 为方阵 $\boldsymbol{A}$ 的一个特征值,则由方程

$$(\lambda_i \boldsymbol{E} - \boldsymbol{A})\boldsymbol{x} = \boldsymbol{0}$$

求得的非零解 $\boldsymbol{x}=\boldsymbol{p}_i$ 即为对应于特征值 λ_i 的一个特征向量. 方程的所有的非零解均为 $\boldsymbol{A}$ 的对应于特征值 λ_i 的特征向量. 若方程组的基础解系为 $\boldsymbol{\xi}_1,\boldsymbol{\xi}_2,\cdots,\boldsymbol{\xi}_{n-r}$,则 $\boldsymbol{A}$ 的对应于特征值 λ_i 的所有的特征向量为方程组的所有的非零解,即 λ_i 对应的所有的特征向量为

$$\boldsymbol{x} = k_1\boldsymbol{\xi}_1 + k_2\boldsymbol{\xi}_2 + \cdots + k_{n-r}\boldsymbol{\xi}_{n-r},$$

其中 $k_1,k_2,\cdots,k_{n-r}$ 不全为 0.

专题小结:n 阶方阵的特征值和特征向量的求法

(1) 写出 n 阶矩阵 $\boldsymbol{A}$ 的特征多项式 $f(\lambda)=|\lambda \boldsymbol{E}-\boldsymbol{A}|$,求出特征方程 $|\lambda \boldsymbol{E}-\boldsymbol{A}|=0$ 的全部根,由此得到 n 阶矩阵 $\boldsymbol{A}$ 的全部特征值,如果特征值是 k 重根,则称为 k 重特征根.

(2) 对每个特征值 λ_i,求出齐次线性方程组 $(\lambda_i \boldsymbol{E}-\boldsymbol{A})\boldsymbol{x}=\boldsymbol{0}$ 的基础解系,由此得到 $\boldsymbol{A}$ 的属于特征值 λ_i 的线性无关的特征向量.

特别提醒

1. $\boldsymbol{A}$ 的特征值就是特征方程的解.
2. 求特征值时一般需要对 $\boldsymbol{A}$ 的特征多项式 $f(\lambda)=|\lambda \boldsymbol{E}-\boldsymbol{A}|$ 进行因式分解.

典型例题

例 4.7 计算对角矩阵 $\boldsymbol{A}=\begin{pmatrix} \lambda_1 & & & \\ & \lambda_2 & & \\ & & \ddots & \\ & & & \lambda_n \end{pmatrix}$ 的特征值.

解 $\boldsymbol{\Lambda}$ 的特征多项式为

$$|\lambda \boldsymbol{E}-\boldsymbol{\Lambda}|=\left|\begin{pmatrix}\lambda & & & \\ & \lambda & & \\ & & \ddots & \\ & & & \lambda\end{pmatrix}-\begin{pmatrix}\lambda_1 & & & \\ & \lambda_2 & & \\ & & \ddots & \\ & & & \lambda_n\end{pmatrix}\right|$$

$$=\begin{vmatrix}\lambda-\lambda_1 & & & \\ & \lambda-\lambda_2 & & \\ & & \ddots & \\ & & & \lambda-\lambda_n\end{vmatrix}$$

$$=(\lambda-\lambda_1)(\lambda-\lambda_2)\cdots(\lambda-\lambda_n).$$

由 $|\lambda \boldsymbol{E}-\boldsymbol{\Lambda}|=0$，得 $\boldsymbol{\Lambda}$ 的特征值分别为 $\lambda_1,\lambda_2,\cdots,\lambda_n$.

特别提醒

对角阵的特征值即为主对角线上的元素.

例 4.8 求三阶方阵

$$\boldsymbol{A}=\begin{pmatrix}-1 & 1 & 0\\ -4 & 3 & 0\\ 1 & 0 & 2\end{pmatrix}$$

的特征值和特征向量.

解 $\boldsymbol{A}$ 的特征多项式为

$$|\lambda \boldsymbol{E}-\boldsymbol{A}|=\begin{vmatrix}\lambda+1 & -1 & 0\\ 4 & \lambda-3 & 0\\ -1 & 0 & \lambda-2\end{vmatrix}=(\lambda-2)(\lambda-1)^2,$$

所以三阶方阵 $\boldsymbol{A}$ 有特征值 $\lambda_1=2,\lambda_2=\lambda_3=1$.

对于 $\lambda_1=2$，齐次线性方程组 $(2\boldsymbol{E}-\boldsymbol{A})\boldsymbol{x}=\boldsymbol{0}$ 为

$$\begin{cases}3x_1-x_2=0,\\ 4x_1-x_2=0,\\ -x_1=0.\end{cases}$$

求出基础解系

$$\boldsymbol{\xi}_1=\begin{pmatrix}0\\0\\1\end{pmatrix},$$

$\boldsymbol{\xi}_1$ 就是 $\boldsymbol{A}$ 属于 $\lambda_1=2$ 的特征向量，$k\boldsymbol{\xi}_1(k\neq 0)$ 是 $\boldsymbol{A}$ 的属于 $\lambda_1=2$ 的全部特征向量.

对于 $\lambda_2=\lambda_3=1$，齐次线性方程组 $(\boldsymbol{E}-\boldsymbol{A})\boldsymbol{x}=\boldsymbol{0}$ 为

$$\begin{cases}2x_1 - x_2 = 0,\\ 4x_1 - 2x_2 = 0,\\ -x_1 - x_3 = 0.\end{cases}$$

求出基础解系

$$\boldsymbol{\xi}_2 = \begin{pmatrix}1\\2\\-1\end{pmatrix},$$

$\boldsymbol{\xi}_2$ 就是 $\boldsymbol{A}$ 属于 $\lambda_2=\lambda_3=1$ 的特征向量，$k\boldsymbol{\xi}_2(k\neq 0)$是 $\boldsymbol{A}$ 的属于 $\lambda_2=\lambda_3=1$ 的全部特征向量.

例 4.9 求三阶方阵

$$\boldsymbol{A}=\begin{pmatrix}1 & 2 & 2\\ 2 & 1 & 2\\ 2 & 2 & 1\end{pmatrix}$$

的特征值和特征向量.

解 $\boldsymbol{A}$ 的特征多项式为

$$|\lambda\boldsymbol{E}-\boldsymbol{A}|=\begin{vmatrix}\lambda-1 & -2 & -2\\ -2 & \lambda-1 & -2\\ -2 & -2 & \lambda-1\end{vmatrix}=(\lambda-5)(\lambda+1)^2,$$

所以三阶方阵 $\boldsymbol{A}$ 有特征值 $\lambda_1=5,\lambda_2=\lambda_3=-1$.

对于 $\lambda_1=5$，齐次线性方程组$(5\boldsymbol{E}-\boldsymbol{A})\boldsymbol{x}=\boldsymbol{0}$ 为

$$\begin{cases}4x_1 - 2x_2 - 2x_3 = 0,\\ -2x_1 + 4x_2 - 2x_3 = 0,\\ -2x_1 - 2x_2 + 4x_3 = 0.\end{cases}$$

求出基础解系

$$\boldsymbol{\xi}_1 = \begin{pmatrix}1\\1\\1\end{pmatrix},$$

$\boldsymbol{\xi}_1$ 就是 $\boldsymbol{A}$ 属于 $\lambda_1=5$ 的特征向量，$k\boldsymbol{\xi}_1(k\neq 0)$是 $\boldsymbol{A}$ 的属于 $\lambda_1=5$ 的全部特征向量.

对于 $\lambda_2=\lambda_3=-1$，齐次线性方程组$(-\boldsymbol{E}-\boldsymbol{A})\boldsymbol{x}=\boldsymbol{0}$ 为

$$-2x_1 - 2x_2 - 2x_3 = 0.$$

求出基础解系

$$\boldsymbol{\xi}_2 = \begin{pmatrix}1\\0\\-1\end{pmatrix},\quad \boldsymbol{\xi}_3 = \begin{pmatrix}0\\1\\-1\end{pmatrix},$$

$\boldsymbol{\xi}_2,\boldsymbol{\xi}_3$ 是 $\boldsymbol{A}$ 属于 $\lambda_2=\lambda_3=-1$ 的两个线性无关的特征向量，$k_2\boldsymbol{\xi}_2+k_3\boldsymbol{\xi}_3(k_2,k_3$ 不同时为 0)是 $\boldsymbol{A}$ 的属于 $\lambda_2=\lambda_3=-1$ 的全部特征向量.

由以上两例可以看出，如果 λ 是特征方程$|\lambda\boldsymbol{E}-\boldsymbol{A}|=0$ 的单根，则 n 阶矩阵 $\boldsymbol{A}$ 的属于特征值 λ 的线性无关的特征向量只有一个，如果 λ 是$|\lambda\boldsymbol{E}-\boldsymbol{A}|=0$ 的 k 重根，则 $\boldsymbol{A}$ 的属于 λ 的线性无关的特征向量的个数可能是 k 个，也可能少于 k 个.

2. 特征值和特征向量的基本性质

设 n 阶方阵 $\boldsymbol{A}=(a_{ij})$ 的特征值为 $\lambda_1,\lambda_2,\cdots,\lambda_n$，由多项式的根与系数之间的关系，不难证明：

(1) $\lambda_1+\lambda_2+\cdots+\lambda_n=a_{11}+a_{22}+\cdots+a_{nn}$；

(2) $\lambda_1\lambda_2\cdots\lambda_n=|\boldsymbol{A}|$.

一个 n 阶方阵 $\boldsymbol{A}$ 的对角线上的元素之和，称为矩阵 $\boldsymbol{A}$ 的**迹**，记作 $\mathrm{tr}(\boldsymbol{A})$，即 $\mathrm{tr}(\boldsymbol{A})=a_{11}+a_{22}+\cdots+a_{nn}$，由上讨论知：

$$\mathrm{tr}(\boldsymbol{A})=\lambda_1+\lambda_2+\cdots+\lambda_n.$$

例 4.10 设 λ 是 $\boldsymbol{A}$ 的特征值，证明 λ^2 是 $\boldsymbol{A}^2$ 的特征值.

证 因 λ 是 $\boldsymbol{A}$ 的特征值，故有 $\boldsymbol{p}\neq\boldsymbol{0}$ 使 $\boldsymbol{A}\boldsymbol{p}=\lambda\boldsymbol{p}$，于是

$$\boldsymbol{A}^2\boldsymbol{p}=\boldsymbol{A}(\boldsymbol{A}\boldsymbol{p})=\boldsymbol{A}(\lambda\boldsymbol{p})=\lambda(\boldsymbol{A}\boldsymbol{p})=\lambda^2\boldsymbol{p},$$

所以 λ^2 是 $\boldsymbol{A}^2$ 的特征值.

类似地，可以证明：若 λ 是 $\boldsymbol{A}$ 的特征值，则 λ^k 是 $\boldsymbol{A}^k$ 的特征值，$\varphi(\lambda)$ 是 $\varphi(\boldsymbol{A})$ 的特征值. 其中

$$\varphi(\lambda)=a_0+a_1\lambda+\cdots+a_m\lambda^m,$$
$$\varphi(\boldsymbol{A})=a_0\boldsymbol{E}+a_1\boldsymbol{A}+\cdots+a_m\boldsymbol{A}^m.$$

定理 4.2 **设 $\lambda_1,\lambda_2,\cdots,\lambda_m$ 是方阵 $\boldsymbol{A}$ 的 m 个特征值，$\boldsymbol{p}_1,\boldsymbol{p}_2,\cdots,\boldsymbol{p}_m$ 依次是与之对应的特征向量，如果 $\lambda_1,\lambda_2,\cdots,\lambda_m$ 各不相同，则 $\boldsymbol{p}_1,\boldsymbol{p}_2,\cdots,\boldsymbol{p}_m$ 线性无关(即不同特征值对应的特征向量是线性无关的).**

证 设有常数 $x_1,x_2,\cdots,x_m$，使

$$x_1\boldsymbol{p}_1+x_2\boldsymbol{p}_2+\cdots+x_m\boldsymbol{p}_m=\boldsymbol{0},$$

则有

$$\boldsymbol{A}(x_1\boldsymbol{p}_1+x_2\boldsymbol{p}_2+\cdots+x_m\boldsymbol{p}_m)=\boldsymbol{0},$$

即

$$\lambda_1x_1\boldsymbol{p}_1+\lambda_2x_2\boldsymbol{p}_2+\cdots+\lambda_mx_m\boldsymbol{p}_m=\boldsymbol{0}.$$

类推之得到

$$\lambda_1^kx_1\boldsymbol{p}_1+\lambda_2^kx_2\boldsymbol{p}_2+\cdots+\lambda_m^kx_m\boldsymbol{p}_m=\boldsymbol{0}\quad(k=1,2,\cdots,m-1).$$

把上列各式组合成矩阵形式得到

$$(x_1\boldsymbol{p}_1\quad x_2\boldsymbol{p}_2\quad\cdots\quad x_m\boldsymbol{p}_m)\begin{pmatrix}1&\lambda_1&\cdots&\lambda_1^{m-1}\\1&\lambda_2&\cdots&\lambda_2^{m-1}\\\vdots&\vdots&&\vdots\\1&\lambda_m&\cdots&\lambda_m^{m-1}\end{pmatrix}=(\boldsymbol{0}\quad\boldsymbol{0}\quad\cdots\quad\boldsymbol{0}).$$

左端第 2 个矩阵的行列式为范德蒙行列式，当 $\lambda_1,\lambda_2,\cdots,\lambda_m$ 各不相同时行列式不等于零，从而该矩阵可逆，于是有

$$(x_1\boldsymbol{p}_1\quad x_2\boldsymbol{p}_2\quad\cdots\quad x_m\boldsymbol{p}_m)=(\boldsymbol{0}\quad\boldsymbol{0}\quad\cdots\quad\boldsymbol{0}),$$

即

$$x_j \boldsymbol{p}_j = \boldsymbol{0} \quad (j = 1,2,\cdots,m),$$

但 $\boldsymbol{p}_j \neq \boldsymbol{0}$,故

$$x_j = 0 \quad (j = 1,2,\cdots,m),$$

所以 $\boldsymbol{p}_1,\boldsymbol{p}_2,\cdots,\boldsymbol{p}_m$ 线性无关.

习题 4.2

1. 求下列矩阵的特征值和特征向量:

(1) $\begin{pmatrix} 3 & -1 & 1 \\ 2 & 0 & 1 \\ 1 & -1 & 2 \end{pmatrix}$;　　(2) $\begin{pmatrix} 2 & 0 & 0 \\ 1 & 1 & 1 \\ 1 & -1 & 3 \end{pmatrix}$;　　(3) $\begin{pmatrix} 2 & -2 & 0 \\ -2 & 1 & -2 \\ 0 & -2 & 0 \end{pmatrix}$.

2. 已知三阶方阵 $\boldsymbol{A}$ 的特征值为 1,−2,3,求:

(1) $2\boldsymbol{A}$ 的特征值;

(2) 求 $\boldsymbol{A}^{-1}$ 的特征值.

3. 已知四阶方阵 $\boldsymbol{A}$ 的特征值为 $\lambda_1=2$(1 重),$\lambda_2=-2$(3 重),求 $\boldsymbol{A}$ 的行列式 $|\boldsymbol{A}|$.

4. 证明 n 阶方阵 $\boldsymbol{A}$ 可逆的充分必要条件是:$\boldsymbol{A}$ 的任一特征值皆不等于零.

4.3 相似矩阵与矩阵的对角化

1. 相似矩阵

定义 4.8 设 $\boldsymbol{A},\boldsymbol{B}$ 都是 n 阶方阵,若有可逆矩阵 $\boldsymbol{P}$,使 $\boldsymbol{P}^{-1}\boldsymbol{AP}=\boldsymbol{B}$,则称 $\boldsymbol{B}$ 和 $\boldsymbol{A}$ **相似**,或说矩阵 $\boldsymbol{A}$ 与 $\boldsymbol{B}$ 相似,对 $\boldsymbol{A}$ 进行运算 $\boldsymbol{P}^{-1}\boldsymbol{AP}$ 称为对 $\boldsymbol{A}$ 进行**相似变换**,可逆矩阵 $\boldsymbol{P}$ 称为把 $\boldsymbol{A}$ 变为 $\boldsymbol{B}$ 的**相似变换矩阵**.

"相似"是矩阵之间的一种关系,这种关系具有下面三个性质:

(1) 自反性:$\boldsymbol{A}$ 与 $\boldsymbol{A}$ 相似;

(2) 对称性:若 $\boldsymbol{A}$ 与 $\boldsymbol{B}$ 相似,则 $\boldsymbol{B}$ 与 $\boldsymbol{A}$ 也相似;

(3) 传递性:若 $\boldsymbol{A}$ 与 $\boldsymbol{B}$ 相似,$\boldsymbol{B}$ 与 $\boldsymbol{C}$ 相似,则 $\boldsymbol{A}$ 与 $\boldsymbol{C}$ 也相似.

相似矩阵还具有下面重要性质:

定理 4.3 **若 n 阶方阵 $\boldsymbol{A}$ 与 $\boldsymbol{B}$ 相似,则 $\boldsymbol{A}$ 与 $\boldsymbol{B}$ 的特征多项式相同,从而 $\boldsymbol{A}$ 与 $\boldsymbol{B}$ 的特征值亦相同.**

证 因 $\boldsymbol{A}$ 与 $\boldsymbol{B}$ 相似,即有 $\boldsymbol{P}$,使 $\boldsymbol{P}^{-1}\boldsymbol{AP}=\boldsymbol{B}$,故

$$|\boldsymbol{B}-\lambda\boldsymbol{E}| = |\boldsymbol{P}^{-1}\boldsymbol{AP}-\boldsymbol{P}^{-1}(\lambda\boldsymbol{E})\boldsymbol{P}| = |\boldsymbol{P}^{-1}|\,|\boldsymbol{A}-\lambda\boldsymbol{E}|\,|\boldsymbol{P}| = |\boldsymbol{A}-\lambda\boldsymbol{E}|.$$

推论 **若 n 阶方阵 $\boldsymbol{A}$ 相似于对角阵**

$$\boldsymbol{A} = \begin{pmatrix} \lambda_1 & & & \\ & \lambda_2 & & \\ & & \ddots & \\ & & & \lambda_n \end{pmatrix},$$

则 $\lambda_1,\lambda_2,\cdots,\lambda_n$ 即是 $\boldsymbol{A}$ 的 n 个特征值.

若 $\boldsymbol{A}=\boldsymbol{PBP}^{-1}$,则 $\boldsymbol{A}^k=\boldsymbol{PB}^k\boldsymbol{P}^{-1}$,$\boldsymbol{A}$ 的多项式 $\varphi(\boldsymbol{A})=\boldsymbol{P}\varphi(\boldsymbol{B})\boldsymbol{P}^{-1}$. 特别,若有可逆矩阵 $\boldsymbol{P}$ 使 $\boldsymbol{P}^{-1}\boldsymbol{AP}=\boldsymbol{\Lambda}$ 为对角阵,则

$$\boldsymbol{A}^k=\boldsymbol{P\Lambda}^k\boldsymbol{P}^{-1},\varphi(\boldsymbol{A})=\boldsymbol{P}\varphi(\boldsymbol{\Lambda})\boldsymbol{P}^{-1}.$$

而对于对角阵 $\boldsymbol{\Lambda}$,有

$$\boldsymbol{\Lambda}^k=\begin{pmatrix}\lambda_1^k & & & \\ & \lambda_2^k & & \\ & & \ddots & \\ & & & \lambda_n^k\end{pmatrix},$$

$$\varphi(\boldsymbol{\Lambda})=\begin{pmatrix}\varphi(\lambda_1) & & & \\ & \varphi(\lambda_2) & & \\ & & \ddots & \\ & & & \varphi(\lambda_n)\end{pmatrix}.$$

由此可方便地计算 $\boldsymbol{A}$ 的多项式矩阵 $\varphi(\boldsymbol{A})$.

2. 矩阵的对角化

下面讨论方阵 $\boldsymbol{A}$ 的对角化问题,即寻求相似变换矩阵 $\boldsymbol{P}$,使 $\boldsymbol{P}^{-1}\boldsymbol{AP}=\boldsymbol{\Lambda}$ 为对角阵. 首先假设 $\boldsymbol{A}$ 可相似于对角阵,研究矩阵 $\boldsymbol{P}$ 有什么特点. 把 $\boldsymbol{P}$ 用其列向量表示为

$$\boldsymbol{P}=(\boldsymbol{p}_1,\boldsymbol{p}_2,\cdots,\boldsymbol{p}_n),$$

由 $\boldsymbol{P}^{-1}\boldsymbol{AP}=\boldsymbol{\Lambda}$ 得,$\boldsymbol{AP}=\boldsymbol{P\Lambda}$,即

$$\begin{aligned}\boldsymbol{A}(\boldsymbol{p}_1,\boldsymbol{p}_2,\cdots,\boldsymbol{p}_n)&=(\boldsymbol{Ap}_1,\boldsymbol{Ap}_2,\cdots,\boldsymbol{Ap}_n)\\&=(\boldsymbol{p}_1,\boldsymbol{p}_2,\cdots,\boldsymbol{p}_n)\begin{pmatrix}\lambda_1 & & & \\ & \lambda_2 & & \\ & & \ddots & \\ & & & \lambda_n\end{pmatrix}\\&=(\lambda_1\boldsymbol{p}_1,\lambda_2\boldsymbol{p}_2,\cdots,\lambda_n\boldsymbol{p}_n),\end{aligned}$$

于是有

$$\boldsymbol{Ap}_i=\lambda_i\boldsymbol{p}_i\quad(i=1,2,\cdots,n).$$

可见 λ_i 是 $\boldsymbol{A}$ 的特征值,而 $\boldsymbol{P}$ 的列向量 $\boldsymbol{p}_i$ 就是 $\boldsymbol{A}$ 的对应于特征值 λ_i 的特征向量. 由于矩阵 $\boldsymbol{P}$ 是可逆的,故 $\boldsymbol{p}_1,\boldsymbol{p}_2,\cdots,\boldsymbol{p}_n$ 是线性无关的. 这就是说若 $\boldsymbol{A}$ 相似于对角矩阵,则相似变换矩阵 $\boldsymbol{P}$ 的列向量就是 $\boldsymbol{A}$ 的 n 个线性无关的特征向量. 反之,若 $\boldsymbol{A}$ 有 n 个线性无关的特征向量,这 n 个线性无关的特征向量可构成矩阵 $\boldsymbol{P}$,矩阵 $\boldsymbol{P}$ 是可逆的,且

$$\boldsymbol{AP}=\boldsymbol{P\Lambda},\quad\boldsymbol{P}^{-1}\boldsymbol{AP}=\boldsymbol{\Lambda},$$

即矩阵 $\boldsymbol{A}$ 可相似于对角矩阵. 总结以上讨论则有:

定理 4.4 n **阶方阵** $\boldsymbol{A}$ **相似于对角矩阵(即** $\boldsymbol{A}$ **可以对角化)的充分必要条件是** $\boldsymbol{A}$ **有** n **个线性无关的特征向量.**

当 $\boldsymbol{A}$ 有 n 个不同的特征值时,对每个特征值求出一个特征向量,这 n 个不同特征值所对应的 n 个特征向量是线性无关的,因此有如下推论:

推论 **如果** n **阶矩阵** $\boldsymbol{A}$ **的** n **个特征值互不相等,则** $\boldsymbol{A}$ **与对角阵相似.**

当 $\boldsymbol{A}$ 的特征方程有重根时，就不一定有 n 个线性无关的特征向量(参见例 4.8)，从而不一定能对角化.

一个方阵具备什么条件才能对角化是一个较复杂的问题，对此不进行一般讨论，在 4.4 节我们仅讨论 $\boldsymbol{A}$ 为实对称矩阵的情形.

典型例题

例 4.11 试证三阶矩阵

$$\boldsymbol{A}=\begin{pmatrix}4 & 6 & 0\\ -3 & -5 & 0\\ -3 & -6 & 1\end{pmatrix}$$

与对角矩阵相似.

证 $\boldsymbol{A}$ 的特征多项式为

$$|\lambda\boldsymbol{E}-\boldsymbol{A}|=\begin{vmatrix}\lambda-4 & -6 & 0\\ 3 & \lambda+5 & 0\\ 3 & 6 & \lambda-1\end{vmatrix}=(\lambda+2)(\lambda-1)^2,$$

所以三阶矩阵 $\boldsymbol{A}$ 有特征值 $\lambda_1=-2,\lambda_2=\lambda_3=1$.

对于 $\lambda_1=-2$，解齐次线性方程组 $(-2\boldsymbol{E}-\boldsymbol{A})\boldsymbol{x}=\boldsymbol{0}$，得特征向量

$$\boldsymbol{x}_1=\begin{pmatrix}-1\\ 1\\ 1\end{pmatrix}.$$

对于 $\lambda_2=\lambda_3=1$，解齐次线性方程组 $(\boldsymbol{E}-\boldsymbol{A})\boldsymbol{x}=\boldsymbol{0}$，得特征向量

$$\boldsymbol{x}_2=\begin{pmatrix}-2\\ 1\\ 0\end{pmatrix},\boldsymbol{x}_3=\begin{pmatrix}0\\ 0\\ 1\end{pmatrix}.$$

以特征向量 $\boldsymbol{x}_1,\boldsymbol{x}_2,\boldsymbol{x}_3$ 为列向量，作

$$\boldsymbol{P}=\begin{pmatrix}-1 & -2 & 0\\ 1 & 1 & 0\\ 1 & 0 & 1\end{pmatrix},$$

于是

$$\boldsymbol{P}^{-1}\boldsymbol{A}\boldsymbol{P}=\begin{pmatrix}-2 & & \\ & 1 & \\ & & 1\end{pmatrix},$$

即三阶矩阵 $\boldsymbol{A}$ 与对角矩阵 $\begin{pmatrix}-2 & & \\ & 1 & \\ & & 1\end{pmatrix}$ 相似.

注意，对角矩阵中特征值的排列次序与矩阵 $\boldsymbol{P}$ 中相应的特征向量的排列次序是一致的. 在本例中若以 x_2,x_3,x_1 为列向量，作

$$\boldsymbol{P}=\begin{pmatrix}-2 & 0 & -1\\ 1 & 0 & 1\\ 0 & 1 & 1\end{pmatrix},$$

那么
$$\boldsymbol{P}^{-1}\boldsymbol{A}\boldsymbol{P}=\begin{pmatrix}1 & & \\ & 1 & \\ & & -2\end{pmatrix}.$$

可见,所求的可逆矩阵 $\boldsymbol{P}$ 及对角矩阵都不是唯一的.

例 4.12 设三阶矩阵

$$\boldsymbol{A}=\begin{pmatrix}1 & 2 & 2\\ 2 & 1 & 2\\ 2 & 2 & 1\end{pmatrix},$$

计算 $\boldsymbol{A}^{100}$.

解 由例 4.9 可知,有

$$\boldsymbol{P}=\begin{pmatrix}1 & 1 & 0\\ 1 & 0 & 1\\ 1 & -1 & -1\end{pmatrix},$$

使

$$\boldsymbol{P}^{-1}\boldsymbol{A}\boldsymbol{P}=\begin{pmatrix}5 & & \\ & -1 & \\ & & -1\end{pmatrix},$$

于是
$$\begin{aligned}\boldsymbol{P}^{-1}\boldsymbol{A}^{100}\boldsymbol{P}&=(\boldsymbol{P}^{-1}\boldsymbol{A}\boldsymbol{P})(\boldsymbol{P}^{-1}\boldsymbol{A}\boldsymbol{P})\cdots(\boldsymbol{P}^{-1}\boldsymbol{A}\boldsymbol{P})\\ &=\begin{pmatrix}5 & & \\ & -1 & \\ & & -1\end{pmatrix}\begin{pmatrix}5 & & \\ & -1 & \\ & & -1\end{pmatrix}\cdots\begin{pmatrix}5 & & \\ & -1 & \\ & & -1\end{pmatrix}\\ &=\begin{pmatrix}5^{100} & & \\ & 1 & \\ & & 1\end{pmatrix}.\end{aligned}$$

因此
$$\boldsymbol{A}^{100}=\boldsymbol{P}\begin{pmatrix}5^{100} & & \\ & 1 & \\ & & 1\end{pmatrix}\boldsymbol{P}^{-1},$$

求出

$$\boldsymbol{P}^{-1}=\frac{1}{3}\begin{pmatrix}1 & 1 & 1\\ 2 & -1 & -1\\ -1 & 2 & -1\end{pmatrix},$$

将 $\boldsymbol{P}$ 与 $\boldsymbol{P}^{-1}$ 代入,得

$$\boldsymbol{A}^{100}=\frac{1}{3}\begin{pmatrix}5^{100}+2 & 5^{100}-1 & 5^{100}-1\\ 5^{100}-1 & 5^{100}+2 & 5^{100}-1\\ 5^{100}-1 & 5^{100}-1 & 5^{100}+2\end{pmatrix}.$$

专题小结：n 阶矩阵 A 相似对角化的方法

1. 令 $|\lambda E-A|=0$，求出 A 的所有特征值 $\lambda_1,\lambda_2,\cdots,\lambda_n$.

2. 对每个不同的特征值，求出方程组 $(\lambda_i E-A)x=0$ 的基础解系，设共得到 n 个解向量 $p_1,p_2,\cdots,p_n$.

3. 记矩阵 $P=(p_1,p_2,\cdots,p_n)$，则

$$P^{-1}AP=\begin{pmatrix}\lambda_1 & & & \\ & \lambda_2 & & \\ & & \ddots & \\ & & & \lambda_n\end{pmatrix}.$$

习题 4.3

1. 设方阵 $A=\begin{pmatrix}1 & -2 & -4\\ -2 & x & -2\\ -4 & -2 & 1\end{pmatrix}$ 与 $\Lambda=\begin{pmatrix}5 & & \\ & y & \\ & & -4\end{pmatrix}$ 相似，求 x,y.

2. 设 A,B 都是 n 阶方阵，E 是 n 阶单位阵，证明若 A 与 B 相似，则 $A+E$ 与 $B+E$ 也相似.

3. 设 A,B 都是 n 阶方阵，且 $|A|\neq0$，证明 AB 与 BA 相似.

4. 已知三阶矩阵 A 的特征值为 $-1,1,2$，设 $B=A^2-2A+E$，试问：矩阵 B 能否相似对角化？

4.4 实对称矩阵的相似矩阵

在一些经济数学模型中，经常会遇到其元素都是实数的对称矩阵，即实对称矩阵. 一般地，给定一个 n 阶方阵 A，它不一定相似于一个对角矩阵. 但是对于实对称矩阵，答案是肯定的.

定理 4.5　实对称矩阵的不同特征值对应的特征向量是相互正交的.

证　设 λ_1,λ_2 是实对称矩阵 A 的两个不同的特征值，p_1,p_2 是对应的特征向量，则有

$$\lambda_1 p_1=Ap_1,\qquad \lambda_2 p_2=Ap_2,$$

因 A 对称，故

$$\lambda_1 p_1^{\mathrm T}=(\lambda_1 p_1)^{\mathrm T}=(Ap_1)^{\mathrm T}=p_1^{\mathrm T}A^{\mathrm T}=p_1^{\mathrm T}A,$$

于是

$$\lambda_1 p_1^{\mathrm T}p_2=p_1^{\mathrm T}Ap_2=p_1^{\mathrm T}(\lambda_2 p_2)=\lambda_2 p_1^{\mathrm T}p_2,$$

即

$$(\lambda_1-\lambda_2)p_1^{\mathrm T}p_2=0,$$

但 $\lambda_1\neq\lambda_2$，故 $p_1^{\mathrm T}p_2=0$，即 p_1 与 p_2 正交.

定理 4.6　n 阶实对称阵 A 一定有 n 个线性无关的特征向量.

此定理证明略，由此知 n 阶实对称矩阵 $\boldsymbol{A}$ 一定能相似对角化. 进一步地有如下定理：

定理 4.7 设 $\boldsymbol{A}$ 为 n 阶实对称矩阵，则必有正交矩阵 $\boldsymbol{P}$，使 $\boldsymbol{P}^{-1}\boldsymbol{AP}=\boldsymbol{\Lambda}$，其中 $\boldsymbol{\Lambda}$ 是以 $\boldsymbol{A}$ 的 n 个特征值为对角元素的对角阵.

证 设 $\boldsymbol{A}$ 的互不相同的特征值为 $\lambda_1,\lambda_2,\cdots,\lambda_s$，它们的重数依次为 $r_1,r_2,\cdots,r_s$（其中 $r_1+r_2+\cdots+r_s=n$）. 由定理 4.6 知，对应于特征值 $\lambda_i(i=1,2,\cdots,s)$ 恰有 r_i 个线性无关的特征向量，将它们正交化单位化，即得到 r_i 个单位正交的特征向量，把所有特征值对应的特征向量合起来，共得到 n 个两两正交的且单位化的特征向量. 以这 n 个特征向量为列向量构成正交矩阵 $\boldsymbol{P}$，并有

$$\boldsymbol{P}^{-1}\boldsymbol{AP}=\boldsymbol{P}^{-1}\boldsymbol{P\Lambda}=\boldsymbol{\Lambda},$$

其中对角阵 $\boldsymbol{\Lambda}$ 的对角元素含 r_1 个 $\lambda_1,\cdots,r_s$ 个 λ_s，恰是 $\boldsymbol{A}$ 的 n 个特征值.

专题小结：用正交矩阵化实对称矩阵 $\boldsymbol{A}$ 为对角阵的步骤

（1）求 $\boldsymbol{A}$ 的特征值，注意 n 阶矩阵共有 n 个特征值（重根按重数算）.

（2）对每个特征值，求出与其对应的线性无关的特征向量，并将其正交化、单位化.

（3）用上述得到的 n 个特征向量作为列向量构造矩阵 $\boldsymbol{P}$，则 $\boldsymbol{P}$ 就是要求的正交矩阵.

特别提醒

上述过程的第 2 步，只需要对同一特征值对应的不同的特征向量正交化即可，因为不同特征值对应的特征向量已经正交.

典型例题

例 4.13 设 $\boldsymbol{A}=\begin{pmatrix}4&0&0\\0&3&1\\0&1&3\end{pmatrix}$，求一个正交矩阵 $\boldsymbol{P}$，使 $\boldsymbol{P}^{-1}\boldsymbol{AP}=\boldsymbol{\Lambda}$ 为对角阵.

解 $|\lambda\boldsymbol{E}-\boldsymbol{A}|=\begin{vmatrix}\lambda-4&0&0\\0&\lambda-3&-1\\0&-1&\lambda-3\end{vmatrix}=(\lambda-2)(4-\lambda)^2$，

故得特征值 $\lambda_1=2,\lambda_2=\lambda_3=4$.

当 $\lambda_1=2$ 时，由

$$\begin{pmatrix}2&0&0\\0&1&1\\0&1&1\end{pmatrix}\begin{pmatrix}x_1\\x_2\\x_3\end{pmatrix}=\begin{pmatrix}0\\0\\0\end{pmatrix},$$

解得
$$\begin{pmatrix}x_1\\x_2\\x_3\end{pmatrix}=k_1\begin{pmatrix}0\\1\\-1\end{pmatrix},$$

单位特征向量为
$$p_1=\begin{pmatrix}0\\ \frac{1}{\sqrt{2}}\\ -\frac{1}{\sqrt{2}}\end{pmatrix}.$$

当 $\lambda_2=\lambda_3=4$ 时，由

$$\begin{pmatrix}0&0&0\\0&-1&1\\0&1&-1\end{pmatrix}\begin{pmatrix}x_1\\x_2\\x_3\end{pmatrix}=\begin{pmatrix}0\\0\\0\end{pmatrix},$$

解得
$$\begin{pmatrix}x_1\\x_2\\x_3\end{pmatrix}=k_1\begin{pmatrix}1\\0\\0\end{pmatrix}+k_2\begin{pmatrix}0\\1\\1\end{pmatrix}.$$

基础解系中的两个向量正好正交(否则要正交化)，单位化得到

$$p_2=\begin{pmatrix}1\\0\\0\end{pmatrix},p_3=\begin{pmatrix}0\\ \frac{1}{\sqrt{2}}\\ \frac{1}{\sqrt{2}}\end{pmatrix},$$

于是得到正交阵

$$P=\begin{pmatrix}0&1&0\\ \frac{1}{\sqrt{2}}&0&\frac{1}{\sqrt{2}}\\ -\frac{1}{\sqrt{2}}&0&\frac{1}{\sqrt{2}}\end{pmatrix},$$

可验证

$$P^{-1}AP=\Lambda=\begin{pmatrix}2&&\\&4&\\&&4\end{pmatrix}.$$

例 4.14 设三阶实对称矩阵

$$A=\begin{pmatrix}1&-2&-4\\-2&4&-2\\-4&-2&1\end{pmatrix},$$

求正交矩阵 Q，使 $Q^{-1}AQ=\Lambda$ 为对角阵.

解 A 的特征多项式为

$$|\lambda E-A|=\begin{vmatrix}\lambda-1&2&4\\2&\lambda-4&2\\4&2&\lambda-1\end{vmatrix}=(\lambda+4)(\lambda-5)^2,$$

故得特征值 $\lambda_1=-4,\lambda_2=\lambda_3=5$.

对于 $\lambda_1=-4$，解齐次线性方程组 $(-4E-A)x=0$，得特征向量

$$x_1=\begin{pmatrix}2\\1\\2\end{pmatrix},$$

单位化后记为

$$\varepsilon_1=\begin{pmatrix}\frac{2}{3}\\\frac{1}{3}\\\frac{2}{3}\end{pmatrix}.$$

对于 $\lambda_2=\lambda_3=5$,解齐次线性方程组$(5\boldsymbol{E}-\boldsymbol{A})\boldsymbol{x}=\boldsymbol{0}$,得两个线性无关的特征向量

$$x_2=\begin{pmatrix}1\\0\\-1\end{pmatrix},\quad x_3=\begin{pmatrix}0\\1\\-\frac{1}{2}\end{pmatrix},$$

将 x_2,x_3 正交化.取

$$\alpha=x_2=\begin{pmatrix}1\\0\\-1\end{pmatrix},\qquad \beta=x_3-\frac{[\alpha,x_3]}{[\alpha,\alpha]}\alpha=\begin{pmatrix}0\\1\\-\frac{1}{2}\end{pmatrix}-\frac{1}{4}\begin{pmatrix}1\\0\\-1\end{pmatrix}=\begin{pmatrix}-\frac{1}{4}\\1\\-\frac{1}{4}\end{pmatrix},$$

再将 α,β 单位化,并记

$$\varepsilon_2=\frac{\alpha}{\|\alpha\|}=\begin{pmatrix}\frac{\sqrt{2}}{2}\\0\\-\frac{\sqrt{2}}{2}\end{pmatrix},\qquad \varepsilon_3=\frac{\beta}{\|\beta\|}=\begin{pmatrix}-\frac{\sqrt{2}}{6}\\\frac{2\sqrt{2}}{3}\\-\frac{\sqrt{2}}{6}\end{pmatrix},$$

最后得

$$Q=\begin{pmatrix}\frac{2}{3}&\frac{\sqrt{2}}{2}&-\frac{\sqrt{2}}{6}\\\frac{1}{3}&0&\frac{2\sqrt{2}}{3}\\\frac{2}{3}&-\frac{\sqrt{2}}{2}&-\frac{\sqrt{2}}{6}\end{pmatrix},$$

$$Q^{-1}AQ=\Lambda=\begin{pmatrix}-4&&\\&5&\\&&5\end{pmatrix}.$$

习题 4.4

1. 设三阶方阵 $\boldsymbol{A}$ 的特征值为 $\lambda_1=1,\lambda_2=0,\lambda_3=-1$,对应的特征向量依次为

$$p_1=\begin{pmatrix}1\\2\\2\end{pmatrix},p_2=\begin{pmatrix}2\\-2\\1\end{pmatrix},\ p_3=\begin{pmatrix}-2\\-1\\2\end{pmatrix},$$

求矩阵 $\boldsymbol{A}$.

2. 试求一个正交的相似变换矩阵，将下列对称矩阵化为对角阵：

(1) $\begin{pmatrix}2&-2&0\\-2&1&-2\\0&-2&0\end{pmatrix}$；　　(2) $\begin{pmatrix}2&2&-2\\2&5&-4\\-2&-4&5\end{pmatrix}$.

3. 矩阵 $\boldsymbol{A}=\begin{pmatrix}-3&1&-1\\-7&5&-1\\-6&6&2\end{pmatrix}$ 能否对角化，为什么？

4. 证明：若矩阵 $\boldsymbol{A}$ 正交相似于对角阵，则 $\boldsymbol{A}$ 必为对称矩阵.

第 4 章小结

特征值和特征向量在许多工程问题中都有应用. 特征向量 $\boldsymbol{x}$ 就是在 $\boldsymbol{A}$ 的作用下，方向不发生偏移的向量，特征值是长度的伸缩比. 在引入方阵的特征值和特征向量的定义时，要注意定义的转化和通过定义计算特征值和特征向量的方法. 定义等价于 $(\boldsymbol{A}-\lambda\boldsymbol{E})\boldsymbol{x}=\boldsymbol{0}$ 或 $(\lambda\boldsymbol{E}-\boldsymbol{A})\boldsymbol{x}=\boldsymbol{0}$，即特征值和特征向量问题转化为齐次线性方程组的非零解的问题. 注意 $\boldsymbol{A}\boldsymbol{x}-\lambda\boldsymbol{x}=(\boldsymbol{A}-\lambda\boldsymbol{E})\boldsymbol{x}$，而不要写成 $(\boldsymbol{A}-\lambda)\boldsymbol{x}$.

方阵的相似变换和矩阵的初等变换类似，都是研究矩阵的化简问题. 相似对角化 $\boldsymbol{P}^{-1}\boldsymbol{A}\boldsymbol{P}=\boldsymbol{\Lambda}$，就是寻求在用相似关系对矩阵进行分类时形式上最为简单的代表矩阵，要注意对角阵 $\boldsymbol{\Lambda}$ 以及相似变换矩阵 $\boldsymbol{P}$ 的构造. 分析相似矩阵 $\boldsymbol{P}$ 的列向量和特征向量之间的关系是构造 $\boldsymbol{P}$ 的前提，$\boldsymbol{A}$ 可对角化的充分必要条件是 $\boldsymbol{A}$ 有 n 个线性无关的特征向量，而实对称矩阵一定存在着 n 个线性无关的特征向量，从而实对称矩阵总是可对角化的.

由对称矩阵的特征值求对应的特征向量时，单根只有一个线性无关的特征向量，只需单位化，r 重根必有 r 个线性无关的特征向量，首先要正交化，然后再单位化. 注意特征向量经正交化后仍为特征向量，但单位向量正交后不一定是单位向量，正交化的向量组经单位化后仍是正交的.

将一个实对称矩阵用正交相似变换化为对角阵是本章的基本题型，也是下一章中二次型化简的基础，大家应熟练掌握.

由定义知道，两个矩阵 $\boldsymbol{A},\boldsymbol{B}$ 相似时，它们一定是等价的，从而秩相等 $R(\boldsymbol{A})=R(\boldsymbol{B})$，非但如此，在相似的条件下还有 $|\boldsymbol{A}|=|\boldsymbol{B}|$，$\mathrm{tr}(\boldsymbol{A})=\mathrm{tr}(\boldsymbol{B})$，且 $\boldsymbol{A},\boldsymbol{B}$ 的特征值相同，这些结论在解有关相似矩阵的习题时经常被用到.

答疑解惑

1. 问：齐次方程 $(\lambda\boldsymbol{E}-\boldsymbol{A})\boldsymbol{x}=\boldsymbol{0}$ 的解称为矩阵 $\boldsymbol{A}$ 的特征向量，这种说法正确吗？

答：不正确.

一定要注意，特征向量指的是上述方程的非零解，即特征向量不能为零向量.

2. 问：相似矩阵有相同的特征值，是否对应的特征向量也相同？

答：不一定.

因为若 $\boldsymbol{A}=\boldsymbol{P}^{-1}\boldsymbol{B}\boldsymbol{P}$，$\boldsymbol{B}\boldsymbol{x}=\lambda\boldsymbol{x}$，则有 $\boldsymbol{P}^{-1}\boldsymbol{B}\boldsymbol{x}=\lambda\boldsymbol{P}^{-1}\boldsymbol{x}$，注意到 $\boldsymbol{P}^{-1}\boldsymbol{B}=\boldsymbol{A}\boldsymbol{P}^{-1}$，

所以 $\boldsymbol{A}\boldsymbol{P}^{-1}\boldsymbol{x}=\lambda\boldsymbol{P}^{-1}\boldsymbol{x}$，这说明：若 x 是 $\boldsymbol{B}$ 的特征向量，则对应的 $\boldsymbol{A}$ 的特征向量为 $\boldsymbol{P}^{-1}\boldsymbol{x}$.

3. 问：矩阵的特征值一定为实数吗？

答：不一定.

特征值是特征方程 $|\lambda\boldsymbol{E}-\boldsymbol{A}|=0$ 的根，而这是一个关于 λ 的 n 次代数方程，其根可能为复数.

但是注意，实对称矩阵的特征值一定为实数.

4. 问：矩阵相似对角化的条件是什么？若 n 阶方阵 $\boldsymbol{A}$ 有 n 个不同的特征向量，则它一定可以相似对角化吗？

答：n 阶方阵能相似对角化的充分必要条件是有 n 个线性无关的特征向量. 因此仅有 n 个不同的特征向量是满足不了条件的.

注：再具体些，要满足相似对角化的条件，意味着若特征值 λ_i 为 k 重根，那么它必须对应着 k 个线性无关的特征向量，进而要求 $(\lambda_i\boldsymbol{E}-\boldsymbol{A})$ 的秩必须是 $n-k$.

5. 问：能不通过计算就写出 $\boldsymbol{A}=\begin{pmatrix}1&1&1&1\\1&1&1&1\\1&1&1&1\\1&1&1&1\end{pmatrix}$ 的一个特征值及对应的一个特征向量吗？

答：根据该矩阵的特点，不难看出 $\begin{pmatrix}1&1&1&1\\1&1&1&1\\1&1&1&1\\1&1&1&1\end{pmatrix}\begin{pmatrix}1\\1\\1\\1\end{pmatrix}=\begin{pmatrix}4\\4\\4\\4\end{pmatrix}=4\begin{pmatrix}1\\1\\1\\1\end{pmatrix}$，

所以，$\lambda=4$ 是 $\boldsymbol{A}$ 的一个特征值，$(1,1,1,1)^{\mathrm{T}}$ 是对应的一个特征向量.

☞ 自测题 A

1. 填空题：

(1) 设 $0<\alpha<\dfrac{\pi}{2}$，$\boldsymbol{A}=\begin{pmatrix}\cos\alpha&\sin\alpha\\\sin\alpha&\cos\alpha\end{pmatrix}$，则 $\boldsymbol{A}$ 最大的特征值为________.

(2) 已知 4 阶方阵 $\boldsymbol{A}$ 的 4 个特征值为 $1,-2,-2,3$，则 $|\boldsymbol{A}|=$________.

(3) 设 $\boldsymbol{A},\boldsymbol{B}$ 皆为 3 阶方阵，二者相似，且 $\boldsymbol{A}$ 的特征值为 $-3,5,8$，则 $|\boldsymbol{B}+\boldsymbol{E}|=$________.

(4) 假设向量 $\boldsymbol{\alpha}=(1,2,x)^{\mathrm{T}}$，$\boldsymbol{\beta}=(1,2,3)^{\mathrm{T}}$ 相互正交，则 $\boldsymbol{x}=$________.

(5) n 阶方阵 $\boldsymbol{A}$ 与某个对角阵相似的充分必要条件为________.

2. 单项选择题：

(1) 设 $\boldsymbol{\alpha}=\begin{pmatrix}1\\2\\3\end{pmatrix}$，$\boldsymbol{\beta}=\begin{pmatrix}1\\1\\-1\end{pmatrix}$，则 $\boldsymbol{\alpha},\boldsymbol{\beta}$ 的内积等于(　　).

A. 0　　B. 1

C. 3　　D. 6

(2) 二阶矩阵 $\boldsymbol{A}=\begin{pmatrix}3 & 1\\ 5 & -1\end{pmatrix}$ 的特征值为(　　).

A. -4 和 2　　B. 3 和 -1

C. 4 和 -2　　D. -3 和 1

(3) 设 $\lambda=0$ 是 n 阶方阵 $\boldsymbol{A}$ 的一个特征值,则 $|\boldsymbol{A}|=$(　　).

A. 0　　B. 1

C. -1　　D. 不能确定

(4) 设 n 阶矩阵 $\boldsymbol{A}$ 为正交矩阵,则(　　).

A. $\boldsymbol{A}=\boldsymbol{A}^{\mathrm{T}}$　　B. $\boldsymbol{A}\boldsymbol{A}^{\mathrm{T}}=\boldsymbol{0}$

C. $|\boldsymbol{A}|=0$　　D. $|\boldsymbol{A}|^2=1$

(5) 设 $\boldsymbol{A}$ 为 n 阶可逆矩阵,λ 为 $\boldsymbol{A}$ 的一个特征值,则 $\boldsymbol{A}$ 的伴随矩阵 $\boldsymbol{A}^*$ 的一个特征值为(　　).

A. $\lambda^{-1}|\boldsymbol{A}|^n$　　B. $\lambda^{-1}|\boldsymbol{A}|$

C. $\lambda|\boldsymbol{A}|$　　D. $\lambda^{-1}|\boldsymbol{A}|^{n-1}$

3. 求与向量组 $\boldsymbol{\alpha}_1=(1,1,0)^{\mathrm{T}},\boldsymbol{\alpha}_2=(0,1,1)^{\mathrm{T}}$ 等价的正交单位向量组.

4. 求下列矩阵的特征值和特征向量:

(1) $\boldsymbol{A}=\begin{pmatrix}3 & 4\\ 5 & 2\end{pmatrix}$;　　(2) $\boldsymbol{A}=\begin{pmatrix}0 & 0 & 1\\ 0 & 1 & 0\\ 1 & 0 & 0\end{pmatrix}$.

5. 试证:设 $\boldsymbol{A}$ 为 n 阶正交矩阵,则 $\boldsymbol{A}^*$ 也是正交矩阵.

6. 设 $\boldsymbol{A}=\begin{pmatrix}2 & 0 & 1\\ 0 & 4 & 0\\ 1 & 0 & 2\end{pmatrix}$,求正交矩阵 $\boldsymbol{P}$,使 $\boldsymbol{P}^{-1}\boldsymbol{A}\boldsymbol{P}$ 为对角阵.

7. 证明:两个相似矩阵或者同时可逆或者同时不可逆,且在可逆时,它们的逆矩阵也相似.

8. 求矩阵

$$\boldsymbol{A}=\begin{pmatrix}1 & -1 & -1 & 1\\ -1 & 1 & -1 & 1\\ -1 & -1 & 1 & 1\\ 1 & 1 & 1 & 1\end{pmatrix}$$

的特征值,并证明 $\boldsymbol{B}=\frac{1}{2}\boldsymbol{A}$ 是正交阵.

☞ 自测题 B

1. 填空题.

(1) 矩阵 $\boldsymbol{A}=\begin{pmatrix}1 & 1 & 1\\ 1 & 1 & 1\\ 1 & 1 & 1\end{pmatrix}$ 的一个不为零的特征值为________.

(2) 设 $\boldsymbol{A}$ 为方阵，$|\boldsymbol{A}|=3$，且 $\boldsymbol{A}$ 有一个特征值为 λ，则 $\boldsymbol{A}^*+\boldsymbol{E}$ 必有一个特征值为________.

(3) 设 $\boldsymbol{A}$ 为 3 阶方阵，且 $|\boldsymbol{E}-\boldsymbol{A}|=|2\boldsymbol{E}-\boldsymbol{A}|=0$，$R(\boldsymbol{A}+3\boldsymbol{E})=2$，则 $|\boldsymbol{A}|=$________.

(4) 已知 $\boldsymbol{A}=\begin{pmatrix}-1&0&2\\0&1&2\\2&2&0\end{pmatrix}$ 的一个特征向量为 $(-2,-1,2)^{\mathrm{T}}$，则与此特征向量对应的特征值为________.

(5) 若 n 阶方阵 $\boldsymbol{A}$ 有 n 个不同的特征向量，则 $\boldsymbol{A}$ 一定与某个对角矩阵相似，该回答正确吗？________.

2. 单项选择题

(1) 设 $\lambda=2$ 是可逆矩阵 $\boldsymbol{A}$ 的一个特征值，则 $\left(\frac{1}{3}\boldsymbol{A}^2\right)^{-1}$ 的一个特征值为(　　).

A. $\frac{4}{3}$　　B. $\frac{3}{4}$　　C. $\frac{1}{2}$　　D. $\frac{1}{4}$

(2) 已知 λ_1,λ_2 是矩阵 $\boldsymbol{A}$ 的两个不同的特征值，对应的特征向量分别为 $\boldsymbol{\alpha}_1,\boldsymbol{\alpha}_2$，则 $\boldsymbol{\alpha}_1$，$\boldsymbol{A}(\boldsymbol{\alpha}_1+\boldsymbol{\alpha}_2)$ 线性无关的充分必要条件为(　　).

A. $\lambda_1\neq 0$　　B. $\lambda_2\neq 0$　　C. $\lambda_1=0$　　D. $\lambda_2=0$

(3) 设 $\boldsymbol{A}$ 为 3 阶方阵，且 3 个特征值为 $-2,-1,2$，则下列矩阵可逆的是(　　).

A. $\boldsymbol{A}-2\boldsymbol{E}$　　B. $\boldsymbol{A}+\boldsymbol{E}$.　　C. $\boldsymbol{A}+2\boldsymbol{E}$　　D. $2\boldsymbol{A}+3\boldsymbol{E}$

(4) 设 $\boldsymbol{A}=\begin{pmatrix}5&0&0\\0&3&-3\\0&a&2\end{pmatrix}$，$\boldsymbol{B}=\begin{pmatrix}5&0&0\\0&b&0\\0&0&5\end{pmatrix}$，且 $\boldsymbol{A},\boldsymbol{B}$ 相似，则 a,b 分别为(　　).

A. 2,0　　B. -2,0　　C. 0,2　　D. 0,-2

(5) 设 $\boldsymbol{\alpha}_1=\begin{pmatrix}1\\2\\t\end{pmatrix}$，$\boldsymbol{\alpha}_2=\begin{pmatrix}2\\t\\-1\end{pmatrix}$ 是与实对称矩阵 $\boldsymbol{A}$ 的某两个不同特征值对应的特征向量，则 t 为(　　).

A. 1　　B. -1　　C. 2　　D. -2

3. 设三阶实对称方阵 $\boldsymbol{A}$ 的特征值为 6，3，3，与特征值 6 对应的特征向量为 $\boldsymbol{p}_1=(1\ \ 1\ \ 1)^{\mathrm{T}}$，求 $\boldsymbol{A}$.

4. 设 $\boldsymbol{A}$ 是 n 阶实对称阵，证明 $\boldsymbol{A}$ 的特征值全为 0 的充要条件是 $\boldsymbol{A}$ 为零矩阵.

5. 设 $\boldsymbol{p}_1,\boldsymbol{p}_2$ 分别是矩阵 $\boldsymbol{A}$ 的属于特征值 λ_1,λ_2 的特征向量，且 $\lambda_1\neq\lambda_2$，试证：

(1) $\boldsymbol{p}_1,\boldsymbol{p}_2$ 线性无关；

(2) $\boldsymbol{p}_1+\boldsymbol{p}_2$ 不可能是 $\boldsymbol{A}$ 的特征向量.

6. 设 $\boldsymbol{A}$ 是一个 n 阶实对称矩阵，证明：如果对任一 n 维向量 $\boldsymbol{x}$，都有 $\boldsymbol{x}^{\mathrm{T}}\boldsymbol{A}\boldsymbol{x}=\boldsymbol{0}$，则 $\boldsymbol{A}=\boldsymbol{0}$.

7. 设 $\boldsymbol{A}$ 与 $\boldsymbol{B}$ 相似，$\boldsymbol{C}$ 与 $\boldsymbol{D}$ 相似，证明 $\begin{pmatrix}\boldsymbol{A}&\boldsymbol{0}\\\boldsymbol{0}&\boldsymbol{C}\end{pmatrix}$ 与 $\begin{pmatrix}\boldsymbol{B}&\boldsymbol{0}\\\boldsymbol{0}&\boldsymbol{D}\end{pmatrix}$ 相似.

8. 证明：若 n 阶方阵 $\boldsymbol{A}$ 满足 $\boldsymbol{A}^2=\boldsymbol{E}$，则 $\boldsymbol{A}$ 的特征值只能为 1 或 -1.

*第 5 章 ⇨ 二次型及其正定性

核心知识点

1. 关于二次型的基本概念.
2. 线性变换，矩阵的合同.
3. 二次型的标准化.
4. 正定二次型、正定矩阵的概念及其判别.

学习目标

1. 理解二次型的矩阵、秩、标准形的概念.
2. 了解二次型的线性变换以及由此引出的合同矩阵的概念.
3. 熟练掌握用正交变换化二次型为标准形的方法.
4. 理解正定矩阵、正定二次型的概念，掌握矩阵或二次型是否正定的判别定理.

学习重点

1. 用正交变换化二次型为标准形的方法.
2. 正定二次型、正定矩阵的判别方法.

5.1 二次型及其标准形

1. 二次型及其矩阵表示

在解析几何中，要研究二次曲线 $ax^2+bxy+cy^2=1$ 的几何性质，通常是选择适当的坐标旋转变换

$$\begin{cases} x = x'\cos\theta - y'\sin\theta, \\ y = x'\sin\theta + y'\cos\theta, \end{cases}$$

把方程化成标准形 $m(x')^2+n(y')^2=1$. 从代数的观点来看，就是通过变量的线性变换化简一个二次齐次多项式，使它只含有平方项. 把这一问题推广到一般情况，即 n 个变量的二次齐次多项式的化简问题.

定义 5.1 含有 n 个变量 $x_1,x_2,\cdots,x_n$ 的二次齐次函数

$$f(x_1,x_2,\cdots,x_n)=a_{11}x_1^2+a_{22}x_2^2+\cdots+a_{nn}x_n^2+2a_{12}x_1x_2+2a_{13}x_1x_3+\cdots+2a_{n-1,n}x_{n-1}x_n \tag{5.1}$$

称为**二次型**.

取 $a_{ji}=a_{ij}$，则 $2a_{ij}x_ix_j=a_{ij}x_ix_j+a_{ji}x_jx_i$，于是二次型可表示为

$$\begin{aligned} f &= a_{11}x_1^2+a_{12}x_1x_2+\cdots+a_{1n}x_1x_n+a_{21}x_2x_1+a_{22}x_2^2+\cdots+a_{2n}x_2x_n+ \\ &\quad \cdots+a_{n1}x_nx_1+a_{n2}x_nx_2+\cdots+a_{nn}x_n^2 \\ &= (x_1,x_2,\cdots,x_n)\begin{pmatrix} a_{11} & a_{12} & \cdots & a_{1n} \\ a_{21} & a_{22} & \cdots & a_{2n} \\ \vdots & \vdots & & \vdots \\ a_{n1} & a_{n2} & \cdots & a_{nn} \end{pmatrix}\begin{pmatrix} x_1 \\ x_2 \\ \vdots \\ x_n \end{pmatrix} \\ &= \boldsymbol{x}^{\mathrm{T}}\boldsymbol{A}\boldsymbol{x}. \end{aligned}$$

其中

$$\boldsymbol{A}=\begin{pmatrix} a_{11} & a_{12} & \cdots & a_{1n} \\ a_{21} & a_{22} & \cdots & a_{2n} \\ \vdots & \vdots & & \vdots \\ a_{n1} & a_{n2} & \cdots & a_{nn} \end{pmatrix},\qquad x=\begin{pmatrix} x_1 \\ x_2 \\ \vdots \\ x_n \end{pmatrix}.$$

注意 $\boldsymbol{A}$ 的构造：a_{ii} 是平方项 x_i^2 的系数($i=1,2,\cdots,n$)，$a_{ij}=a_{ji}(i\neq j)$是 x_ix_j 系数的一半($i,j=1,2,\cdots,n$). 由于 $a_{ij}=a_{ji}$，故知 $\boldsymbol{A}$ 是一个实对称矩阵.

称矩阵 $\boldsymbol{A}$ 为**二次型 f 的矩阵**. 任给一个二次型就唯一地确定一个对称矩阵；反之，任给一个对称阵也可唯一地确定一个二次型，即二次型和对称矩阵之间存在一一对应关系. 也把 f 叫做对称**矩阵 $\boldsymbol{A}$ 的二次型**，对称矩阵 $\boldsymbol{A}$ 的秩就叫做**二次型 f 的秩**.

例 5.1 写出下列二次型对应的矩阵：

(1) $f(x_1,x_2,x_3)=x_1^2-2x_2^2+3x_3^2$；

(2) $f(x_1,x_2,x_3,x_4)=2x_1x_2-2x_2x_3+2x_3x_4-2x_1x_4$.

解 (1) $\boldsymbol{A}=\begin{pmatrix} 1 & 0 & 0 \\ 0 & -2 & 0 \\ 0 & 0 & 3 \end{pmatrix}$；

(2) $\boldsymbol{A}=\begin{pmatrix} 0 & 1 & 0 & -1 \\ 1 & 0 & -1 & 0 \\ 0 & -1 & 0 & 1 \\ -1 & 0 & 1 & 0 \end{pmatrix}$.

例 5.2 写出与下列矩阵对应的二次型：

(1) $\boldsymbol{A}=\begin{pmatrix} 1 & 3 \\ 3 & 2 \end{pmatrix}$；　　(2) $\boldsymbol{A}=\begin{pmatrix} 1 & -2 & 0 \\ -2 & 0 & 3 \\ 0 & 3 & 2 \end{pmatrix}$.

解 (1) $f(x_1,x_2)=(x_1,x_2)\begin{pmatrix} 1 & 3 \\ 3 & 2 \end{pmatrix}\begin{pmatrix} x_1 \\ x_2 \end{pmatrix}=x_1^2+2x_2^2+6x_1x_2$；

(2) $f(x_1,x_2,x_3)=(x_1,x_2,x_3)\begin{pmatrix}1&-2&0\\-2&0&3\\0&3&2\end{pmatrix}\begin{pmatrix}x_1\\x_2\\x_3\end{pmatrix}=x_1^2+2x_3^2-4x_1x_2+6x_2x_3.$

2. 矩阵的合同

对于二次型我们讨论的主要问题是:寻求可逆的线性变换,即

$$\begin{cases}x_1=c_{11}y_1+c_{12}y_2+\cdots+c_{1n}y_n,\\x_2=c_{21}y_1+c_{22}y_2+\cdots+c_{2n}y_n,\\\cdots\cdots\cdots\cdots\cdots\cdots\cdots\cdots\cdots\cdots\cdots\cdots\\x_n=c_{n1}y_1+c_{n2}y_2+\cdots+c_{nn}y_n,\end{cases}\tag{5.2}$$

使变量替换后的新的二次型只含有平方项,即

$$f=k_1y_1^2+k_2y_2^2+\cdots+k_ny_n^2.\tag{5.3}$$

这种只含有平方项的二次型(5.3)称为**二次型的标准形**.

二次型化简问题用矩阵来叙述,就是寻求可逆的线性变换

$$\boldsymbol{x}=\boldsymbol{C}\boldsymbol{y},$$

使

$$f=\boldsymbol{x}^{\mathrm{T}}\boldsymbol{A}\boldsymbol{x}\xlongequal{\boldsymbol{x}=\boldsymbol{C}\boldsymbol{y}}\boldsymbol{y}^{\mathrm{T}}\boldsymbol{\Lambda}\boldsymbol{y},$$

其中 $\boldsymbol{\Lambda}=\begin{pmatrix}k_1&&&\\&k_2&&\\&&\ddots&\\&&&k_n\end{pmatrix}$ 为对角阵.

当我们把可逆线性变换 $\boldsymbol{x}=\boldsymbol{C}\boldsymbol{y}$ 代入二次型时,得到

$$f=\boldsymbol{x}^{\mathrm{T}}\boldsymbol{A}\boldsymbol{x}=(\boldsymbol{C}\boldsymbol{y})^{\mathrm{T}}\boldsymbol{A}(\boldsymbol{C}\boldsymbol{y})=\boldsymbol{y}^{\mathrm{T}}(\boldsymbol{C}^{\mathrm{T}}\boldsymbol{A}\boldsymbol{C})\boldsymbol{y},$$

这时,原来二次型矩阵 $\boldsymbol{A}$ 化为了新二次型下矩阵 $\boldsymbol{C}^{\mathrm{T}}\boldsymbol{A}\boldsymbol{C}$.

定理 5.1 **任给可逆矩阵 $\boldsymbol{C}$,令 $\boldsymbol{B}=\boldsymbol{C}^{\mathrm{T}}\boldsymbol{A}\boldsymbol{C}$,如果 $\boldsymbol{A}$ 为对称矩阵,则 $\boldsymbol{B}$ 亦为对称矩阵,且 $R(\boldsymbol{B})=R(\boldsymbol{A})$.**

证 $\boldsymbol{A}$ 为对称矩阵,即有 $\boldsymbol{A}^{\mathrm{T}}=\boldsymbol{A}$,于是

$$\boldsymbol{B}^{\mathrm{T}}=(\boldsymbol{C}^{\mathrm{T}}\boldsymbol{A}\boldsymbol{C})^{\mathrm{T}}=\boldsymbol{C}^{\mathrm{T}}\boldsymbol{A}^{\mathrm{T}}\boldsymbol{C}=\boldsymbol{C}^{\mathrm{T}}\boldsymbol{A}\boldsymbol{C}=\boldsymbol{B},$$

即 $\boldsymbol{B}$ 为对称阵.

再证 $R(\boldsymbol{A})=R(\boldsymbol{B})$.

因 $\boldsymbol{B}=\boldsymbol{C}^{\mathrm{T}}\boldsymbol{A}\boldsymbol{C}$,故 $R(\boldsymbol{B})\leqslant R(\boldsymbol{A}\boldsymbol{C})\leqslant R(\boldsymbol{A})$.

又因 $\boldsymbol{A}=(\boldsymbol{C}^{\mathrm{T}})^{-1}\boldsymbol{B}\boldsymbol{C}^{-1}$,故 $R(\boldsymbol{A})\leqslant R(\boldsymbol{B}\boldsymbol{C}^{-1})\leqslant R(\boldsymbol{B})$,

于是

$$R(\boldsymbol{A})=R(\boldsymbol{B}).$$

定理说明经可逆变换 $\boldsymbol{x}=\boldsymbol{C}\boldsymbol{y}$ 后,二次型 f 的矩阵由 $\boldsymbol{A}$ 变为 $\boldsymbol{C}^{\mathrm{T}}\boldsymbol{A}\boldsymbol{C}$,且二次型的秩不变.

定义 5.2 设 $\boldsymbol{A},\boldsymbol{B}$ 为 n 阶方阵,若存在 n 阶可逆矩阵 $\boldsymbol{C}$,使

$$\boldsymbol{B}=\boldsymbol{C}^{\mathrm{T}}\boldsymbol{A}\boldsymbol{C},$$

则称 $\boldsymbol{A}$ 合同于 $\boldsymbol{B}$,或称 $\boldsymbol{A},\boldsymbol{B}$ 合同.

特别提醒

> 矩阵的合同、相似、等价是三个完全不同的概念，不要搞混.

合同是方阵之间的一种关系，具有下列性质：

(1) 自反性：$\boldsymbol{A}$ 与 $\boldsymbol{A}$ 是合同的；

(2) 对称性：若 $\boldsymbol{A}$ 合同于 $\boldsymbol{B}$，则 $\boldsymbol{B}$ 也合同于 $\boldsymbol{A}$；

(3) 传递性：若 $\boldsymbol{A}$ 合同于 $\boldsymbol{B}$，$\boldsymbol{B}$ 合同于 $\boldsymbol{C}$，则 $\boldsymbol{A}$ 合同于 $\boldsymbol{C}$.

由定理 5.1 可知：合同变换不改变矩阵的秩，也不改变矩阵的对称性. 当一个二次型经过可逆线性变换 $\boldsymbol{x}=\boldsymbol{C}\boldsymbol{y}$，化为新的二次型 $\boldsymbol{y}^{\mathrm{T}}\boldsymbol{B}\boldsymbol{y}$ 时，新、旧二次型中的矩阵 $\boldsymbol{A}$ 和 $\boldsymbol{B}$ 是合同的，即 $\boldsymbol{B}=\boldsymbol{C}^{\mathrm{T}}\boldsymbol{A}\boldsymbol{C}$. 而二次型化简的问题就是对于对称矩阵 $\boldsymbol{A}$，寻求可逆矩阵 $\boldsymbol{C}$ 使 $\boldsymbol{C}^{\mathrm{T}}\boldsymbol{A}\boldsymbol{C}$ 为对角阵，或者说，寻找与 $\boldsymbol{A}$ 合同的对角阵. 下一节要给出可逆矩阵 $\boldsymbol{C}$ 的一些求法.

例 5.3 设有二次型 $f(x_1,x_2,x_3)=2x_1x_2-4x_1x_3+10x_2x_3$，求经过线性变换

$$\begin{cases} x_1 = y_1 - y_2 - 5y_3, \\ x_2 = y_1 + y_2 + 2y_3, \\ x_3 = \qquad\qquad\quad y_3 \end{cases}$$

后新的二次型.

解 $\boldsymbol{A}=\begin{pmatrix} 0 & 1 & -2 \\ 1 & 0 & 5 \\ -2 & 5 & 0 \end{pmatrix}$，$\boldsymbol{C}=\begin{pmatrix} 1 & -1 & -5 \\ 1 & 1 & 2 \\ 0 & 0 & 1 \end{pmatrix}$，

$$\boldsymbol{C}^{\mathrm{T}}\boldsymbol{A}\boldsymbol{C}=\begin{pmatrix} 1 & 1 & 0 \\ -1 & 1 & 0 \\ -5 & 2 & 1 \end{pmatrix}\begin{pmatrix} 0 & 1 & -2 \\ 1 & 0 & 5 \\ -2 & 5 & 0 \end{pmatrix}\begin{pmatrix} 1 & -1 & -5 \\ 1 & 1 & 2 \\ 0 & 0 & 1 \end{pmatrix}=\begin{pmatrix} 2 & 0 & 0 \\ 0 & -2 & 0 \\ 0 & 0 & 20 \end{pmatrix}=\boldsymbol{\Lambda}.$$

所以新的二次型为

$$f=\boldsymbol{y}^{\mathrm{T}}\boldsymbol{\Lambda}\boldsymbol{y}=2y_1^2-2y_2^2+20y_3^2.$$

习题 5.1

1. 写出下列二次型的矩阵表示式：

(1) $f=-4x_1x_2+2x_1x_3+2x_2x_3$；　　(2) $f=x_1^2+2x_1x_2-x_1x_3+2x_3^2$.

2. 写出下列各对称矩阵对应的二次型：

(1) $\boldsymbol{A}=\begin{pmatrix} 1 & -1 & -3 & 1 \\ -1 & 0 & -2 & \frac{1}{2} \\ -3 & -2 & \frac{1}{3} & -\frac{3}{2} \\ 1 & \frac{1}{2} & -\frac{3}{2} & 0 \end{pmatrix}$；　(2) $\boldsymbol{A}=\begin{pmatrix} 0 & 1 & \frac{1}{2} & -\frac{3}{2} \\ 1 & 0 & -1 & -1 \\ \frac{1}{2} & -1 & 0 & 3 \\ -\frac{3}{2} & -1 & 3 & 0 \end{pmatrix}$.

5.2 二次型的化简

1. 用正交变换化简二次型

由第 4 章定理 4.7 知，n 阶实对称矩阵 $\boldsymbol{A}$ 一定正交相似于对角阵 $\boldsymbol{\Lambda}$，即存在正交矩阵 $\boldsymbol{P}$ 使 $\boldsymbol{P}^{-1}\boldsymbol{AP}=\boldsymbol{\Lambda}$，其中 $\boldsymbol{\Lambda}$ 是由 $\boldsymbol{A}$ 的 n 个特征值构成的对角矩阵. 由于对正交矩阵 $\boldsymbol{P}$ 来说，$\boldsymbol{P}^{-1}=\boldsymbol{P}^{\mathrm{T}}$. 因此上述正交相似变换 $\boldsymbol{P}^{-1}\boldsymbol{AP}=\boldsymbol{\Lambda}$ 也是合同变换 $\boldsymbol{P}^{\mathrm{T}}\boldsymbol{AP}=\boldsymbol{\Lambda}$. 从而有如下定理：

定理 5.2 任给实二次型 $f=\sum\limits_{i,j=1}^{n}a_{ij}x_ix_j\ (a_{ij}=a_{ji})$，总有正交变换 $\boldsymbol{x}=\boldsymbol{Py}$，使 f 化为标准形

$$f=\lambda_1y_1^2+\lambda_2y_2^2+\cdots+\lambda_ny_n^2,$$

其中 $\lambda_1,\lambda_2,\cdots,\lambda_n$ 是 $\boldsymbol{A}$ 的特征值.

专题小结：用正交变换化二次型为标准形的步骤

(1) 写出二次型 f 的矩阵 $\boldsymbol{A}$（注意 $\boldsymbol{A}$ 为对称矩阵）；

(2) 求出 $\boldsymbol{A}$ 的全部特征值以及属于每个特征值的线性无关的特征向量；

(3) 用施密特正交化方法，分别将属于各个特征值的特征向量正交化、单位化，得到 n 个相互正交的单位特征向量；

(4) 以上述得到的 n 个相互正交的单位特征向量为列向量，作 n 阶矩阵 $\boldsymbol{P}$，则 $\boldsymbol{P}$ 为正交矩阵；

(5) 写出所用的正交变换 $\boldsymbol{x}=\boldsymbol{Py}$ 及二次型的标准形.

特别提醒

1. 在所求的正交变换 $\boldsymbol{x}=\boldsymbol{Py}$ 下，二次型 $f=\boldsymbol{x}^{\mathrm{T}}\boldsymbol{Ax}$ 化为标准形

$$f=\lambda_1y_1^2+\lambda_2y_2^2+\cdots+\lambda_ny_n^2,$$

其中 $\lambda_1,\lambda_2,\cdots,\lambda_n$ 为实对称矩阵 $\boldsymbol{A}$ 的非零特征值.

2. 此时 $\boldsymbol{A}$ 与对角矩阵 $\boldsymbol{\Lambda}=\begin{pmatrix}\lambda_1 & & & \\ & \lambda_2 & & \\ & & \ddots & \\ & & & \lambda_n\end{pmatrix}$ 不仅合同，而且相似.

典型例题

例 5.4 求一个正交变换 $\boldsymbol{x}=\boldsymbol{Py}$，把二次型

$$f(x_1,x_2,x_3)=x_1^2+4x_2^2+x_3^2-4x_1x_2-8x_1x_3-4x_2x_3$$

化为标准形.

解 二次型的矩阵为

$$\boldsymbol{A}=\begin{pmatrix}1&-2&-4\\-2&4&-2\\-4&-2&1\end{pmatrix},$$

且
$$|\lambda\boldsymbol{E}-\boldsymbol{A}|=\begin{vmatrix}\lambda-1&2&4\\2&\lambda-4&2\\4&2&\lambda-1\end{vmatrix}=(\lambda-5)^2(\lambda+4),$$

于是 $\boldsymbol{A}$ 的特征值为 $\lambda_1=\lambda_2=5,\lambda_3=-4$.

对于 $\lambda_1=\lambda_2=5$，齐次线性方程组 $(5\boldsymbol{E}-\boldsymbol{A})\boldsymbol{x}=\boldsymbol{0}$，由

$$5\boldsymbol{E}-\boldsymbol{A}=\begin{pmatrix}4&2&4\\2&1&2\\4&2&4\end{pmatrix}\sim\begin{pmatrix}2&1&2\\0&0&0\\0&0&0\end{pmatrix},$$

得基础解系

$$\boldsymbol{\alpha}_1=\begin{pmatrix}-1\\2\\0\end{pmatrix},\boldsymbol{\alpha}_2=\begin{pmatrix}-1\\0\\1\end{pmatrix},$$

即是 $\boldsymbol{A}$ 的属于 $\lambda_1=\lambda_2=5$ 的两个线性无关的特征向量，将 $\boldsymbol{\alpha}_1,\boldsymbol{\alpha}_2$ 正交化，得

$$\boldsymbol{\beta}_1=\boldsymbol{\alpha}_1=\begin{pmatrix}-1\\2\\0\end{pmatrix},$$

$$\boldsymbol{\beta}_2=\boldsymbol{\alpha}_2-\frac{[\boldsymbol{\beta}_1,\boldsymbol{\alpha}_2]}{[\boldsymbol{\beta}_1,\boldsymbol{\beta}_1]}\boldsymbol{\beta}_1=\begin{pmatrix}-1\\0\\1\end{pmatrix}-\frac{1}{5}\begin{pmatrix}-1\\2\\0\end{pmatrix}=\begin{pmatrix}-\frac{4}{5}\\-\frac{2}{5}\\1\end{pmatrix},$$

再单位化，得

$$\boldsymbol{p}_1=\frac{\boldsymbol{\beta}_1}{\|\boldsymbol{\beta}_1\|}=\begin{pmatrix}-\frac{1}{\sqrt{5}}\\\frac{2}{\sqrt{5}}\\0\end{pmatrix},\quad \boldsymbol{p}_2=\frac{\boldsymbol{\beta}_2}{\|\boldsymbol{\beta}_2\|}=\begin{pmatrix}-\frac{4}{3\sqrt{5}}\\-\frac{2}{3\sqrt{5}}\\\frac{5}{3\sqrt{5}}\end{pmatrix}.$$

对于 $\lambda_3=-4$，解齐次线性方程组 $(-4\boldsymbol{E}-\boldsymbol{A})\boldsymbol{x}=\boldsymbol{0}$，由

$$-4\boldsymbol{E}-\boldsymbol{A}=\begin{pmatrix}-5&2&4\\2&-8&2\\4&2&-5\end{pmatrix}\sim\begin{pmatrix}1&0&-1\\0&1&-\frac{1}{2}\\0&0&0\end{pmatrix},$$

得基础解系
$$\boldsymbol{\alpha}_3=\begin{pmatrix}2\\1\\2\end{pmatrix},$$
即是 $\boldsymbol{A}$ 的属于 $\lambda_3=-4$ 的特征向量,将 $\boldsymbol{\alpha}_3$ 单位化,得
$$\boldsymbol{p}_3=\frac{\boldsymbol{\alpha}_3}{\|\boldsymbol{\alpha}_3\|}=\begin{pmatrix}\frac{2}{3}\\\frac{1}{3}\\\frac{2}{3}\end{pmatrix}.$$
于是得到正交矩阵
$$\boldsymbol{P}=(\boldsymbol{p}_1,\boldsymbol{p}_2,\boldsymbol{p}_3)=\begin{pmatrix}-\frac{1}{\sqrt{5}} & -\frac{4}{3\sqrt{5}} & \frac{2}{3}\\ \frac{2}{\sqrt{5}} & -\frac{2}{3\sqrt{5}} & \frac{1}{3}\\ 0 & \frac{5}{3\sqrt{5}} & \frac{2}{3}\end{pmatrix},$$
所求正交变换即 $\boldsymbol{x}=\boldsymbol{P}\boldsymbol{y}$,二次型的标准形为
$$f=5y_1^2+5y_2^2-4y_3^2.$$

2. 用配方法化简二次型

用正交变换化二次型为标准形,具有保持几何形状不变的优点.如果不限于用正交变换,则还有许多种方法(对应有多个可逆的线性变换)把二次型变成标准形,这里只介绍配方法.下面举例来说明这种方法.

例 5.5 化二次型
$$f=x_1^2+2x_2^2+5x_3^2+2x_1x_2+2x_1x_3+6x_2x_3$$
成标准形,并求所用的变换矩阵.

解 由于 f 中含有变量 x_1 的平方项,故把含 x_1 的项归并起来进行配方得到
$$\begin{aligned}f&=x_1^2+2x_1x_2+2x_1x_3+2x_2^2+5x_3^2+6x_2x_3\\&=x_1^2+2x_1(x_2+x_3)+(x_2+x_3)^2-(x_2+x_3)^2+2x_2^2+5x_3^2+6x_2x_3\\&=(x_1+x_2+x_3)^2+x_2^2+4x_3^2+4x_2x_3\\&=(x_1+x_2+x_3)^2+(x_2+2x_3)^2.\end{aligned}$$
令
$$\begin{cases}y_1=x_1+x_2+x_3,\\y_2=\qquad x_2+2x_3,\\y_3=\qquad\qquad x_3,\end{cases}\qquad \begin{cases}x_1=y_1-y_2+y_3,\\x_2=\qquad y_2-2y_3,\\x_3=\qquad\qquad y_3,\end{cases}$$
就把 f 化成标准形 $f=y_1^2+y_2^2$,所用的变换矩阵为
$$\boldsymbol{C}=\begin{pmatrix}1&-1&1\\0&1&-2\\0&0&1\end{pmatrix}\quad(|\boldsymbol{C}|=1\neq 0).$$

例 5.6 化二次型

$$f = 2x_1x_2 + 2x_1x_3 - 6x_2x_3$$

成标准形,并求所用的变换矩阵.

解 在 f 中不含平方项.由于含有 x_1x_2 乘积项,故令

$$\begin{cases} x_1 = y_1 + y_2, \\ x_2 = y_1 - y_2, \\ x_3 = \qquad\quad y_3, \end{cases}$$

代入可得 $f=2y_1^2-2y_2^2-4y_1y_3+8y_2y_3$,再配方得

$$f = 2(y_1 - y_3)^2 - 2(y_2 - 2y_3)^2 + 6y_3^2.$$

令 $$\begin{cases} z_1 = y_1 \qquad - y_3, \\ z_2 = \qquad y_2 - 2y_3, \\ z_3 = \qquad\qquad y_3, \end{cases} \qquad \begin{cases} y_1 = z_1 + z_3, \\ y_2 = z_2 + 2z_3, \\ y_3 = \qquad z_3, \end{cases}$$

即有 $f=2z_1^2-2z_2^2+6z_3^2$,所用的变换为

$$\boldsymbol{C}=\begin{pmatrix} 1 & 1 & 0 \\ 1 & -1 & 0 \\ 0 & 0 & 1 \end{pmatrix}\begin{pmatrix} 1 & 0 & 1 \\ 0 & 1 & 2 \\ 0 & 0 & 1 \end{pmatrix}=\begin{pmatrix} 1 & 1 & 3 \\ 1 & -1 & -1 \\ 0 & 0 & 1 \end{pmatrix}.$$

一般地,任何二次型都可用上面两例的方法找到可逆变换,把二次型变成标准形,且由定理 5.1 可知,标准形中含有的非零项数就是二次型的秩.应该注意的是,当所用的可逆线性变换不同时,得到的标准形也不相同.

特别提醒

1. 二次型的标准形不唯一,化二次型为标准形的方法有多种.
2. 配方法对应的变换 $\boldsymbol{x}=\boldsymbol{C}\boldsymbol{y}$ 中,矩阵 $\boldsymbol{C}$ 一般不具备正交性.

习题 5.2

1. 求一个正交变换,化下列二次型为标准形:

(1) $f=2x_1^2+3x_2^2+3x_3^2+4x_2x_3$;

(2) $f=x_1^2+x_2^2+x_3^2+x_4^2+2x_1x_2-2x_1x_4-2x_2x_3+2x_3x_4$.

2. 用配方法化下列二次型为标准形:

(1) $f=x_1^2+5x_2^2-4x_3^2+2x_1x_2-4x_1x_3$;

(2) $f=x_1x_2-4x_1x_3+6x_2x_3$;

5.3 正定二次型

一个二次型化为标准形时,由于所用的可逆线性变换不同,得到的标准形也可能不同.

例如

$$f=2x_1x_2+2x_1x_3-6x_2x_3,$$

经可逆变换

$$\begin{cases}x_1=z_1-z_2+3z_3,\\x_2=z_1+z_2-z_3,\\x_3=\qquad\qquad z_3,\end{cases}$$

化为
$$f=2z_1^2-2z_2^2+6z_3^2,$$

而经可逆变换

$$\begin{cases}x_1=\dfrac{1}{\sqrt{2}}y_1-\dfrac{1}{\sqrt{2}}y_2+\dfrac{3}{\sqrt{6}}y_3,\\x_2=\dfrac{1}{\sqrt{2}}y_1+\dfrac{1}{\sqrt{2}}y_2-\dfrac{1}{\sqrt{6}}y_3,\\x_3=\qquad\qquad\qquad\dfrac{1}{\sqrt{6}}y_3,\end{cases}$$

化为
$$f=y_1^2-y_2^2+y_3^2.$$

这就是说，二次型的标准形不是唯一的，但是一个二次型化为标准形后，标准形中所含非零系数的项数是确定的(即是二次型的秩). 不仅如此，在限定变换为实变换时，标准型中正系数的个数是不变的(从而负系数的个数也是不变的)，也就是有：

定理 5.3　设有实二次型 $f=\boldsymbol{x}^{\mathrm{T}}\boldsymbol{A}\boldsymbol{x}$，它的秩为 r，有两个实的可逆变换

$$\boldsymbol{x}=\boldsymbol{C}\boldsymbol{y}\quad 及\quad \boldsymbol{x}=\boldsymbol{P}\boldsymbol{z},$$

使
$$f=k_1y_1^2+k_2y_2^2+\cdots+k_ry_r^2\quad(k_i\neq 0)$$
及
$$f=\lambda_1z_1^2+\lambda_2z_2^2+\cdots+\lambda_rz_r^2\quad(\lambda_i\neq 0),$$
则 $k_1,k_2,\cdots,k_r$ 中正数的个数与 $\lambda_1,\lambda_2,\cdots,\lambda_r$ 中正数的个数相等.

这个定理称为**惯性定理**，证明从略. 其中正数的个数称为二次型的**正惯性指数**，当二次型的标准形中的系数全为正数($r=n$)或全为负数的情形，我们有如下定义：

定义 5.3　设有二次型 $f(\boldsymbol{x})=\boldsymbol{x}^{\mathrm{T}}\boldsymbol{A}\boldsymbol{x}$，如果对任何 $\boldsymbol{x}\neq\boldsymbol{0}$ 都有 $f(\boldsymbol{x})>0$(显然 $f(\boldsymbol{0})=0$))，则称 f 为**正定二次型**，并称对称矩阵 $\boldsymbol{A}$ **是正定的**. 如果对任何 $\boldsymbol{x}\neq\boldsymbol{0}$ 都有 $f(\boldsymbol{x})<0$，则称 f 为**负定二次型**，并称对称矩阵 $\boldsymbol{A}$ **是负定的**.

例 5.7　判别下列二次型的正定性：

(1) $f(x_1,x_2,x_3)=x_1^2+2x_2^2$；

(2) $f(x_1,x_2,x_3)=2x_1^2+3x_2^2+x_3^2$.

解　(1) 显然对任意非零的三维向量 $\boldsymbol{x}$，皆有 $f(\boldsymbol{x})\geqslant 0$.

又取 $\boldsymbol{x}=\begin{pmatrix}0\\0\\1\end{pmatrix}\neq\boldsymbol{0}$ 时，有 $f(\boldsymbol{x})=0$，故知 f 不是正定的(也称本例中的 f 为非负定的).

(2) 显然对任意非零的三维向量，只要 x_1,x_2,x_3 不同时为 0，便有 $f>0$，故 f 是正定的.

定理 5.4　实二次型 $f=\boldsymbol{x}^{\mathrm{T}}\boldsymbol{A}\boldsymbol{x}$ 为正定的充分必要条件是：它的标准形的 n 个系数全为正.

证 设可逆变换 $\boldsymbol{x}=\boldsymbol{C}\boldsymbol{y}$ 使

$$f(\boldsymbol{x}) = f(\boldsymbol{C}\boldsymbol{y}) = \sum_{i=1}^{n} k_i y_i^2.$$

先证充分性. 设 $k_i>0(i=1,2,\cdots,n)$. 任给 $\boldsymbol{x}\neq\boldsymbol{0}$,则 $\boldsymbol{y}=\boldsymbol{C}^{-1}\boldsymbol{x}\neq\boldsymbol{0}$,故

$$f(\boldsymbol{x}) = \sum_{i=1}^{n} k_i y_i^2 > 0.$$

再证必要性. 用反证法. 假设 $k_s\leqslant 0$,则当 $\boldsymbol{y}=\boldsymbol{e}_s$ 时,$f(\boldsymbol{C}\boldsymbol{e}_s)=k_s\leqslant 0$,显然 $\boldsymbol{C}\boldsymbol{e}_s\neq 0$,这与 f 为正定相矛盾,这就证明了 $k_i>0(i=1,\cdots,n)$.

推论 对称矩阵 $\boldsymbol{A}$ 为正定的充分必要条件是:$\boldsymbol{A}$ 的特征值全为正.

判别矩阵的正定性,除可根据定义判别外,也可根据矩阵本身的结构直接进行判别. 为此先介绍顺序主子式的概念.

定义 5.4 位于 n 阶矩阵 A 的最左上角的 $1,2,\cdots,n$ 阶子式

$$D_1=a_{11}, D_2=\begin{vmatrix} a_{11} & a_{12} \\ a_{21} & a_{22} \end{vmatrix}, \cdots, D_n=|\boldsymbol{A}|,$$

称为 $\boldsymbol{A}$ 的 $1,2,\cdots,n$ 阶**顺序主子式**.

定理 5.5 对称矩阵 $\boldsymbol{A}$ 为正定的充分必要条件是:$\boldsymbol{A}$ 的各阶顺序主子式为正,即

$$D_r > 0 \quad (r = 1,2,\cdots,n).$$

对称矩阵 $\boldsymbol{A}$ 为负定的充分必要条件是:奇数阶主子式为负,而偶数阶主子式为正,即

$$(-1)^r D_r > 0 \quad (r = 1,2,\cdots,n).$$

这个定理称为**霍尔维茨定理**,证明略去.

例 5.8 判别二次型 $f=-5x^2-6y^2-4z^2+4xy+4xz$ 的正定性.

解 f 的矩阵为

$$\boldsymbol{A} = \begin{pmatrix} -5 & 2 & 2 \\ 2 & -6 & 0 \\ 2 & 0 & -4 \end{pmatrix},$$

$$a_{11} = -5 < 0. \qquad \begin{vmatrix} a_{11} & a_{12} \\ a_{21} & a_{22} \end{vmatrix} = \begin{vmatrix} -5 & 2 \\ 2 & -6 \end{vmatrix} = 26 > 0, \qquad |\boldsymbol{A}| = -80 < 0.$$

根据定理 5.5 可知 f 为负定.

例 5.9 证明若 $\boldsymbol{A}$ 为 n 阶正定矩阵,则 $\boldsymbol{A}^{\mathrm{T}},\boldsymbol{A}^{-1}$ 也是正定矩阵.

证 因为 $\boldsymbol{A}$ 正定,故 $\boldsymbol{A}$ 的特征值全大于 0,又我们知道 $\boldsymbol{A}^{\mathrm{T}}$ 与 $\boldsymbol{A}$ 有相同的特征值;而当 $\boldsymbol{A}$ 可逆时,若 λ 是 $\boldsymbol{A}$ 的特征值,则 $\dfrac{1}{\lambda}$ 就是 $\boldsymbol{A}^{-1}$ 的特征值.

从而知,$\boldsymbol{A}^{\mathrm{T}},\boldsymbol{A}^{-1}$ 的特征值也全部大于 0,所以 $\boldsymbol{A}^{\mathrm{T}},\boldsymbol{A}^{-1}$ 也正定.

专题小结:判别矩阵(二次型)正定的两种基本方法

方法 1 证明矩阵的特征值皆为正数.

方法 2 通过计算验证矩阵的各阶顺序主子式都大于零.

习题 5.3

1. 判断下列二次型的正定性：

(1) $f=-2x_1^2-6x_2^2-4x_3^2+2x_1x_2+2x_1x_3$；

(2) $f=x_1^2+3x_2^2+9x_3^2+19x_4^2-2x_1x_2+4x_1x_3+2x_1x_4-6x_2x_4-12x_3x_4$.

2. 试证：如果 $\boldsymbol{A},\boldsymbol{B}$ 都是 n 阶正定矩阵，则 $\boldsymbol{A}+\boldsymbol{B}$ 也是正定矩阵.

3. 若 $\boldsymbol{A}$ 是 n 阶正定矩阵，证明：

(1) $\boldsymbol{A}$ 的伴随阵 $\boldsymbol{A}^*$ 也正定；

(2) $\boldsymbol{A}^k$（k 为正整数）也正定.

第5章小结

本章首先介绍了二次型的有关概念和二次型的矩阵表示.在学习中，应注意实二次型和实对称矩阵之间是一一对应的，从而二次型化简可转化为通过矩阵来解决，即

$$\text{二次型的一般形式}\xrightarrow{\text{可逆变换}}\text{标准形},$$

等价于：

$$\text{实对称矩阵}\xrightarrow{\text{合同变换}}\text{对角矩阵}.$$

二次型化简中涉及的矩阵之间是合同关系，即 $\boldsymbol{B}=\boldsymbol{C}^{\mathrm{T}}\boldsymbol{A}\boldsymbol{C}$（$\boldsymbol{C}$ 可逆）. 当 $\boldsymbol{P}$ 是正交矩阵时，由于 $\boldsymbol{P}^{-1}=\boldsymbol{P}^{\mathrm{T}}$，故有 $\boldsymbol{B}=\boldsymbol{P}^{-1}\boldsymbol{A}\boldsymbol{P}=\boldsymbol{P}^{\mathrm{T}}\boldsymbol{A}\boldsymbol{P}$，此时，$\boldsymbol{A}$ 与 $\boldsymbol{B}$ 既是相似的，又是合同的.

在正交变换下化简二次型，等价于寻找一个正交矩阵 $\boldsymbol{P}$，使 $\boldsymbol{P}^{-1}\boldsymbol{A}\boldsymbol{P}=\boldsymbol{P}^{\mathrm{T}}\boldsymbol{A}\boldsymbol{P}=\boldsymbol{\Lambda}$ 为对角阵，这里正交矩阵和标准形是对应的，但都不是唯一的. 由于正交变换保持向量的长度不变，所以在正交变换下化简二次型，可保持二次型的几何形状不变，正因为如此，在化简二次型的诸方法中，用正交变换法化简尤为重要，也是本章学习中应熟练掌握的内容。

矩阵的正定性是通过对应的二次型来定义的，但也可以直接从矩阵的特征值和顺序主子式来判断矩阵的正定性.

答疑解惑

1. 问：一个给定的二次型不是正定就是负定吗？

答：正定、负定都属于特殊的二次型，有些既不正定也不负定. 例如 $f(x_1,x_2)=x_1^2-x_2^2$.

2. 问：$f(x_1,x_2)=2x_1^2+5x_2^2$ 为正定二次型，$f(x_1,x_2,x_3)=2x_1^2+5x_2^2$ 也是正定的吗？

答：不是.

因为若取 $x_1=x_2=0,x_3=1$，则对应的函数值为 0，而正定要求自变量不全为零时函数值必须大于零.

3. 两个实对称矩阵 $\boldsymbol{A},\boldsymbol{B}$ 有相同的特征值，则二者之间有哪些关系？

答：二者既相似、合同又等价.

因为，由已知，存在正交矩阵 $\boldsymbol{P}$，使得 $\boldsymbol{A}=\boldsymbol{P}^{-1}\boldsymbol{B}\boldsymbol{P}=\boldsymbol{P}^{\mathrm{T}}\boldsymbol{B}\boldsymbol{P}$，因此 $\boldsymbol{A},\boldsymbol{B}$ 相似且合同，再考虑到 $\boldsymbol{P}$ 的可逆性，所以 $\boldsymbol{A},\boldsymbol{B}$ 又等价.

☞ 自测题 A

1. 填空题：

(1) 设二次型 $f(x_1,x_2,x_3)=x_1^2+2x_2^2+3x_3^2+6x_1x_2+4x_1x_3+8x_2x_3$，则其对应的矩阵为________.

(2) 已知二次型 $f(x_1,x_2,x_3)=2x_1^2+2x_2^2+6x_3^2+2ax_1x_2-4x_1x_3+4x_2x_3$ 为正定的，则 a 的取值范围为________.

(3) 二次型 $f=\boldsymbol{x}^{\mathrm{T}}\boldsymbol{A}\boldsymbol{x}$ 经过某正交变换 $\boldsymbol{x}=\boldsymbol{P}\boldsymbol{y}$ 后化为标准形 $f=6y_1^2+2y_2^2+3y_3^2$，则 $|\boldsymbol{A}|=$________.

(4) 任一实二次型都可通过某个可逆的线性变换 $\boldsymbol{x}=\boldsymbol{P}\boldsymbol{y}$ 化为标准形，该回答正确吗？________.

(5) 二次型 $f=\boldsymbol{x}^{\mathrm{T}}\boldsymbol{A}\boldsymbol{x}$ 经过可逆的线性变换 $\boldsymbol{x}=\boldsymbol{P}\boldsymbol{y}$ 后化为新二次型 $f=\boldsymbol{y}^{\mathrm{T}}\mathbf{B}\boldsymbol{y}$，则 $\boldsymbol{B}=$________.

2. 单项选择题：

(1) 矩阵(　　)是二次型 $f=x_1^2+3x_2^2+6x_1x_2$ 的矩阵.

A. $\begin{pmatrix}1&-1\\-1&3\end{pmatrix}$　　B. $\begin{pmatrix}1&2\\4&3\end{pmatrix}$

C. $\begin{pmatrix}1&3\\3&3\end{pmatrix}$　　D. $\begin{pmatrix}1&5\\1&3\end{pmatrix}$

(2) 二次型(　　)的矩阵是 $\begin{bmatrix}1&-1&0\\-1&3&0\\0&0&0\end{bmatrix}$.

A. $f=x_1^2+3x_2^2+2x_1x_2$　　B. $f=x_1^2+3x_2^2-x_1x_2$

C. $f=x_1^2+3x_2^2-2x_1x_2$　　D. $f=x_1^2+3x_2^2-x_1x_2-x_1x_3$

(3) 下列各式中等于 $f=x_1^2+3x_2^2+6x_1x_2$ 的是(　　).

A. $(x_1\quad x_2)\begin{pmatrix}1&2\\4&-3\end{pmatrix}\begin{bmatrix}x_1\\x_2\end{bmatrix}$　　B. $(x_1\quad x_2)\begin{pmatrix}1&3\\3&3\end{pmatrix}\begin{bmatrix}x_1\\x_2\end{bmatrix}$

C. $(x_1\quad x_2)\begin{pmatrix}1&-1\\-5&3\end{pmatrix}\begin{bmatrix}x_1\\x_2\end{bmatrix}$　　D. $(x_1\quad x_2)\begin{pmatrix}-1&5\\1&3\end{pmatrix}\begin{bmatrix}x_1\\x_2\end{bmatrix}$

(4) 二次型 $f(x_1,x_2,x_3)=x_1^2+x_2^2+x_3^2-tx_2x_3$ 正定，则 t 的取值范围是(　　).

A. $-2<t<2$　　B. $-4<t<4$

C. $-1<t<1$　　D. $-3<t<3$

(5) 若二次型 $f(x_1,x_2,x_3)=-5x_1^2-6x_2^2-4x_3^2+2ax_1x_2+4x_1x_3$ 是正定的，则 a 应满足的条件是(　　).

A. $|a|>\sqrt{30}$　　B. $|a|<\sqrt{30}$

C. $|a|>2\sqrt{6}$　　D. $|a|<2\sqrt{6}$

3. 设有二次型 $f=x_1^2+2x_2^2+2x_1x_2-2x_1x_3$，求在下列可逆变换下的新二次型

$$\begin{pmatrix}x_1\\x_2\\x_3\end{pmatrix}=\begin{pmatrix}1&-1&2\\0&1&-1\\0&0&1\end{pmatrix}\begin{pmatrix}y_1\\y_2\\y_3\end{pmatrix}.$$

4. 已知

$$\begin{pmatrix}2-a&1&0\\1&1&0\\0&0&a+3\end{pmatrix}$$

是正定矩阵，求 a 的取值范围.

5. 确定 a 的取值范围，使

$$f=5x_1^2+x_2^2+ax_3^2+4x_1x_2-2x_1x_3-2x_2x_3$$

为正定二次型.

6. 已知二次型 $f(x_1,x_2,x_3)=4x_2^2-3x_3^2+4x_1x_2-4x_1x_3+8x_2x_3$.

(1) 写出 f 的矩阵表示式；

(2) 用正交变换把二次型 f 化为标准形，并写出相应的正交阵.

7. 设二次型 $f=2x_1^2+3x_2^2+3x_3^2+2ax_2x_3(a>0)$，通过正交变换可化为标准形：

$$f=y_1^2+2y_2^2+5y_3^2,$$

求参数 a 及所用的正交变换.

8. 设 $\boldsymbol{A}$ 为实矩阵，$\boldsymbol{B}=\lambda\boldsymbol{E}+\boldsymbol{A}^{\mathrm{T}}\boldsymbol{A}$，证明：当 $\lambda>0$ 时 $\boldsymbol{B}$ 为正定矩阵.

☞ 自测题 B

1. 填空题：

(1) 若二次型 $f=x_1^2+3x_2^2+x_3^2+2ax_1x_2+2x_1x_3+2x_2x_3$ 经正交变换后可化为 $y_1^2+4y_2^2$，则 $a=$________.

(2) 设 3 阶实对称方阵 $\boldsymbol{A}$ 的 3 个特征值为 $-2,0,2$，则二次型 $f=\boldsymbol{x}^{\mathrm{T}}(\boldsymbol{A}+\boldsymbol{E})x$ 经过某个正交变换 $\boldsymbol{x}=\boldsymbol{P}\boldsymbol{y}$ 后可化为标准形________.

(3) 二次型 $f(x_1,x_2,x_3)=x_1^2+2x_2^2+x_3^2-2x_1x_2-2x_2x_3$ 的秩为________.

(4) 对二次型 $f(x_1,x_2,x_3)=x_1^2+x_2^2+x_3^2+2x_1x_2+2x_1x_3-4x_2x_3$ 进行线性变换 $x=Cy$，其中 $C=\begin{pmatrix}1&0&-1\\2&0&1\\0&1&0\end{pmatrix}$，则变换后新二次型的矩阵为________.

(5) 二次型 $f(x_1,x_2,x_3)=3x_1^2+4x_2^2+5x_3^2+4x_1x_2-4x_2x_3$ 是正定的，该回答正确吗？________.

2. 单项选择题：

(1) 实二次型 $f=\boldsymbol{x}^{\mathrm{T}}\boldsymbol{A}\boldsymbol{x}$ 为正定的充分必要条件是(　　).

A. $|\boldsymbol{A}|>0$　　　　B. 负惯性指数为零

C. $\boldsymbol{A}$ 的所有特征值都大于零；　　　　D. 对任意 $x\neq0$，$\boldsymbol{x}^{\mathrm{T}}\boldsymbol{A}\boldsymbol{x}\geqslant0$

(2) 已知二次型 $f(x_1,x_2,x_3)=x_1^2+ax_2^2+3x_3^2+2x_1x_2$，当 $a=$(　　)时该二次型的秩为2?

A. 0　　B. 1　　C. 2　　D. 3

(3) 设 $\boldsymbol{A}=\begin{pmatrix}1&1&1\\1&1&1\\1&1&1\end{pmatrix}$，$\boldsymbol{B}=\begin{pmatrix}3&0&0\\0&0&0\\0&0&0\end{pmatrix}$，则 $\boldsymbol{A}$ 与 $\boldsymbol{B}$ 的关系为(　　).

A. 合同且相似　　B. 合同但不相似

C. 相似但不合同　　D. 既不合同也不相似

(4) 设 $\boldsymbol{A}=\begin{pmatrix}1&0&0\\0&2&0\\0&0&3\end{pmatrix}$，$\boldsymbol{B}=\begin{pmatrix}2&0&0\\0&1&0\\0&0&3\end{pmatrix}$，则下列命题错误的是(　　)

A. $\boldsymbol{A}$ 与 $\boldsymbol{B}$ 相似　　B. $\boldsymbol{A}$ 与 $\boldsymbol{B}$ 等价

C. $\boldsymbol{A}$ 与 $\boldsymbol{B}$ 合同　　D. 以上都不正确

(5) 已知二次型 $f(x_1,x_2,x_3)$ 的正惯性指数为1，那么下面4个表达式中哪一个有可能是 $f(x_1,x_2,x_3)$ 的标准形?(　　)

A. $y_1^2-2y_2^2-y_3^2$　　B. $y_1^2+y_2^2-2y_3^2$

C. $2y_1^2+y_2^2+3y_3^2$　　D. $-y_1^2-y_2^2-5y_3^2$

3. 已知二次型 $f(x_1,x_2,x_3)=5x_1^2+5x_2^2+cx_3^2-2x_1x_2+6x_1x_3-6x_2x_3$ 的秩为2，求参数 c.

4. 设二次型 $f=\boldsymbol{x}^{\mathrm{T}}\boldsymbol{A}\boldsymbol{x}$ 的秩为1，$\boldsymbol{A}$ 中各行元素之和为5，

(1) 写出 $\boldsymbol{A}$ 的一个特征向量;

(2) 求 f 通过正交变换 $\boldsymbol{x}=\boldsymbol{P}\boldsymbol{y}$ 后化成的标准形.

5. 设 $\boldsymbol{A},\boldsymbol{B}$ 分别为 m,n 阶正定矩阵，则分块矩阵

$$\boldsymbol{C}=\begin{pmatrix}\boldsymbol{A}&\boldsymbol{0}\\\boldsymbol{0}&\boldsymbol{B}\end{pmatrix}$$

也是正定矩阵.

6. 证明二次型 $f=\boldsymbol{x}^{\mathrm{T}}\boldsymbol{A}\boldsymbol{x}$ 在 $\|\boldsymbol{x}\|=1$ 时的最大值为方阵 $\boldsymbol{A}$ 的最大特征值.

7. 设 $\boldsymbol{U}$ 为可逆矩阵，$\boldsymbol{A}=\boldsymbol{U}^{\mathrm{T}}\boldsymbol{U}$，证明 $f=\boldsymbol{x}^{\mathrm{T}}\boldsymbol{A}\boldsymbol{x}$ 为正定二次型.

8. 设对称阵 $\boldsymbol{A}$ 为正定阵，证明存在可逆矩阵 $\boldsymbol{U}$，使 $\boldsymbol{A}=\boldsymbol{U}^{\mathrm{T}}\boldsymbol{U}$.

附录Ⅰ 投入产出数学模型简介

投入产出分析是20世纪30年代由美国经济学家列昂节夫首先提出来的，它是研究一个经济系统各部门之间“投入”与“产出”关系的线性模型，一般称之为**投入产出模型**. 投入产出模型可应用于微观经济系统，也可应用于宏观经济系统的综合平衡分析. 目前，这种分析方法已在全世界90多个国家和地区得到了普遍的推广和应用. 自20世纪60年代起，我国就开始把投入产出分析方法应用于各地区及全国的经济平衡分析. 这一方法已成为我国许多部门、地区进行现代化管理的重要工具.

一、投入产出平衡表

设一个经济系统可以分为n个生产部门，各部门分别用$1,2,\cdots,n$表示，部门i只生产一种产品i，并且没有联合生产，即产品i仅由部门i生产. 每一生产部门，一方面以自己的产品分配给各部门作为生产资料或满足社会的非生产性消费需要，并提供积累. 另一方面，每一生产部门在其生产过程中也要消耗各部门的产品，所以各部门之间形成了一个复杂的互相交错的关系，这一关系可以用投入产出(平衡)表来表示.

投入产出表可以按实物形式编制，也可按价值形式编制，这里仅介绍价值型的投入产出模型. 因此，后面所提到的诸如“产品量”“单位产品”“总产品”“最终产品”等，分别指“产品的价值”“单位产品的价值”“总产值”“最终产品的价值”等. 记

$x_i(i=1,2,\cdots,n)$表示第i部门总产品；

$y_i(i=1,2,\cdots,n)$表示第i部门的最终产品；

$x_{ij}(i,j=1,2,\cdots,n)$表示第i部门分配给第j部门的产品量，或者说第j部门消耗第i部门的产品量；

$z_i(j=1,2,\cdots,n)$表示第j部门新创造价值；

$v_i(j=1,2,\cdots,n)$表示第j部门的劳动报酬；

$m_j(j=1,2,\cdots,n)$表示第j部门创造的纯收入(包括利润、税收等).

表1即为价值型投入产出表.

表1 价值型投入产出表

部门间流量(x_{ij}) 产出(至) j→ 投入(自) i↓		中间产品					最终产品				总产品
		消耗部门					消费	积累	…	合计	
		1	2	…	n	合计					
生产部门	1	x_{11}	x_{12}	…	x_{1n}	$\sum_j x_{1j}$				y_1	x_1
	2	x_{21}	x_{22}	…	x_{2n}	$\sum_j x_{2j}$				y_2	x_2
	…	…	…	…	…	…				…	…
	n	x_{n1}	x_{n2}	…	x_{nn}	$\sum_j x_{nj}$				y_n	x_n

续表

部门间流量 (x_{ij}) 产出(至) $j\to$ 投入(自) $i\downarrow$		中间产品					最终产品				总产品
		消耗部门					消费	积累	…	合计	
		1	2	…	n	合计					
生产部门	合计	$\sum_i x_{i1}$	$\sum_i x_{i2}$	…	$\sum_i x_{in}$	$\sum_j \sum_i x_{ij} = \sum_i \sum_j x_{ij}$				$\sum_i y_i$	$\sum_i x_i$
新创造价值	劳动报酬	v_1	v_2	…	v_n	$\sum_j v_j$					
	纯收入	m_1	m_2	…	m_n	$\sum_j m_j$					
	合计	z_1	z_2	…	z_n	$\sum_j z_j$					
总产值		x_1	x_2	…	x_n	$\sum_j x_j$					

投入产出表分为 4 个部分,称为 4 个象限.

左上角为第Ⅰ象限,在这一部分中,每一个部门都以生产者和消费者的双重身份出现.从每一横行看,该部门作为生产部门以自己的产品分配给各部门;从每一纵列看,该部门又作为消耗部门在生产过程中消耗各部门的产品.行与列交叉点是部门间流量,这个量也是以双重身份出现,它是行部门分配给列部门的产品量,也是列部门消耗行部门的产品量.

这一部分反映了该经济系统生产部门之间的技术性联系,它是投入产出表的最基本部分.

右上角为第Ⅱ象限,反映各部门用于最终产品的部分.从每一横行来看,反映了该部门最终产品的分配情况;从每一纵列看,表明用于消费、积累等方面的最终产品分别由各部门提供的数量.

左下角为第Ⅲ象限,反映总产品中新创造的价值部分.每一列指出该部门的新创造价值,包括劳动报酬和该部门创造的纯收入.

右下角为第Ⅳ象限,这部分反映总收入的再分配,比较复杂,有待进一步研究.

二、平衡方程

1. 产品平衡方程组

从表 1 的行来看,第Ⅰ、Ⅱ象限每一行存在一个等式,即每一个部门作为生产部门分配给各部门用于生产消耗的产品,加上它本部门的最终产品,应等于它的总产品,即

$$\begin{cases} x_1 = x_{11} + x_{12} + \cdots + x_{1n} + y_1, \\ x_2 = x_{21} + x_{22} + \cdots + x_{2n} + y_2, \\ \cdots\cdots\cdots\cdots\cdots\cdots\cdots\cdots \\ x_n = x_{n1} + x_{n2} + \cdots + x_{nn} + y_n. \end{cases} \tag{1}$$

用求和号表示可以写成

$$x_i = \sum_{j=1}^{n} x_{ij} + y_i \quad (i = 1,2,\cdots,n). \tag{2}$$

这个方程组称为**产品分配平衡方程组**.

(2) 式中$\sum\limits_{j=1}^{n}x_{ij}$为第 i 部门分配给各部门生产消耗的产品总和.

2. 产值构成平衡方程组

从表 1 的列来看,第Ⅰ、Ⅲ象限每一列也存在一个等式,即每一个部门作为消耗部门,各部门为它的生产消耗转移的产品价值加上它本部门新创造的价值,即

$$\begin{cases} x_1 = x_{11} + x_{21} + \cdots + x_{1n} + z_1, \\ x_2 = x_{12} + x_{22} + \cdots + x_{n2} + z_2, \\ \cdots\cdots\cdots\cdots\cdots\cdots\cdots\cdots\cdots \\ x_n = x_{1n} + x_{2n} + \cdots + x_{nn} + z_n. \end{cases} \tag{3}$$

用求和号表示可以写成

$$x_j = \sum_{i=1}^{n} x_{ij} + z \quad (j = 1,2,\cdots,n). \tag{4}$$

这个方程组称为**产值构成平衡方程组**.

三、直接消耗系数

第 j 部门生产单位产品直接消耗第 i 部门的产品量,称为第 j 部门对第 i 部门的**直接消耗系数**,以 a_{ij} 表示,即

$$a_{ij} = \frac{x_{ij}}{x_j} \quad (i,j = 1,2,\cdots,n). \tag{5}$$

换句话说,a_{ij} 也就是第 j 部门生产单位产品需要第 i 部门直接分配给第 j 部门的产品量.

物质生产部门之间的直接消耗系数,基本上是技术性的,因而是相对稳定的,通常也叫做**技术系数**.

各部门的直接消耗系数构成的 n 阶矩阵

$$\mathbf{A} = \begin{pmatrix} a_{11} & a_{12} & \cdots & a_{1n} \\ a_{21} & a_{22} & \cdots & a_{2n} \\ \vdots & \vdots & & \vdots \\ a_{n1} & a_{n2} & \cdots & a_{nn} \end{pmatrix}$$

称为**直接消耗系数矩阵**.

直接消耗系数 $a_{ij}(i,j=1,2,\cdots,n)$具有下列性质:

(1) $0\leqslant a_{ij}<1 \quad (i,j=1,2,\cdots,n)$,这是因为 $a_{ij}=\frac{x_{ij}}{x_j}$中有 $x_{ij}\geqslant 0, x_j>0$,且 $x_{ij}<x_j \quad (i,j=1,2,\cdots,n)$,所以有 $0\leqslant a_{ij}<1 \quad (i,j=1,2,\cdots,n)$.

(2) $\sum\limits_{i=1}^{n}|a_{ij}|<1 \quad (j=1,2,\cdots,n)$,这是因为 $x_{ij}=a_{ij}x_j$,产值构成平衡方程组(4)就可以化为

$$x_j = \sum_{i=1}^{n} a_{ij}x_j + z_j \quad (j = 1,2,\cdots,n),$$

整理后得

$$(1-\sum_{i=1}^{n}a_{ij})x_j = z_j \quad (j=1,2,\cdots,n),$$

$$x_j>0, z_j>0 \quad (j=1,2,\cdots,n).$$

那么

$$1-\sum_{i=1}^{n}a_{ij}>0 \quad (j=1,2,\cdots,n),$$

即

$$\sum_{i=1}^{n}a_{ij}<1 \quad (j=1,2,\cdots,n),$$

由性质(1),上式可写成

$$\sum_{i=1}^{n}|a_{ij}|<1 \quad (j=1,2,\cdots,n).$$

利用直接消耗系数矩阵 **A**,产品分配平衡方程组和产值构成平衡方程组可以写成矩阵形式.

将 $x_{ij}=a_{ij}x_j$ 代入产品分配平衡方程组(1),得

$$\begin{cases} x_1 = a_{11}x_1+a_{12}x_2+\cdots+a_{1n}x_n+y_1, \\ x_2 = a_{21}x_1+a_{22}x_2+\cdots+a_{2n}x_n+y_2, \\ \cdots\cdots\cdots\cdots\cdots\cdots\cdots\cdots\cdots\cdots \\ x_n = a_{n1}x_1+a_{n2}x_2+\cdots+a_{nn}x_n+y_n, \end{cases} \tag{6}$$

或写成

$$x_i=\sum_{j=1}^{n}a_{ij}x_j+y_i \quad (i=1,2,\cdots,n). \tag{7}$$

设

$$\boldsymbol{x}=\begin{pmatrix} x_1 \\ x_2 \\ \vdots \\ x_n \end{pmatrix}, \quad \boldsymbol{y}=\begin{pmatrix} y_1 \\ y_2 \\ \vdots \\ y_n \end{pmatrix},$$

则方程组(6)可以写程矩阵形式

$$\boldsymbol{x}=\boldsymbol{A}\boldsymbol{x}+\boldsymbol{y}, \tag{8}$$

或

$$(\boldsymbol{I}-\boldsymbol{A})\boldsymbol{x}=\boldsymbol{y}. \tag{9}$$

将 $x_{ij}=a_{ij}x_j$ 代入产值构成平衡方程组(3),得

$$\begin{cases} x_1 = a_{11}x_1+a_{21}x_1+\cdots+a_{n1}x_1+z_1, \\ x_2 = a_{12}x_2+a_{22}x_2+\cdots+a_{n2}x_2+z_2, \\ \cdots\cdots\cdots\cdots\cdots\cdots\cdots\cdots\cdots\cdots \\ x_n = a_{1n}x_n+a_{2n}x_n+\cdots+a_{nn}x_n+z_n, \end{cases} \tag{10}$$

或写成 $x_j=\sum_{i=1}^{n}a_{ij}x_j+z_j \quad (j=1,2,\cdots,n).$ (11)

设

$$\boldsymbol{D}=\begin{pmatrix} \sum_{i=1}^{n}a_{i1} & & & \\ & \sum_{i=1}^{n}a_{i2} & & \\ & & \ddots & \\ & & & \sum_{i=1}^{n}a_{in} \end{pmatrix}, \quad z=\begin{pmatrix} z_1 \\ z_2 \\ \vdots \\ z_n \end{pmatrix},$$

则方程组(10)可以写成矩阵形式

$$x = Dx + z, \tag{12}$$

或

$$(I-D)x=z. \tag{13}$$

四、平衡方程组的解

利用投入产出数学模型进行经济分析时，首先要根据该经济系统报告期的数据求出直接消耗系数矩阵 $\boldsymbol{A}$，并假设在未来计划期内直接消耗系数 $a_{ij}(i,j=1,2,\cdots,n)$ 不发生变化，则由方程组(9)、(13)可求得平衡方程组的解.

1. 解产品分配平衡方程组

在方程组(9)中，有：

(1) 如果已知 $\boldsymbol{x}=(x_1,x_2,\cdots,x_n)^{\mathrm{T}}$，则可求得

$$\boldsymbol{y} = (\boldsymbol{I}-\boldsymbol{A})\boldsymbol{x}.$$

(2) 如果已知 $\boldsymbol{y}=(y_1,y_2,\cdots,y_n)^{\mathrm{T}}$，则可以证明矩阵 $(\boldsymbol{I}-\boldsymbol{A})$ 可逆，且 $(\boldsymbol{I}-\boldsymbol{A})^{-1}$ 为非负矩阵，于是可求得

$$\boldsymbol{x} = (\boldsymbol{I}-\boldsymbol{A})^{-1}\boldsymbol{y}.$$

2. 解产值构成平衡方程组

在方程组(13)中，有：

(1) 如果已知 $\boldsymbol{x}=(x_1,x_2,\cdots,x_n)^{\mathrm{T}}$，则可求得

$$\boldsymbol{z} = (\boldsymbol{I}-\boldsymbol{D})\boldsymbol{x}.$$

(2) 如果已知 $\boldsymbol{z}=(z_1,z_2,\cdots,z_n)^{\mathrm{T}}$，则可求得

$$\boldsymbol{x} = (\boldsymbol{I}-\boldsymbol{D})^{-1}\boldsymbol{z},$$

不难求出

$$(\boldsymbol{I}-\boldsymbol{D})^{-1} = \begin{pmatrix} (1-\sum\limits_{i=1}^{n}a_{i1})^{-1} & & & \\ & (1-\sum\limits_{i=1}^{n}a_{i2})^{-1} & & \\ & & \ddots & \\ & & & (1-\sum\limits_{i=1}^{n}a_{in})^{-1} \end{pmatrix},$$

因此有

$$x_j = \frac{z_j}{1-\sum\limits_{i=1}^{n}a_{ij}} \quad (i=1,2,\cdots,n).$$

例 设有一个经济系统包括 3 个部门，在某一个生产周期内各部门间的消耗系数及最终产品如表 2 所示，求各部门的总产品及部门间的流量.

表 2

消耗系数 消耗部门 / 生产部门	1	2	3	最终产品
1	0.25	0.1	0.1	245
2	0.2	0.2	0.1	90
3	0.1	0.1	0.2	175

解 设 $x_i(i=1,2,3)$ 表示第 i 部门的总产品.

已知

$$\boldsymbol{A}=(a_{ij})=\begin{pmatrix}0.25 & 0.1 & 0.1\\0.2 & 0.2 & 0.1\\0.1 & 0.1 & 0.2\end{pmatrix},$$

$$y=(245,90,175)^{\mathrm{T}},$$

$$\boldsymbol{I}-\boldsymbol{A}=\begin{pmatrix}0.75 & -0.1 & -0.1\\-0.2 & 0.8 & -0.1\\-0.1 & -0.1 & 0.8\end{pmatrix},$$

可以求得

$$(\boldsymbol{I}-\boldsymbol{A})^{-1}=\frac{10}{891}\begin{pmatrix}126 & 18 & 18\\34 & 118 & 19\\20 & 17 & 116\end{pmatrix}.$$

所以

$$\boldsymbol{x}=(\boldsymbol{I}-\boldsymbol{A})^{-1}\boldsymbol{y}=\frac{10}{891}\begin{pmatrix}126 & 18 & 18\\34 & 118 & 19\\20 & 17 & 116\end{pmatrix}\begin{pmatrix}245\\90\\175\end{pmatrix}\begin{pmatrix}400\\250\\300\end{pmatrix}.$$

如果部门很多时,可借助计算机求近似解.

由 $x_{ij}=a_{ij}x_j(i,j=1,2,\cdots,n)$,按 $x_1=400,x_2=250,x_3=300$,可计算部门间流量:

$$x_{11}=100,x_{12}=25,x_{13}=30,$$
$$x_{21}=80,x_{22}=50,x_{23}=30,$$
$$x_{31}=40,x_{32}=25,x_{33}=60,$$

现将所求得的各部门的总产量及部门间流量列成表 3.

表 3

x_{ij} 消耗部门 / 生产部门	1	2	3	y	x
1	100	25	30	245	400
2	80	50	30	90	250
3	40	25	60	175	300

附录Ⅱ 线性代数名词英汉对照

Chapter 1

行列式	determinant
排列	permutation
排列的逆序数	inversion of the permutation
奇(偶)排列	odd/even permutation
下(上)三角行列式	lower/upper-triangular determinant
范德蒙行列式	Vandermonde determinant
余子式	minor
代数余子式	cofactor (or signed minor)
行列式展开公式	expansion-formular of the determinant
克莱姆法则	Cramer's rule
线性方程	linear equation
(非)零解	zero(non) solution

Chapter 2

矩阵	matrix
方阵	square matrix
线性变换的矩阵	matrix of linear transformation
幂等矩阵	idempotent matrix
单位矩阵	identity matrix
零矩阵	zero matrix
恒等变换	identity transformation
初等变换	elementary transformation
初等行(列)变换	elementary row/column operations
初等矩阵	elementary matrix
(非)奇异矩阵	singular(non) matrix
等价矩阵	equivalent matrices
分块矩阵	block matrix
下(上)三角矩阵	low/upper-triangular matrix
对称矩阵	symmetric matrix
反对称矩阵	skew symmetric matrix
逆矩阵	inverse matrix
矩阵的秩	rank of a matrix
满秩	full rank

转置矩阵	transposed matrix
伴随矩阵	adjoint matrix
对角矩阵	diagonal matrix
矩阵多项式	matrix polynomial

Chapter 3

线性相关	linear dependence
线性无关	linear independence
线性变换	linear transformation
线性表示	linear representation
线性组合	linear combination
行向量、列向量	row/column vector
分量	components
坐标向量	coordinate vector
零向量	zero-vector
负向量	opposite direction vector
实(复)向量	real/complex vector
共轭向量	conjugate vector
解集	solution set
齐次线性方程组	homogeneous system of linear equations
非齐次线性方程组	inhomogeneous system of linear equations
基础解系	basic set of solutions
零解	trivial solution (or zero solution)
非零解	nontrivial solution
系数矩阵	coefficient matrix
增广矩阵	augmented matrix
高斯消元法	Gaussian elimination

Chapter 4

向量的内积	inner product of two vectors
向量的范数	norm of a vector
向量的长度	length of a vector
单位向量	unit vector
许瓦兹不等式	Schwarz -inequality
三角不等式	triangle-inequality
正交矩阵	orthogonal matrix
正交向量	orthogonal vectors
正交变换	orthogonal transformation
正交基	orthogonal basis

正交规范基	orthonormal basis
施密特正交化	the Schmidt-orthogonalization
特征值	eigenvalue
特征向量	eigenvector
特征方程	characteristic equation
特征多项式	characteristic polynomial
相似矩阵	similar matrix
相似变换	similarity transformation
矩阵的迹	trace of a matrix

Chapter 5

二次型	quadratic form
二次型的秩	rank of quadratic form
正定矩阵	positive definite matrix
(半)正定二次型	positive definite(semi) quadratic form
(半)负定二次型	negative definite(semi) quadratic form

附录Ⅲ 总测试题

总测试题一

1. 填空题：

(1) 若 $\begin{vmatrix} a_{11} & a_{12} & a_{13} \\ a_{21} & a_{22} & a_{23} \\ a_{31} & a_{32} & a_{33} \end{vmatrix}=1$，则 $\begin{vmatrix} 2a_{11} & 2a_{12} & 2a_{13} \\ 2a_{21} & 2a_{22} & 2a_{23} \\ 2a_{31} & 2a_{32} & 2a_{33} \end{vmatrix}=$________.

(2) 各列元素之和都等于零的 n 阶行列式之值等于________.

(3) 设 $\boldsymbol{\alpha}_1=\begin{pmatrix} 1 \\ 2 \\ -1 \\ 0 \end{pmatrix}$，$\boldsymbol{\alpha}_2=\begin{pmatrix} 1 \\ 1 \\ 0 \\ a \end{pmatrix}$，$\boldsymbol{\alpha}_3=\begin{pmatrix} 2 \\ 1 \\ 1 \\ 6 \end{pmatrix}$，若由 $\boldsymbol{\alpha}_1,\boldsymbol{\alpha}_2,\boldsymbol{\alpha}_3$ 形成的向量组的秩为 2，则 $a=$________.

(4) 设 $\boldsymbol{\alpha}_1=(1,1,0)$，$\boldsymbol{\alpha}_2=(0,1,1)$，$\boldsymbol{\alpha}_3=(3,4,0)$，$3\boldsymbol{\alpha}_1+2\boldsymbol{\alpha}_2-\boldsymbol{\alpha}_3=$________.

(5) 设非齐次线性方程组 $\boldsymbol{Ax}=\boldsymbol{b}$，$R(\boldsymbol{A})=n-1$，其中 n 是未知量的个数，u_1,u_2 是方程组两个不同的解，则方程组的全部解为________.

2. 单项选择题：

(1) 下列排列中是奇排列的是(　　).

A. 4321　　B. 1234　　C. 2314　　D. 4123.

(2) 4 阶行列式 $\begin{vmatrix} a_1 & 0 & 0 & b_1 \\ 0 & a_2 & b_2 & 0 \\ 0 & b_3 & a_3 & 0 \\ b_4 & 0 & 0 & a_4 \end{vmatrix}=$(　　).

A. $a_1a_2a_3a_4-b_1b_2b_3b_4$　　B. $a_1a_2a_3a_4+b_1b_2b_3b_4$

C. $(a_1a_2-b_1b_2)(a_3a_4-b_3b_4)$　　D. $(a_2a_3-b_2b_3)(a_1a_4-b_1b_4)$

(3) 设 $\boldsymbol{\alpha}_1=\begin{pmatrix} 0 \\ 0 \\ a \end{pmatrix}$，$\boldsymbol{\alpha}_2=\begin{pmatrix} 0 \\ 1 \\ b \end{pmatrix}$，$\boldsymbol{\alpha}_3=\begin{pmatrix} 1 \\ -1 \\ c \end{pmatrix}$，$\boldsymbol{\alpha}_4=\begin{pmatrix} -1 \\ 1 \\ d \end{pmatrix}$，其中 a,b,c,d 为任意常数，则下列向量组线性相关的为(　　).

A. $\boldsymbol{\alpha}_1,\boldsymbol{\alpha}_2,\boldsymbol{\alpha}_3$　　B. $\boldsymbol{\alpha}_1,\boldsymbol{\alpha}_2,\boldsymbol{\alpha}_4$

C. $\boldsymbol{\alpha}_1,\boldsymbol{\alpha}_3,\boldsymbol{\alpha}_4$　　D. $\boldsymbol{\alpha}_2,\boldsymbol{\alpha}_3,\boldsymbol{\alpha}_4$

(4) 二阶矩阵 $\boldsymbol{A}=\begin{pmatrix} 3 & 1 \\ 5 & -1 \end{pmatrix}$ 的特征值为(　　).

A. 4 和 -2　　B. 3 和 -1　　C. -4 和 2　　D. -3 和 1

(5) 若 n 阶矩阵 $\boldsymbol{A}$ 可相似对角化,则(　　).

A. $\boldsymbol{A}$ 一定是对称矩阵　　B. $\boldsymbol{A}$ 有 n 个互异的特征值

C. $R(\boldsymbol{A})=n$　　D. $\boldsymbol{A}$ 有 n 个线性无关的特征向量

3. 设 $\boldsymbol{A}=\begin{pmatrix}-1&2&1\\1&-1&0\\2&2&3\end{pmatrix}$,求 $\boldsymbol{A}$ 的逆矩阵.

4. 求向量组 $\boldsymbol{\alpha}_1=\begin{pmatrix}-1\\3\\5\end{pmatrix}$,$\boldsymbol{\alpha}_2=\begin{pmatrix}2\\-1\\0\end{pmatrix}$,$\boldsymbol{\alpha}_3=\begin{pmatrix}3\\2\\7\end{pmatrix}$,$\boldsymbol{\alpha}_4=\begin{pmatrix}-3\\1\\-1\end{pmatrix}$的秩和其一个最大无关组,并把其余向量用该最大无关组线性表示.

5. 设有线性方程组 $\begin{cases}x_1+x_2+x_3+x_4=1,\\3x_1+2x_2+x_3+x_4=0,\\x_2+2x_3+2x_4=t,\end{cases}$ 其中 t 为常数.

(1) t 为何值时,方程组有解?

(2) 方程组有解时,求出方程组的全部解.

6. 设向量组 $\boldsymbol{\alpha}_1,\boldsymbol{\alpha}_2,\boldsymbol{\alpha}_3$ 线性无关,又 $\boldsymbol{\beta}_1=\boldsymbol{\alpha}_1+\boldsymbol{\alpha}_2$,$\boldsymbol{\beta}_2=\boldsymbol{\alpha}_2+\boldsymbol{\alpha}_3$,$\boldsymbol{\beta}_3=\boldsymbol{\alpha}_3+\boldsymbol{\alpha}_1$,试证明向量组 $\boldsymbol{\beta}_1,\boldsymbol{\beta}_2,\boldsymbol{\beta}_3$ 线性无关.

7. 设有向量 $\boldsymbol{\alpha}=\begin{pmatrix}1\\2\\3\end{pmatrix}$,$\boldsymbol{\beta}=\begin{pmatrix}1\\1\\-1\end{pmatrix}$,计算 $\boldsymbol{\alpha},\boldsymbol{\beta}$ 的内积,并将 $\boldsymbol{\alpha},\boldsymbol{\beta}$ 单位化.

8. 设有矩阵 $\boldsymbol{A}=\begin{pmatrix}3&1&1\\1&3&1\\1&1&3\end{pmatrix}$,求一个正交矩阵 $\boldsymbol{P}$,使得 $\boldsymbol{P}^{-1}\boldsymbol{A}\boldsymbol{P}=\boldsymbol{\Lambda}$ 为对角矩阵.

总测试题二

1. 填空题:

(1) 在 5 阶行列式 $D_5=\det(a_{ij})$ 的展开式中,含 $a_{23}a_{12}a_{35}a_{51}a_{44}$ 的一项前应带________号.

(2) 已知 3 阶矩阵 $\boldsymbol{A}=\begin{pmatrix}0&1&0\\0&0&1\\1&0&0\end{pmatrix}$,则 $\boldsymbol{A}^{-1}=$________.

(3) 设 $\boldsymbol{A}$ 为 3 阶非零矩阵,满足 $\boldsymbol{A}^2=\boldsymbol{0}$,则 $\boldsymbol{A}$ 的秩 $R(\boldsymbol{A})=$________.

(4) 已知向量 $\boldsymbol{\alpha}=(1,\ 1,\ 1)$,其单位化向量为________.

(5) 设 $\lambda=3$ 是 n 阶矩阵 $\boldsymbol{A}$ 的特征值,则行列式 $|\boldsymbol{A}-3\boldsymbol{E}|=$________.

2. 单项选择题:

(1) 已知四阶行列式 D 中第三列元素依次为 $-1,2,0,1$,它们的余子式依次分别为 $5,3,-7,4$,则 $D=$(　　).

A. 0　　B. 1　　C. -15　　D. 15

(2) 当 λ=(　　)时,方程组 $\begin{cases} x_1+2x_2-x_3=\lambda-1 \\ 3x_2-x_3=\lambda-2 \\ \lambda x_2-x_3=(\lambda-3)(\lambda-4)+(\lambda-2) \end{cases}$ 有无穷多解.

A. 1　　B. 2　　C. 3　　D. 4

(3) 若向量组 $\boldsymbol{\alpha}_1,\boldsymbol{\alpha}_2,\boldsymbol{\alpha}_3$ 线性无关,则向量组 $\boldsymbol{\alpha}_1+\boldsymbol{\alpha}_2,\boldsymbol{\alpha}_2+\boldsymbol{\alpha}_3,\boldsymbol{\alpha}_3+\boldsymbol{\alpha}_1$(　　).

A. 线性相关且秩为 2　　B. 线性相关且秩为 3

C. 线性无关且秩为 2　　D. 线性无关且秩为 3

(4) 设 $\boldsymbol{A}$ 为 n 阶方阵,若 $|\boldsymbol{A}|=0$,则必有(　　).

A. $\boldsymbol{A}=\boldsymbol{0}$　　B. $R(\boldsymbol{A})<n$

C. $\boldsymbol{Ax}=\boldsymbol{0}$ 只有零解　　D. $\boldsymbol{Ax}=\boldsymbol{b}(\boldsymbol{b}\neq\boldsymbol{0})$ 有唯一解

(5) 设 $\boldsymbol{\alpha}=\begin{pmatrix}1\\2\\3\end{pmatrix}$,$\boldsymbol{\beta}=\begin{pmatrix}1\\1\\-1\end{pmatrix}$,则 $\boldsymbol{\alpha},\boldsymbol{\beta}$ 的内积等于(　　).

A. 0　　B. 1　　C. 3　　D. 6

3. 计算 4 阶行列式

$$D=\begin{vmatrix} a_1+x & a_2 & a_3 & a_4 \\ -x & x & 0 & 0 \\ 0 & -x & x & 0 \\ 0 & 0 & -x & x \end{vmatrix}.$$

4. 设矩阵 $\boldsymbol{A}=\begin{pmatrix} 1 & 10 & -6 & 1 \\ 1 & \lambda & -1 & 2 \\ 2 & -1 & 3 & 5 \end{pmatrix}$,其中 λ 为参数,求矩阵 $\boldsymbol{A}$ 的秩.

5. 求向量组 $\boldsymbol{\alpha}_1=\begin{pmatrix}1\\1\\1\end{pmatrix}$,$\boldsymbol{\alpha}_2=\begin{pmatrix}2\\3\\4\end{pmatrix}$,$\boldsymbol{\alpha}_3=\begin{pmatrix}3\\2\\3\end{pmatrix}$,$\boldsymbol{\alpha}_4=\begin{pmatrix}4\\3\\4\end{pmatrix}$ 的秩和其一个最大无关组,并把其余向量用该最大无关组线性表示.

6. 讨论向量组 $\boldsymbol{\alpha}_1=(1,1,0)$,$\boldsymbol{\alpha}_2=(1,3,-1)$,$\boldsymbol{\alpha}_3=(5,3,t)$ 的线性相关性.

7. 解下列非齐次线性方程组

$$\begin{cases} x_1+x_2+2x_3+x_4=3, \\ x_1+2x_2+x_3-x_4=2, \\ 2x_1+x_2-x_3+x_4=1. \end{cases}$$

8. 求矩阵 $\boldsymbol{A}=\begin{pmatrix} 0 & 0 & 1 \\ 0 & 1 & 0 \\ 1 & 0 & 0 \end{pmatrix}$ 的特征值和特征向量.

总测试题三

1. 填空题：

(1) 方程 $\begin{vmatrix} 1 & 1 & 1 \\ 2 & 3 & x \\ 2^2 & 3^2 & x^2 \end{vmatrix}=0$ 的根为 $x=$________.

(2) 设 $\boldsymbol{\alpha}_1,\boldsymbol{\alpha}_2,\boldsymbol{\beta}_1,\boldsymbol{\beta}_2,\boldsymbol{\beta}_3$ 均为四维列向量，四阶矩阵 $\boldsymbol{A}=(\boldsymbol{\alpha}_1\ \boldsymbol{\beta}_1\ \boldsymbol{\beta}_2\ \boldsymbol{\beta}_3)$，$\boldsymbol{B}=(\boldsymbol{\alpha}_2\ \boldsymbol{\beta}_1\ \boldsymbol{\beta}_2\ \boldsymbol{\beta}_3)$，已知行列式 $|\boldsymbol{A}|=4$，$|\boldsymbol{B}|=1$，则行列式 $|\boldsymbol{A}+\boldsymbol{B}|=$ ________.

(3) 设 n 阶矩阵 $\boldsymbol{A}$，满足方程 $\boldsymbol{A}^2+2\boldsymbol{A}+3\boldsymbol{E}=\boldsymbol{0}$，则 $\boldsymbol{A}^{-1}=$________.

(4) 在下列矩阵中

$$\boldsymbol{A}=\begin{pmatrix} 0 & 0 \\ 0 & 0 \end{pmatrix};\quad \boldsymbol{B}=\begin{pmatrix} 1 & 0 \\ 0 & 1 \end{pmatrix};\quad \boldsymbol{C}=\begin{pmatrix} 1 & 0 \\ 0 & 0 \end{pmatrix};\quad \boldsymbol{D}=\begin{pmatrix} 0 & 0 \\ 0 & 1 \end{pmatrix};$$

相似的两个矩阵是________.

(5) 若三阶方阵 $\boldsymbol{A}$ 与对角阵 $\begin{pmatrix} 1 & & \\ & -1 & \\ & & 2 \end{pmatrix}$ 相似，则 $\boldsymbol{A}^2+\boldsymbol{E}$ 的特征值为________.

2. 单项选择题：

(1) 若排列 6 i 4 3 j 1 为偶排列，则(　　).

A. $i=2$,$j=5$　　B. $i=5$,j=2

C. $i=j=2$　　D. $i=j=5$

(2) 设 $\boldsymbol{A}$ 是 n 阶矩阵，$\boldsymbol{A}^2=\boldsymbol{0}$，则(　　).

A. $\boldsymbol{E}-\boldsymbol{A}$ 与 $\boldsymbol{E}+\boldsymbol{A}$ 皆可逆　　B. $\boldsymbol{E}-\boldsymbol{A}$ 可逆，但 $\boldsymbol{E}+\boldsymbol{A}$ 不可逆

C. $\boldsymbol{E}-\boldsymbol{A}$ 不可逆，但 $\boldsymbol{E}+\boldsymbol{A}$ 可逆　　D. $\boldsymbol{E}-\boldsymbol{A}$ 与 $\boldsymbol{E}+\boldsymbol{A}$ 皆不可逆

(3) 设 $\boldsymbol{A},\boldsymbol{B},\boldsymbol{C},\boldsymbol{D}$ 均为 n 阶方阵，则在下列各个等式中，正确的是(　　).

A. $\begin{vmatrix} \boldsymbol{C} & \boldsymbol{B} \\ \boldsymbol{A} & \boldsymbol{0} \end{vmatrix}=-|\boldsymbol{A}||\boldsymbol{B}|$　　B. $\begin{vmatrix} \boldsymbol{C} & \boldsymbol{B} \\ \boldsymbol{A} & \boldsymbol{0} \end{vmatrix}=(-1)^{n^2}|\boldsymbol{A}||\boldsymbol{B}|$

C. $\begin{vmatrix} \boldsymbol{A} & \boldsymbol{B} \\ \boldsymbol{B} & \boldsymbol{A} \end{vmatrix}=|\boldsymbol{A}|^2-|\boldsymbol{B}|^2$　　D. $\begin{vmatrix} \boldsymbol{A} & \boldsymbol{B} \\ \boldsymbol{B} & \boldsymbol{A} \end{vmatrix}=|\boldsymbol{A}|^2+(-1)^n|\boldsymbol{B}|^2$

(4) 设 $\boldsymbol{A}=\begin{pmatrix} 1 & 0 \\ \lambda & 1 \end{pmatrix}$，则矩阵 $\boldsymbol{A}$ 的 k 次幂 $\boldsymbol{A}^k=$(　　).

A. $\begin{pmatrix} k & 0 \\ \lambda & k \end{pmatrix}$　　B. $\begin{pmatrix} 1 & 0 \\ \lambda & 1 \end{pmatrix}$　　C. $\begin{pmatrix} 1 & 0 \\ k\lambda & 1 \end{pmatrix}$　　D. $\begin{pmatrix} 1 & 0 \\ k+\lambda & 1 \end{pmatrix}$

(5) 向量组 $\boldsymbol{\alpha}_1,\boldsymbol{\alpha}_2,\boldsymbol{\alpha}_3,\cdots,\boldsymbol{\alpha}_m(m\geqslant 2)$ 线性相关，则(　　).

A. 任一向量均可由其余向量线性表示

B. $\boldsymbol{\alpha}_m$ 可由其余向量线性表示

C. $\boldsymbol{\alpha}_1,\boldsymbol{\alpha}_2,\boldsymbol{\alpha}_3$ 一定是线性相关的

D. 向量组中至少有一个向量可由其余的向量线性表示

3. 计算：设有矩阵 $\boldsymbol{A}=\begin{pmatrix}1&0&2\\0&2&0\\-1&0&3\end{pmatrix}$，求 $\boldsymbol{A}^{-1}$.

4. 已知 $\boldsymbol{A}=\begin{pmatrix}1&0&1\\0&2&0\\1&0&1\end{pmatrix}$，$\boldsymbol{AX}+\boldsymbol{E}=\boldsymbol{A}^2+\boldsymbol{X}$，求矩阵 $\boldsymbol{X}$.

5. 设有向量组 $\boldsymbol{\alpha}_1,\boldsymbol{\alpha}_2,\boldsymbol{\alpha}_3$，又 $\boldsymbol{\beta}_1=\boldsymbol{\alpha}_1$，$\boldsymbol{\beta}_2=\boldsymbol{\alpha}_1+\boldsymbol{\alpha}_2$，$\boldsymbol{\beta}_3=\boldsymbol{\alpha}_1+\boldsymbol{\alpha}_2+\boldsymbol{\alpha}_3$，证明：

(1) 若向量组 $\boldsymbol{\alpha}_1,\boldsymbol{\alpha}_2,\boldsymbol{\alpha}_3$ 线性无关，则 $\boldsymbol{\beta}_1,\boldsymbol{\beta}_2,\boldsymbol{\beta}_3$ 也线性无关；

(2) 若向量组 $\boldsymbol{\alpha}_1,\boldsymbol{\alpha}_2,\boldsymbol{\alpha}_3$ 线性相关，则 $\boldsymbol{\beta}_1,\boldsymbol{\beta}_2,\boldsymbol{\beta}_3$ 也线性相关.

6. 设 $\boldsymbol{A},\boldsymbol{B}$ 皆为 n 阶方阵，且 $\boldsymbol{A},\boldsymbol{B}$ 相似，$\boldsymbol{A}^*$，$\boldsymbol{B}^*$ 分别为 $\boldsymbol{A}$，$\boldsymbol{B}$ 的伴随矩阵，证明：

(1) 若 $\boldsymbol{A}$ 可逆，则 $\boldsymbol{B}$ 也可逆；

(2) $\boldsymbol{A}^*$，$\boldsymbol{B}^*$ 也相似.

7. 设三阶矩阵 $\boldsymbol{A}$ 的特征值分别是 1，−1，0，对应的特征向量分别是 $\boldsymbol{\alpha}_1=\begin{pmatrix}1\\-2\\2\end{pmatrix}$，$\boldsymbol{\alpha}_2=\begin{pmatrix}-2\\1\\2\end{pmatrix}$，$\boldsymbol{\alpha}_3=\begin{pmatrix}2\\2\\1\end{pmatrix}$，求矩阵 $\boldsymbol{A}$ 及 $\boldsymbol{A}^{2n+1}$.

8. 设有二次型 $f=2x_1{}^2+2x_2{}^2+2x_3{}^2-2x_2x_3$，

(1) 写出二次型的矩阵 $\boldsymbol{A}$，并判别 $\boldsymbol{A}$ 的正定性；

(2) 求一个正交变换 $\boldsymbol{X}=\boldsymbol{PY}$ 将其化为标准形，并写出该标准形.

总测试题四

1. 填空题：

(1) 设 $\boldsymbol{A}$ 是 4 阶方阵，$|\boldsymbol{A}|=2$，则 $|2\boldsymbol{A}|=$________.

(2) 设 $\boldsymbol{A}=\begin{pmatrix}1&3\\2&-1\end{pmatrix}$，$\boldsymbol{B}=\begin{pmatrix}3&0\\1&2\end{pmatrix}$，则 $\boldsymbol{AB}-\boldsymbol{BA}=$________.

(3) 设有向量组 $\boldsymbol{\alpha}_1=\begin{pmatrix}a\\0\\c\end{pmatrix}$，$\boldsymbol{\alpha}_2=\begin{pmatrix}b\\c\\0\end{pmatrix}$，$\boldsymbol{\alpha}_3=\begin{pmatrix}0\\a\\b\end{pmatrix}$，若 $\boldsymbol{\alpha}_1,\boldsymbol{\alpha}_2,\boldsymbol{\alpha}_3$ 线性无关，则 a,b,c 必满足关系式________.

(4) 设 $\boldsymbol{A}=(a_{ij})_{3\times3}$ 是实正交矩阵，且 $a_{11}=1$，$\boldsymbol{b}=\begin{pmatrix}1\\0\\0\end{pmatrix}$，则线性方程组 $\boldsymbol{Ax}=\boldsymbol{b}$ 的解为________.

(5) 设 3 阶矩阵的特征值为 1，2，2，则行列式 $|4\boldsymbol{A}^{-1}-\boldsymbol{E}|=$________.

2. 单项选择题：

(1) 行列式 $\begin{vmatrix} 0 & a & 0 \\ b & 0 & c \\ 0 & d & 0 \end{vmatrix}=($　　$)$.

A. 0　　B. abc　　C. acd　　D. abd

(2) 设 $\boldsymbol{A},\boldsymbol{B}$ 都是 n 阶方阵，若 $\boldsymbol{AB}=\boldsymbol{0}$，则必有(　　).

A. $\boldsymbol{A}=\boldsymbol{0}$ 或 $\boldsymbol{B}=\boldsymbol{0}$　　B. $\boldsymbol{A}+\boldsymbol{B}=\boldsymbol{0}$

C. $|\boldsymbol{A}|=\boldsymbol{0}$ 或 $|\boldsymbol{B}|=\boldsymbol{0}$　　D. $|\boldsymbol{A}|+|\boldsymbol{B}|=\boldsymbol{0}$

(3) 设 $\boldsymbol{A}$ 是 $m\times n$ 矩阵，$\boldsymbol{B}$ 是 $n\times m$ 矩阵，$\boldsymbol{AB}=\boldsymbol{E}$，其中 $\boldsymbol{E}$ 是 m 阶单位矩阵，则有(　　).

A. $R(\boldsymbol{A})=R(\boldsymbol{B})=m$　　B. $R(\boldsymbol{A})=m,R(\boldsymbol{B})=n$

C. $R(\boldsymbol{A})=n,R(\boldsymbol{B})=m$　　D. $R(\boldsymbol{A})=R(\boldsymbol{B})=n$

(4) 已知三阶方阵 $\boldsymbol{A}$ 的三个特征值分别为 2,3,1，则 $|\boldsymbol{A}|=$ (　　).

A. 0　　B. 2　　C. 4　　D. 6

(5) 设 $\boldsymbol{A}$ 为 4×3 矩阵，$\boldsymbol{\eta}_1,\boldsymbol{\eta}_2,\boldsymbol{\eta}_3$ 是非齐次线性方程组 $\boldsymbol{Ax}=\boldsymbol{\beta}$ 的 3 个线性无关的解，k_1，k_2 为任意常数，则 $\boldsymbol{Ax}=\boldsymbol{\beta}$ 的通解为(　　).

A. $\dfrac{\boldsymbol{\eta}_2+\boldsymbol{\eta}_3}{2}+k_1(\boldsymbol{\eta}_2-\boldsymbol{\eta}_1)$

B. $\dfrac{\boldsymbol{\eta}_2-\boldsymbol{\eta}_3}{2}+k_2(\boldsymbol{\eta}_2-\boldsymbol{\eta}_1)$

C. $\dfrac{\boldsymbol{\eta}_2+\boldsymbol{\eta}_3}{2}+k_1(\boldsymbol{\eta}_3-\boldsymbol{\eta}_1)+k_2(\boldsymbol{\eta}_2-\boldsymbol{\eta}_1)$

D. $\dfrac{\boldsymbol{\eta}_2-\boldsymbol{\eta}_3}{2}+k_1(\boldsymbol{\eta}_3-\boldsymbol{\eta}_1)+k_2(\boldsymbol{\eta}_2-\boldsymbol{\eta}_1)$

3. 设矩阵 $\boldsymbol{A}=\begin{pmatrix} 1 & 0 & 1 \\ 0 & 1 & 1 \\ -1 & 0 & a \\ 0 & a & -1 \end{pmatrix}$，其中 a 为常数，求矩阵 $\boldsymbol{A}$ 的秩.

4. 设 $\boldsymbol{A},\boldsymbol{B}$ 为 n 阶矩阵，$\boldsymbol{E}$ 为 n 阶单位阵，且满足 $\boldsymbol{AB}=\boldsymbol{A}+\boldsymbol{B}$，证明 $\boldsymbol{A}-\boldsymbol{E}$ 可逆，并求 $(\boldsymbol{A}-\boldsymbol{E})^{-1}$.

5. 设 $\boldsymbol{A},\boldsymbol{B},\boldsymbol{C}$ 为同阶矩阵，且 $\boldsymbol{A}$ 可逆，$\boldsymbol{B}$ 不为零矩阵

(1) 证明：若 $\boldsymbol{AC}=\boldsymbol{0}$，则 $\boldsymbol{C}=\boldsymbol{0}$；

(2) 举例说明若 $\boldsymbol{BC}=\boldsymbol{0}$，不一定有 $\boldsymbol{C}=\boldsymbol{0}$.

6. 设矩阵 $\boldsymbol{A}$ 和 $\boldsymbol{B}$ 相似，其中 $\boldsymbol{A}=\begin{pmatrix} 2 & 0 & 0 \\ 0 & 0 & 1 \\ 0 & 1 & x \end{pmatrix}$，$\boldsymbol{B}=\begin{pmatrix} 2 & 0 & 0 \\ 0 & y & 0 \\ 0 & 0 & -1 \end{pmatrix}$，求 x，y.

7. 已知 $\boldsymbol{A},\boldsymbol{B}$ 为 n 阶正交矩阵，求证 $\boldsymbol{A}(\boldsymbol{A}^{\mathrm{T}}+\boldsymbol{B}^{\mathrm{T}})\boldsymbol{B}=\boldsymbol{A}+\boldsymbol{B}$.

8. 求一个正交矩阵 $\boldsymbol{P}$，使 $\boldsymbol{P}^{-1}\boldsymbol{AP}$ 为对角阵，其中 $\boldsymbol{A}=\begin{pmatrix} 1 & -2 & 0 \\ -2 & 2 & -2 \\ 0 & -2 & 3 \end{pmatrix}$.

总测试题五

1. 填空题：

(1) 已知 $\boldsymbol{A}=\begin{pmatrix}1&1&-1\\0&1&1\\0&0&-1\end{pmatrix}$，则 $\boldsymbol{A}^{-1}=$________.

(2) 设 $D=\begin{vmatrix}1&-1&3&1\\0&1&0&2\\1&2&-1&2\\2&5&3&1\end{vmatrix}$，$A_{ij}$ 是 a_{ij} 的代数余子式，则 $A_{41}+2A_{42}-A_{43}+2A_{44}=$________.

(3) 设向量 $\boldsymbol{\alpha}_1,\boldsymbol{\alpha}_2$ 线性无关，则 $\boldsymbol{\beta}_1=3\boldsymbol{\alpha}_1+\boldsymbol{\alpha}_2,\boldsymbol{\beta}_2=2\boldsymbol{\alpha}_1+\boldsymbol{\alpha}_2,\boldsymbol{\beta}_3=\boldsymbol{\alpha}_1+\boldsymbol{\alpha}_2$ 一定是线性________关的.

(4) 设 $\boldsymbol{A},\boldsymbol{B}$ 为三阶矩阵，且 $|\boldsymbol{A}|=3,|\boldsymbol{B}|=2,|\boldsymbol{A}^{-1}+\boldsymbol{B}|=2$，则 $|\boldsymbol{A}+\boldsymbol{B}^{-1}|=$________.

(5) 设 $\boldsymbol{A}$ 为 3 阶方阵，其特征值为 0，−1，2，则 $\boldsymbol{A}^2-2\boldsymbol{E}$ 的特征值为________.

2. 单项选择题：

(1) 在 5 阶行列式 $D=\det(a_{ij})$ 的展开式中，包含 $a_{13}a_{25}$ 并带有负号的项是(　　).

A. $-a_{13}a_{25}a_{34}a_{42}a_{51}$　　B. $-a_{13}a_{25}a_{31}a_{42}a_{54}$

C. $-a_{13}a_{25}a_{32}a_{41}a_{54}$　　D. $-a_{13}a_{25}a_{31}a_{44}a_{52}$

(2) 关于向量 $\boldsymbol{\beta}_1=\begin{pmatrix}1\\1\\0\\0\end{pmatrix},\boldsymbol{\beta}_2=\begin{pmatrix}1\\0\\1\\0\end{pmatrix},\boldsymbol{\beta}_3=\begin{pmatrix}0\\-1\\1\\0\end{pmatrix},\boldsymbol{\beta}_4=\begin{pmatrix}1\\1\\1\\0\end{pmatrix}$，下述说法**不正确**的是(　　).

A. $\boldsymbol{\beta}_1,\boldsymbol{\beta}_2$ 线性无关　　B. $\boldsymbol{\beta}_1,\boldsymbol{\beta}_3$ 线性无关

C. $\boldsymbol{\beta}_1,\boldsymbol{\beta}_2,\boldsymbol{\beta}_4$ 线性无关　　D. $\boldsymbol{\beta}_1,\boldsymbol{\beta}_2,\boldsymbol{\beta}_3$ 线性无关

(3) 设 $\boldsymbol{A}$ 为 n 阶矩阵，$\boldsymbol{A}^*$ 是 $\boldsymbol{A}$ 的伴随矩阵，则当 $R(\boldsymbol{A})=n$ 时，$R(\boldsymbol{A}^*)=$(　　).

A. 0　　B. 1　　C. $n-1$　　D. n

(4) 设 $\boldsymbol{A}=\begin{pmatrix}a&b\\c&d\end{pmatrix}$，$\lambda_1,\lambda_2$ 是 $\boldsymbol{A}$ 的两个特征值，则 $\lambda_1+\lambda_2=$(　　).

A. $a-d$　　B. $c-d$　　C. $a+d$　　D. $b+c$

(5) 设 $\boldsymbol{A}=\begin{pmatrix}1&a\\a&1\end{pmatrix}$ 为正定矩阵，则实数 a 的范围是(　　).

A. $-1<a<1$　　B. $a<1$　　C. $a>-1$　　D. $a<-1$ 或 $a>1$

3. 计算行列式 $D=\begin{vmatrix}1&1&1&0\\1&1&0&1\\1&0&1&1\\0&1&1&1\end{vmatrix}$.

4. 设 $\boldsymbol{A}$ 为 $n\times n$ 矩阵，且 $\boldsymbol{A}^2=\boldsymbol{A}$，证明：$\boldsymbol{A}-2\boldsymbol{E}$ 可逆，并求出 $(\boldsymbol{A}-2\boldsymbol{E})^{-1}$.

5. 设向量组 $\boldsymbol{\alpha}_1=\begin{pmatrix}1\\1\\1\\k\end{pmatrix}$, $\boldsymbol{\alpha}_2=\begin{pmatrix}1\\1\\k\\1\end{pmatrix}$, $\boldsymbol{\alpha}_3=\begin{pmatrix}1\\2\\1\\1\end{pmatrix}$,求向量组的秩和最大无关组.

6. 给定非齐次线性方程组

$$\begin{cases}2x_1+2x_2-x_3+x_4=1,\\ x_1+2x_2+x_3-x_4=2,\\ x_1+x_2+2x_3+x_4=3,\end{cases}$$

求:(1) 方程组的一般解;

(2) 对应的齐次方程组的一个基础解系.

7. 设 $\boldsymbol{A}$ 为 2 阶矩阵,$\boldsymbol{P}=(\boldsymbol{\alpha}_1,\boldsymbol{\alpha}_2)$ 为二阶可逆矩阵,$\boldsymbol{\alpha}_1,\boldsymbol{\alpha}_2$ 为 $\boldsymbol{P}$ 的列向量,且有 $\boldsymbol{A}\boldsymbol{\alpha}_1=\boldsymbol{0}$, $\boldsymbol{A}\boldsymbol{\alpha}_2=2\boldsymbol{\alpha}_1+\boldsymbol{\alpha}_2$. 试求 $\boldsymbol{A}$ 的非零特征值.

8. 设有矩阵 $\boldsymbol{A}=\begin{pmatrix}2&0&1\\0&4&0\\1&0&2\end{pmatrix}$,求一个正交矩阵 $\boldsymbol{P}$,使 $\boldsymbol{P}^{-1}\boldsymbol{A}\boldsymbol{P}$ 为对角阵.

总测试题六

1. 填空题:

(1) 行列式 $D=\begin{vmatrix}0&0&0&a\\b&0&0&0\\0&c&0&0\\0&0&d&0\end{vmatrix}=$________.

(2)已知 3 阶矩阵 $\boldsymbol{A}=\begin{pmatrix}0&2&0\\0&0&-3\\4&0&0\end{pmatrix}$,则 $\boldsymbol{A}^{-1}=$________.

(3) 设 $\boldsymbol{\alpha}_1,\boldsymbol{\alpha}_2,\boldsymbol{\alpha}_3,\boldsymbol{\beta}_1,\boldsymbol{\beta}_2$ 均为四维列向量,已知四阶行列式 $|\boldsymbol{\alpha}_1,\boldsymbol{\alpha}_2,\boldsymbol{\alpha}_3,\boldsymbol{\beta}_1|=m$, $|\boldsymbol{\alpha}_1,\boldsymbol{\alpha}_2,\boldsymbol{\beta}_2,\boldsymbol{\alpha}_3|=n$, 则行列式 $|\boldsymbol{\alpha}_1,\boldsymbol{\alpha}_2,\boldsymbol{\alpha}_3,(\boldsymbol{\beta}_1+\boldsymbol{\beta}_2)|=$________.

(4) 设 $\boldsymbol{A}$ 为 3 阶矩阵,$\boldsymbol{A}^*$ 为伴随矩阵,$|\boldsymbol{A}|=2$,则 $|\boldsymbol{A}^{-1}-2\boldsymbol{A}^*|=$________.

(5) 当 λ 值取________时,实二次型 $f(x_1,x_2,x_3)=5x_1^2+x_2^2+\lambda x_3^2+4x_1x_2-2x_1x_3-2x_2x_3$ 是正定的.

2. 单项选择题:

(1) 设 5 阶行列式 D_5 的展开式中,$a_{1i}a_{23}a_{35}a_{5j}a_{44}$ 是其中带正号的一项,则 i,j 的值为(　　).

A. 1,2　　B. 2,3　　C. 1,3　　D. 2,1

(2) 设 $\boldsymbol{A}$ 是秩为 m 的 $m\times n$ 矩阵,且 $m<n$. 则齐次线性方程组 $\boldsymbol{A}\boldsymbol{x}=\boldsymbol{0}$(　　).

A. 有非零解　　B. 只有零解

C. 不能确定是否有非零解　　D. 无解

(3) 设向量组 $\boldsymbol{\alpha}_1,\boldsymbol{\alpha}_2,\boldsymbol{\alpha}_3,\boldsymbol{\alpha}_4$ 线性无关,则下列向量组中线性无关的是(　　).

A. $\boldsymbol{\alpha}_1+\boldsymbol{\alpha}_2,\boldsymbol{\alpha}_2+\boldsymbol{\alpha}_3,\boldsymbol{\alpha}_3+\boldsymbol{\alpha}_4,\boldsymbol{\alpha}_4+\boldsymbol{\alpha}_1$　　B. $\boldsymbol{\alpha}_1-\boldsymbol{\alpha}_2,\boldsymbol{\alpha}_2-\boldsymbol{\alpha}_3,\boldsymbol{\alpha}_3-\boldsymbol{\alpha}_4,\boldsymbol{\alpha}_4-\boldsymbol{\alpha}_1$

C. $\boldsymbol{\alpha}_1+\boldsymbol{\alpha}_2,\boldsymbol{\alpha}_2+\boldsymbol{\alpha}_3,\boldsymbol{\alpha}_3-\boldsymbol{\alpha}_4,\boldsymbol{\alpha}_4-\boldsymbol{\alpha}_1$　　D. $\boldsymbol{\alpha}_1+\boldsymbol{\alpha}_2,\boldsymbol{\alpha}_2+\boldsymbol{\alpha}_3,\boldsymbol{\alpha}_3+\boldsymbol{\alpha}_4,\boldsymbol{\alpha}_4-\boldsymbol{\alpha}_1$

(4) 设 η_1,η_2 是线性方程组 $\boldsymbol{A}\boldsymbol{x}=\boldsymbol{b}$ ($\boldsymbol{b}\neq 0$)的两个解,则(　　).

A. $\boldsymbol{\eta}_1+\boldsymbol{\eta}_2$ 是 $\boldsymbol{A}\boldsymbol{x}=\boldsymbol{0}$ 的解　　B. $\boldsymbol{\eta}_1-\boldsymbol{\eta}_2$ 是 $\boldsymbol{A}\boldsymbol{x}=\boldsymbol{b}$ 的解

C. $\boldsymbol{\eta}_1+\boldsymbol{\eta}_2$ 是 $\boldsymbol{A}\boldsymbol{x}=\boldsymbol{b}$ 的解　　D. $\boldsymbol{\eta}_1-\boldsymbol{\eta}_2$ 是 $\boldsymbol{A}\boldsymbol{x}=\boldsymbol{0}$ 的解

(5) 设 $\boldsymbol{A}$ 为 n 阶方阵,且 $\boldsymbol{A}^2=\boldsymbol{E}$,则(　　).

A. $\boldsymbol{A}$ 的行列式等于 1　　B. $\boldsymbol{A}$ 的特征值都是 1

C. $\boldsymbol{A}$ 的秩等于 n　　D. $\boldsymbol{A}$ 的秩小于 n

3. 设 a,b 为实数,计算 n 阶行列式

$$D=\begin{vmatrix} a & a & \cdots & a & b \\ a & a & \cdots & b & a \\ \cdots & \cdots & \cdots & \cdots & \cdots \\ a & b & \cdots & a & a \\ b & a & \cdots & a & a \end{vmatrix}.$$

4. 已知 $\boldsymbol{AX}=\boldsymbol{BX}+\boldsymbol{A}+\boldsymbol{B}$,其中 $\boldsymbol{A}=\begin{pmatrix} 3 & 2 & 1 \\ 4 & 3 & 2 \\ 5 & 4 & 3 \end{pmatrix}$,$\boldsymbol{B}=\begin{pmatrix} 2 & 2 & 1 \\ 3 & 2 & 2 \\ 4 & 3 & 2 \end{pmatrix}$,求 $\boldsymbol{X}$.

5. 求向量组 $\boldsymbol{\alpha}_1=\begin{pmatrix} 1 \\ 1 \\ 1 \\ 4 \end{pmatrix}$,$\boldsymbol{\alpha}_2=\begin{pmatrix} 2 \\ 1 \\ 3 \\ 5 \end{pmatrix}$,$\boldsymbol{\alpha}_3=\begin{pmatrix} 1 \\ -1 \\ 3 \\ -2 \end{pmatrix}$,$\boldsymbol{\alpha}_4=\begin{pmatrix} 3 \\ 1 \\ 5 \\ 6 \end{pmatrix}$的一个最大无关组,并把其余向量用该最大无关组线性表示.

6. 设三阶矩阵 $\boldsymbol{A}$ 的特征值分别是 $1,-1,0$,对应的特征向量分别是 $\boldsymbol{\alpha}_1=\begin{pmatrix} 1 \\ -2 \\ 2 \end{pmatrix}$,$\boldsymbol{\alpha}_2=\begin{pmatrix} -2 \\ 1 \\ 2 \end{pmatrix}$,$\boldsymbol{\alpha}_3=\begin{pmatrix} 2 \\ 2 \\ 1 \end{pmatrix}$,求矩阵 $\boldsymbol{A}$.

7. 问 λ 取何值时,线性方程组

$$\begin{cases} (\lambda+1)x_1+x_2+x_3=0, \\ x_1+(\lambda+1)x_2+x_3=\lambda, \\ x_1+x_2+(\lambda+1)x_3=\lambda^2 \end{cases}$$

(1) 有唯一解;(2) 无解;(3) 有无穷多解,并求通解.

8. 设二次型 $f=2x_1^2+2x_2^2+2x_3^2-2x_1x_2-2x_1x_3-2x_2x_3$,求正交变换 $\boldsymbol{x}=\boldsymbol{P}\boldsymbol{y}$ 将其化为标准形,并写出该标准形.

附录Ⅳ 习题与自测题答案和提示

第 1 章

习 题 1.1

1. (1) 0； (2) 1； (3) 0； (4) 0.
2. $|a|<2$.

习 题 1.2

1. (1) 9,奇排列； (2) 3,奇排列； (3) 6,偶排列；
(4) $\frac{n(n-1)}{2}$,当 $n=4k+2,4k+3$ 时,为奇排列;当 $n=4k+1,4k+4$ 时,为偶排列;其中 $k=0,1,2,\cdots$.
2. (1) $i=3,j=2$； (2) $i=8,j=6$.

习 题 1.3

1. $-a_{11}a_{23}a_{32}a_{44}$,$a_{11}a_{23}a_{34}a_{42}$.
2. +.
3. (1) 256； (2) 32.

习 题 1.4

1. (1) $ab(b-a)$； (2) 0； (3) 0； (4) 8.
2. $[x+(n-1)a](x-a)^{n-1}$.
3. (1) $0,1,2,\cdots,n-2$; (2) $x=\pm1,x=\pm3$.

习 题 1.5

1. (1) 160； (2) -7.
2. (1) $\prod\limits_{i=1}^{n}(a_id_i-b_ic_i)$； (2) $x^n+(-1)^{n+1}y^n$.
3. (2) 提示:可将行列式按第 1 列展开,建立递推公式 $D_n=xD_{n-1}+a_n$.
4. $D=(-1)\times5+2\times(-3)+0\times(-7)+1\times(-4)=-15$.

习 题 1.6

1. (1) $x=3,y=-1$； (2) $x_1=1,x_2=-3,x_3=-2$.
2. $\mu=0$ 或 $\lambda=1$.

自测题A

1. (1) 10； (2) 1 和 2； (3) 零； (4) 变号； (5) 0.
2. (1) C； (2) A； (3) A； (4) C； (5) D.
3. $-$.
4. (1) 0； (2) 0.
5. -101.

6. $(-1)^{3+1}\begin{vmatrix}0 & 4\\0 & 3\end{vmatrix}=0$ 与 $(-1)^{3+2}\begin{vmatrix}-3 & 4\\5 & 3\end{vmatrix}=29$.

7. x^2y^2.

8. $k\neq -2$ 且 $k\neq 1$.

自测题 B

1. (1) $(a_1a_4-b_1b_4)(a_2a_3-b_2b_3)$； (2) 2,4,6； (3) 8； (4) x^2； (5) 1,2.

2. (1) C； (2) A； (3) C； (4) C； (5) B.

3. $-abcd$.　　　　4. $(b-c)(a_1-a_2)$.

5. 提示：将左端行列式拆成 4 个行列式之和.

6. 提示：建立递推公式 $D_n=2D_{n-1}-D_{n-2}$，故有 $D_n-D_{n-1}=D_{n-1}-D_{n-2}=\cdots=D_2-D_1=1$，从而 $D_n=D_{n-1}+1=\cdots=n+1$.

7. 提示：$A_{41}+A_{42}+A_{43}+A_{44}=(A_{41}+A_{42}+A_{43}+2A_{44})-A_{44}=-A_{44}$

$$=-\begin{vmatrix}2 & 1 & 3\\4 & 2 & 3\\1 & 1 & 1\end{vmatrix}=-3.$$

8. 当 $\lambda=0,-1$ 时，方程组有非零解.

第 2 章

习　题　2.1

1. $$\begin{matrix} & 1 & 2 & 3 & 4 & 5\\ 1 & \\ 2 & \\ 3 & \\ 4 & \\ 5 & \end{matrix}\begin{pmatrix}0 & 1 & -1 & 1 & 1\\-1 & 0 & -1 & 1 & 1\\1 & 1 & 0 & 1 & -1\\-1 & -1 & -1 & 0 & 1\\-1 & -1 & 1 & -1 & 0\end{pmatrix}.$$

2. (1) $\begin{pmatrix}0 & 2 & 1\\-2 & 3 & 2\\4 & 1 & 5\end{pmatrix}$；　　(2) $\begin{pmatrix}-3 & 1 & 0\\2 & 0 & 1\\0 & -1 & 3\end{pmatrix}$.

3. $c_{11}=50$ 表示第 1 个工厂供应给第 1 家店的产量为 50 件，其余类似理解.

习　题　2.2

1. (1) 11；　　(2) $\begin{pmatrix}6 & 4 & 2\\3 & 2 & 1\\9 & 6 & 3\end{pmatrix}$；

(3) $\begin{pmatrix}3x_1+x_2+2x_3\\x_1+3x_2+2x_3\\x_1+2x_2+4x_3\end{pmatrix}$；　　(4) $\begin{pmatrix}a_{11}x_1+a_{12}x_2+\cdots+a_{1n}x_n\\a_{21}x_1+a_{22}x_2+\cdots+a_{2n}x_n\\\cdots\cdots\cdots\cdots\\a_{m1}x_1+a_{m2}x_2+\cdots+a_{mn}x_n\end{pmatrix}$；

(5) $a_{11}x_1^2+a_{22}x_2^2+a_{33}x_3^2+(a_{12}+a_{21})x_1x_2+(a_{13}+a_{31})x_1x_3+(a_{23}+a_{32})x_2x_3$.

2. $\boldsymbol{AB}-\boldsymbol{BA}=\begin{pmatrix}0&-2&-2\\2&0&4\\4&-4&0\end{pmatrix}$, $\boldsymbol{B}^{\mathrm{T}}\boldsymbol{A}=\begin{pmatrix}8&5&8\\1&0&-1\\4&3&4\end{pmatrix}$.

3. (1) $\boldsymbol{AB}\neq\boldsymbol{BA}$;　　(2) $(\boldsymbol{A}+\boldsymbol{B})^2\neq\boldsymbol{A}^2+2\boldsymbol{AB}+\boldsymbol{B}^2$;

(3) $(\boldsymbol{A}+\boldsymbol{B})(\boldsymbol{A}-\boldsymbol{B})\neq\boldsymbol{A}^2-\boldsymbol{B}^2$.

对矩阵乘法来说,与交换律有关的一些规律均不满足.

4. 提示:$(\boldsymbol{A}^{\mathrm{T}}\boldsymbol{A})^{T}=\boldsymbol{A}^{\mathrm{T}}(\boldsymbol{A}^{\mathrm{T}})^{\mathrm{T}}=\boldsymbol{A}^{\mathrm{T}}\boldsymbol{A}$, $(\boldsymbol{A}\boldsymbol{A}^{\mathrm{T}})^{\mathrm{T}}=(\boldsymbol{A}^{\mathrm{T}})^{\mathrm{T}}\boldsymbol{A}^{\mathrm{T}}=\boldsymbol{A}\boldsymbol{A}^{\mathrm{T}}$.

5. 提示:利用对称性的定义证明.

6. 提示:根据行列式的性质证明即可.

习　题 2.3

1. (1) $\boldsymbol{A}^{-1}=\begin{pmatrix}\frac{3}{4}&1\\\frac{5}{4}&2\end{pmatrix}$;　(2) $\boldsymbol{A}^{-1}=\begin{pmatrix}\cos\theta&-\sin\theta\\\sin\theta&\cos\theta\end{pmatrix}$;　(3) $\boldsymbol{A}^{-1}=\frac{1}{9}\begin{pmatrix}1&2&2\\2&1&-2\\2&-2&1\end{pmatrix}$.

2. (1) $\begin{pmatrix}2&-23\\0&8\end{pmatrix}$;　　(2) $\begin{pmatrix}-2&2&1\\-\frac{8}{3}&5&-\frac{2}{3}\end{pmatrix}$.

3. 提示:可验证$(\boldsymbol{E}-\boldsymbol{A})(\boldsymbol{E}+\boldsymbol{A}+\cdots+\boldsymbol{A}^{k-1})=\boldsymbol{E}$.

4. 提示:由 $\boldsymbol{C}^{-1}\boldsymbol{AC}=\boldsymbol{B}$,得 $\boldsymbol{B}^m=(\boldsymbol{C}^{-1}\boldsymbol{AC})^m$,然后用矩阵乘法的结合律.

5. 提示:可用反证法.若$|\boldsymbol{A}|\neq0$,则 $\boldsymbol{A}^{-1}$存在,于是 $\boldsymbol{A}^{-1}(\boldsymbol{A}^2)=\boldsymbol{A}^{-1}\boldsymbol{A}$,即有 $\boldsymbol{A}=\boldsymbol{E}$,矛盾.

习　题 2.4

1. (1) $\boldsymbol{A}^{-1}=\begin{pmatrix}\frac{1}{a_1}&&&\\&\frac{1}{a_2}&&\\&&\ddots&\\&&&\frac{1}{a_n}\end{pmatrix}$;　　(2) $\boldsymbol{A}^{-1}=\begin{pmatrix}1&-2&0&0\\-2&5&0&0\\0&0&2&-3\\0&0&-5&8\end{pmatrix}$;

(3) $\begin{pmatrix}\frac{1}{a}&0&0\\0&0&\frac{1}{c}\\0&\frac{1}{b}&0\end{pmatrix}$.

2. 10^{16}, $\begin{pmatrix}5^4&0&0&0\\0&5^4&0&0\\0&0&2^4&0\\0&0&2^6&2^4\end{pmatrix}$.　　3. $\begin{pmatrix}\boldsymbol{0}&\boldsymbol{B}^{-1}\\\boldsymbol{A}^{-1}&\boldsymbol{0}\end{pmatrix}$.

4. 提示:设 $\boldsymbol{e}_i$为单位矩阵$\boldsymbol{E}$ 的第 i 列, $i=1,2,\cdots,n$,由条件有 $\boldsymbol{Ae}_i=\boldsymbol{0}$, $i=1,2,\cdots,n$,由此得$\boldsymbol{A}(\boldsymbol{e}_1,\boldsymbol{e}_2,\cdots,\boldsymbol{e}_n)=\boldsymbol{0}$,即 $\boldsymbol{AE}=\boldsymbol{0}$,故得 $\boldsymbol{A}=\boldsymbol{0}$.

习 题 2.5

1. (1) $A^{-1}=\begin{pmatrix}1&-4&-3\\1&-5&-3\\-1&6&4\end{pmatrix}$； (2) $A^{-1}=\begin{pmatrix}1&-3&11&-38\\0&1&-2&7\\0&0&1&-2\\0&0&0&1\end{pmatrix}$；

(3) $A^{-1}=\begin{pmatrix}0&0&0&1\\\frac{1}{2}&0&0&0\\0&\frac{1}{3}&0&0\\0&0&\frac{1}{4}&0\end{pmatrix}$.

2. (1) $\begin{pmatrix}1&0&0\\0&1&0\\0&0&1\end{pmatrix}$； (2) $\begin{pmatrix}1&0\\0&1\\0&0\end{pmatrix}$； (3) $\begin{pmatrix}1&0&0\\0&1&0\end{pmatrix}$.

3. $X=\begin{pmatrix}2&-1&0\\1&3&-4\\1&0&-2\end{pmatrix}$.

4. $B=\begin{pmatrix}3&-8&-6\\2&-9&-6\\-2&12&9\end{pmatrix}$. 提示：由 $AB=A+2B$ 得 $B=(A-2E)^{-1}A$.

习 题 2.6

1. (1) 2； (2) 3.

2. (1) 2； (2) 2.

3. 提示：必要性的证明可直接用定理 2.7；充分性证明时可利用在题设的条件下，A，B 的标准形相同.

自测题 A

1. (1) k^n； (2) $\frac{1}{a}\begin{pmatrix}\frac{1}{b}&0&0\\0&0&\frac{1}{d}\\0&\frac{1}{c}&0\end{pmatrix}$； (3) $3^{n-1}A$； (4) $\begin{pmatrix}3&1&1\\1&3&2\\2&2&4\end{pmatrix}$； (5) $\begin{pmatrix}6&2&4\\6&1&4\\8&-1&4\end{pmatrix}$.

2. (1) D； (2) B； (3) A； (4) D； (5) C.

3. (1) 2； (2) $A^{-1}=\begin{pmatrix}1&-2&1&0\\0&1&-2&1\\0&0&1&-2\\0&0&0&1\end{pmatrix}$；

4. (1) 取 $A=\begin{pmatrix}1&1\\-1&-1\end{pmatrix}\neq\mathbf{0}$，而 $A^2=\mathbf{0}$；

(2) 取 $\boldsymbol{A}=\begin{pmatrix}1&0\\0&0\end{pmatrix}$，有 $\boldsymbol{A}\neq\boldsymbol{0},\boldsymbol{A}\neq\boldsymbol{E}$，而 $\boldsymbol{A}^2=\boldsymbol{A}$.

5. $\boldsymbol{X}=\begin{pmatrix}-17&-28\\-4&-6\end{pmatrix}$.

6. 提示：由 $(\boldsymbol{A}+\boldsymbol{B})^2=\boldsymbol{A}+\boldsymbol{B}$ 以及 $\boldsymbol{A}^2=\boldsymbol{A},\boldsymbol{B}^2=\boldsymbol{B}$，即可推出.

7. $\boldsymbol{A}-3\boldsymbol{E}$. 提示：由 $\boldsymbol{A}^2-2\boldsymbol{A}-4\boldsymbol{E}=\boldsymbol{0}$，得 $(\boldsymbol{A}+\boldsymbol{E})(\boldsymbol{A}-3\boldsymbol{E})=\boldsymbol{E}$.

8. $\begin{pmatrix}a&x\\0&a\end{pmatrix}$，其中 a,x 任意(提示：用待定法).

自测题 B

1. (1) -3； (2) $\frac{1}{10}\begin{bmatrix}1&0&0\\2&2&0\\3&4&5\end{bmatrix}$； (3) 2； (4) $\begin{bmatrix}1&0&1\\0&3&0\\1&0&2\end{bmatrix}$； (5) 0.

2. (1) C； (2) D； (3) B； (4) B； (5) A.

3. (1) $a=b=0,c=1$； (2) $ab\neq\frac{\sqrt{2}}{2}c$. 4. $X=\begin{bmatrix}3&-1\\2&0\\1&-1\end{bmatrix}$.

5. $\boldsymbol{A}^{11}=\frac{1}{3}\begin{pmatrix}1+2^{13}&4+2^{13}\\-1-2^{11}&-4-2^{11}\end{pmatrix}=\begin{pmatrix}2731&2732\\-683&-684\end{pmatrix}$. 提示：由 $\boldsymbol{P}^{-1}\boldsymbol{AP}=\boldsymbol{\Lambda}$，得 $\boldsymbol{A}=\boldsymbol{P\Lambda P}^{-1}$，故有 $\boldsymbol{A}^{11}=\boldsymbol{P\Lambda}^{11}\boldsymbol{P}^{-1}$.

6. 0. 提示：$|\boldsymbol{A}+\boldsymbol{E}|=|\boldsymbol{A}+\boldsymbol{AA}^{\mathrm{T}}|=|\boldsymbol{A}(\boldsymbol{E}+\boldsymbol{A}^{\mathrm{T}})|=|\boldsymbol{A}||(\boldsymbol{E}+\boldsymbol{A})^{\mathrm{T}}|=-|\boldsymbol{E}+\boldsymbol{A}|$.

7. 提示：(1) $(\boldsymbol{A}+\boldsymbol{A}^{\mathrm{T}})^{\mathrm{T}}=\boldsymbol{A}+\boldsymbol{A}^{\mathrm{T}},(\boldsymbol{A}-\boldsymbol{A}^{\mathrm{T}})^{\mathrm{T}}=-(\boldsymbol{A}-\boldsymbol{A}^{\mathrm{T}})$；

(2) $\boldsymbol{A}=\frac{1}{2}(\boldsymbol{A}+\boldsymbol{A}^{\mathrm{T}})+\frac{1}{2}(\boldsymbol{A}-\boldsymbol{A}^{\mathrm{T}})$.

8. (1) 解　由条件得 $\boldsymbol{A}^*\boldsymbol{A}=|\boldsymbol{A}|\boldsymbol{E}=\boldsymbol{0}$，反证. 若 $|\boldsymbol{A}^*|\neq 0$，则 $\boldsymbol{A}^*$ 可逆，故推得 $\boldsymbol{A}=\boldsymbol{0}$，从而 $\boldsymbol{A}^*=\boldsymbol{0}$，此与 $|\boldsymbol{A}^*|\neq 0$ 矛盾.

(2) 由 $\boldsymbol{A}^*\boldsymbol{A}=|\boldsymbol{A}|\boldsymbol{E}$，两边取行列式，得 $|\boldsymbol{A}^*||\boldsymbol{A}|=|\boldsymbol{A}|^n$，由此及(1)的结果知 $|\boldsymbol{A}^*|=|\boldsymbol{A}|^{n-1}$.

第 3 章

习　题　3.1

1. 利用向量的加法、数乘运算即可得到所求值为 $(1,0,-1)$；$(0,1,2)$.

2. 方法同上，$\boldsymbol{\alpha}=(1,2,3,4)$.

3. $\boldsymbol{\beta}$ 能否由 $\boldsymbol{\alpha}_1,\boldsymbol{\alpha}_2,\cdots,\boldsymbol{\alpha}_n$ 线性表示就看方程组 $\boldsymbol{\beta}=k_1\boldsymbol{\alpha}_1+k_2\boldsymbol{\alpha}_2+\cdots+k_n\boldsymbol{\alpha}_n$ 有没有解 $k_1,k_2,\cdots,k_n$. 由此代入各向量的坐标后得到：

(1) $\boldsymbol{\beta}=\frac{7}{3}\boldsymbol{\alpha}_1+\frac{2}{3}\boldsymbol{\alpha}_2$；　　(2) $\boldsymbol{\beta}=\boldsymbol{\alpha}_1+0\boldsymbol{\alpha}_2+\boldsymbol{\alpha}_3$；

(3) 不能；　　(4) $\beta=2\boldsymbol{e}_1+3\boldsymbol{e}_2-\boldsymbol{e}_3-4\boldsymbol{e}_4$.

4. 提示：$\boldsymbol{\beta}_1+\boldsymbol{\beta}_3=\boldsymbol{\beta}_2+\boldsymbol{\beta}_4$，所以 $\boldsymbol{\beta}_1,\boldsymbol{\beta}_2,\boldsymbol{\beta}_3,\boldsymbol{\beta}_4$ 线性相关.

习　题　3.2

1.（1）相关；（提示：向量的个数大于维数时一定相关）

（2）相关；（提示：该向量组构成的 3 阶方阵行列式为 0）

（3）无关；（提示：$\begin{pmatrix}1&4&1\\1&1&0\\3&-3&-1\\1&2&2\end{pmatrix}\sim\begin{pmatrix}1&4&1\\0&-3&-1\\0&0&1\\0&0&0\end{pmatrix}$，所以对应矩阵的秩为 3，等于向量的个数）

（4）相关.（提示：同上题，对应矩阵经过初等行变换后发现秩为 3，小于向量个数 4，所以相关）.

2. 提示：推论 1 中，向量的个数等于维数，构成的矩阵为方阵，若行列式不为 0，则满秩，即秩为向量的个数，所以由定理 3.3 知向量组无关，反之亦然；推论 2 中，若向量个数 m 大于维数 n，则对应的矩阵（按列排列）有 n 行，秩不超过 n，因而小于个数 m，由定理 3.3 知向量组相关.

3. 提示：设 $k_1\boldsymbol{\beta}_1+k_2\boldsymbol{\beta}_2+\cdots+k_r\boldsymbol{\beta}_r=\mathbf{0}$，则有 $k_1\boldsymbol{\alpha}_1+k_2\boldsymbol{\alpha}_2+\cdots+k_{r-1}\boldsymbol{\alpha}_{r-1}+(k_1+k_2+\cdots+k_r)\boldsymbol{\alpha}_r=\mathbf{0}$，由 $\boldsymbol{\alpha}_1,\boldsymbol{\alpha}_2,\cdots,\boldsymbol{\alpha}_r$ 的无关性知 $k_1=k_2=\cdots=k_{r-1}=k_1+k_2+\cdots+k_r=0$，由此 $k_1=k_2=\cdots=k_{r-1}=k_r=0$.

4. 提示：要使 $k_1(l\boldsymbol{\alpha}_2-\boldsymbol{\alpha}_1)+k_2(m\boldsymbol{\alpha}_3-\boldsymbol{\alpha}_2)+k_3(\boldsymbol{\alpha}_1-\boldsymbol{\alpha}_3)=(k_3-k_1)\boldsymbol{\alpha}_1+(lk_1-k_2)\boldsymbol{\alpha}_2+(mk_2-k_3)\boldsymbol{\alpha}_3=0$，必须 $k_3-k_1=0,lk_1-k_2=0,mk_2-k_3=0$，而要使上述方程组有非 0 解 k_1,k_2,k_3，必须系数行列式为 0，即 $\begin{vmatrix}1&0&-1\\l&-1&0\\0&m&-1\end{vmatrix}=1-lm=0$，所以 $ml=1$.

习　题　3.3

1. 提示：由定理，$R(\boldsymbol{e}_1,\boldsymbol{e}_2,\cdots,\boldsymbol{e}_n)\leqslant R(\boldsymbol{\alpha}_1,\boldsymbol{\alpha}_2,\cdots,\boldsymbol{\alpha}_n)\leqslant n$，而 $\boldsymbol{e}_1,\boldsymbol{e}_2,\cdots,\boldsymbol{e}_n$ 无关，所以 $R(\boldsymbol{e}_1,\boldsymbol{e}_2,\cdots,\boldsymbol{e}_n)=n$，从而有 $R(\boldsymbol{\alpha}_1,\boldsymbol{\alpha}_2,\cdots,\boldsymbol{\alpha}_n)=n$，即该向量组无关.

2. 提示：必要性显然，因为若 $\boldsymbol{\alpha}_1,\boldsymbol{\alpha}_2,\cdots,\boldsymbol{\alpha}_n$ 无关，则它是 R^n 的一个最大无关组，因而其余向量都可由其线性表示；

充分性：由已知，$\boldsymbol{e}_1,\boldsymbol{e}_2,\cdots,\boldsymbol{e}_n$ 可由 $\boldsymbol{\alpha}_1,\boldsymbol{\alpha}_2,\cdots,\boldsymbol{\alpha}_n$ 线性表示，因此由上一题知 $\boldsymbol{\alpha}_1,\boldsymbol{\alpha}_2,\cdots,\boldsymbol{\alpha}_n$ 线性无关.

3. 方法是将矩阵用初等行变换化为行阶梯形：

（1）秩为 3 且 $\boldsymbol{\alpha}_1,\boldsymbol{\alpha}_2,\boldsymbol{\alpha}_3$ 为其列向量的一个最大无关组；

（2）秩为 3 且 $\boldsymbol{\alpha}_1,\boldsymbol{\alpha}_2,\boldsymbol{\alpha}_4$ 为其列向量的一个最大无关组.

4. 将向量组对应的矩阵用初等行变换化为行最简形：

$$\begin{pmatrix}3&1&0&2\\1&-1&2&-1\\1&3&-4&4\end{pmatrix}\sim\begin{pmatrix}1&-1&2&-1\\3&1&0&2\\1&3&-4&4\end{pmatrix}\sim\begin{pmatrix}1&0&\frac{1}{2}&\frac{1}{4}\\0&1&-\frac{3}{2}&\frac{5}{4}\\0&0&0&0\end{pmatrix}.$$

由此看出秩为 2，$\boldsymbol{\alpha}_1,\boldsymbol{\alpha}_2$ 为一个最大无关组. $\boldsymbol{\alpha}_3=\frac{1}{2}\boldsymbol{\alpha}_1-\frac{3}{2}\boldsymbol{\alpha}_2$；$\boldsymbol{\alpha}_4=\frac{1}{4}\boldsymbol{\alpha}_1+\frac{5}{4}\boldsymbol{\alpha}_2$.

习 题 3.4

1. 将系数矩阵用初等行变换化为行最简形：

(1) $\boldsymbol{A}\sim\begin{pmatrix}1&0&1\\0&1&-1\\0&0&0\end{pmatrix}$，即 $x_1=-x_3, x_2=x_3$，取 $x_3=1$ 得一个基础解系为 $\boldsymbol{\xi}=\begin{pmatrix}-1\\1\\1\end{pmatrix}$.

通解为 $x=k\boldsymbol{\xi}(k\in\mathbf{R})$.

(2) $\boldsymbol{A}\sim\begin{pmatrix}1&-2&1&0\\0&0&0&1\\0&0&0&0\end{pmatrix}$，即 $x_1=2x_2-x_3, x_4=0$，分别取 $x_2=1, x_3=0$ 及 $x_2=0, x_3=1$

得到一个基础解系为 $\boldsymbol{\xi}_1=\begin{pmatrix}2\\1\\0\\0\end{pmatrix}, \boldsymbol{\xi}_2=\begin{pmatrix}-1\\0\\1\\0\end{pmatrix}$. 通解为 $x=k_1\boldsymbol{\xi}_1+k_2\boldsymbol{\xi}_2(k_1,k_2\in\mathbf{R})$.

(3) $\boldsymbol{A}\sim\begin{pmatrix}1&0&0&\frac{13}{7}\\0&1&0&0\\0&0&1&-\frac{4}{7}\\0&0&0&0\end{pmatrix}$，即 $x_1=-\frac{13}{7}x_4, x_2=0, x_3=\frac{4}{7}x_4$，取 $x_4=1$ 得到一个基础解系为 $\boldsymbol{\xi}=\left(-\frac{13}{7},0,\frac{4}{7},1\right)^{\mathrm{T}}$. 通解为 $x=k\boldsymbol{\xi}(k\in\mathbf{R})$.

(4) 化为行阶梯形后有 4 个非 0 行，说明秩为 4，由定理知只有零解.

2. 提示：设 $\boldsymbol{Ax}=\mathbf{0}$ 的一个基础解系为 $\boldsymbol{\xi}_1,\boldsymbol{\xi}_2,\cdots,\boldsymbol{\xi}_{n-r}$，而线性无关的向量组 $\boldsymbol{\eta}_1,\boldsymbol{\eta}_2,\cdots,\boldsymbol{\eta}_m$ 与其等价，则由等价性知 $\boldsymbol{\xi}_1,\boldsymbol{\xi}_2,\cdots,\boldsymbol{\xi}_{n-r}$ 可由 $\boldsymbol{\eta}_1,\boldsymbol{\eta}_2,\cdots,\boldsymbol{\eta}_m$ 线性表示，进而 $\boldsymbol{Ax}=\mathbf{0}$ 的任一解都可由 $\boldsymbol{\eta}_1,\boldsymbol{\eta}_2,\cdots,\boldsymbol{\eta}_m$ 线性表示，再由无关性知 $\boldsymbol{\eta}_1,\boldsymbol{\eta}_2,\cdots,\boldsymbol{\eta}_m$ 也是 $\boldsymbol{Ax}=\mathbf{0}$ 的一个基础解系.

(另外，因等价的向量组有相同的秩，所以必有 $m=n-r$)

习 题 3.5

1. (1) $(\boldsymbol{A},\boldsymbol{b})\sim\begin{pmatrix}1&\frac{1}{2}&-\frac{1}{4}&\frac{1}{2}\\0&-10&11&10\\0&-10&11&34\end{pmatrix}$，显然 $R(\boldsymbol{A})=2, R(\boldsymbol{A},\boldsymbol{b})=3$，所以无解；

(2) 将增广矩阵用初等行变换化为行最简形：

$(\boldsymbol{A},\boldsymbol{b})\sim\begin{pmatrix}1&\frac{1}{2}&-\frac{1}{2}&0&\frac{1}{2}\\0&0&0&1&0\\0&0&0&0&0\end{pmatrix}$，即 $x=-\frac{1}{2}y+\frac{1}{2}z+\frac{1}{2}, w=0$，取 $y=z=0$，得到非齐次方程的一个特解 $(\frac{1}{2},0,0,0)^{\mathrm{T}}$；再在 $x=-\frac{1}{2}y+\frac{1}{2}z, w=0$ 中分别取 $y=1, z=0$ 及 $y=0, z=1$ 得到对应齐次方程的一个基础解系 $(-\frac{1}{2},1,0,0)^{\mathrm{T}}, (\frac{1}{2},0,1,0)^{\mathrm{T}}$，所以通解为

$$\begin{pmatrix}x\\y\\z\\w\end{pmatrix}=k_1\begin{pmatrix}-\frac{1}{2}\\1\\0\\0\end{pmatrix}+k_2\begin{pmatrix}\frac{1}{2}\\0\\1\\0\end{pmatrix}+\begin{pmatrix}\frac{1}{2}\\0\\0\\0\end{pmatrix}\quad(k_1,k_2\in\mathbf{R}).$$

2. 方法是将增广矩阵化为行阶梯形，然后考察何时系数矩阵和增广矩阵的秩相等.

(1) $(\mathrm{A},\boldsymbol{b})\sim\begin{pmatrix}1&0&1&1\\0&1&-2&\lambda-2\\0&0&0&\lambda-1\end{pmatrix}$，所以 $\lambda=1$ 时 $R(\boldsymbol{A})=R(\boldsymbol{A},\boldsymbol{b})=2$，方程组有解，此时

$(\boldsymbol{A},\boldsymbol{b})\sim\begin{pmatrix}1&0&1&1\\0&1&-2&-1\\0&0&0&0\end{pmatrix}$，即 $x_1=-x_3+1,x_2=2x_3-1$，所以通解为 $\begin{pmatrix}x_1\\x_2\\x_3\end{pmatrix}=k\begin{pmatrix}-1\\2\\1\end{pmatrix}+\begin{pmatrix}1\\-1\\0\end{pmatrix}$，$(k\in\mathbf{R})$；$\lambda\neq1$ 时无解.

(2) $(\boldsymbol{A},\boldsymbol{b})\sim\begin{pmatrix}1&b&1&3\\0&b&0&1\\0&1-ab&1-a&4-3a\end{pmatrix}$，

显然，若 $b=0$，则 $R(\boldsymbol{A})=2,R(\boldsymbol{A},\boldsymbol{b})=3$，所以无解；

在 $b\neq0$ 时，

$(\boldsymbol{A},\boldsymbol{b})\sim\begin{pmatrix}1&b&1&3\\0&b&0&1\\0&0&1-a&4-2a-\frac{1}{b}\end{pmatrix}$，因此 $a\neq1$ 时 $R(\boldsymbol{A})=R(\boldsymbol{A},\boldsymbol{b})=3$，有唯一解；

若 $a=1$，而 $4-2a-\frac{1}{b}=0$，即 $b=\frac{1}{2}$，则 $R(\boldsymbol{A})=R(\boldsymbol{A},\boldsymbol{b})=2$，有无穷多解；

若 $a=1,b\neq\frac{1}{2}$，则 $R(\boldsymbol{A})=2,R(\boldsymbol{A},\boldsymbol{b})=3$，无解.

3. 首先，因为 $\boldsymbol{A}(2\boldsymbol{\eta}_1-\boldsymbol{\eta}_2-\boldsymbol{\eta}_3)=2\boldsymbol{b}-\boldsymbol{b}-\boldsymbol{b}=\boldsymbol{0}$，所以对应齐次方程的一个解可取为

$$\boldsymbol{\xi}=2\boldsymbol{\eta}_1-(\boldsymbol{\eta}_2+\boldsymbol{\eta}_3)=(3,4,5,6)^{\mathrm{T}};$$

其次，由已知，对应齐次方程基础解系只有一个解向量，所以所求通解为

$$\boldsymbol{x}=k\boldsymbol{\xi}+\boldsymbol{\eta}_1=k\begin{pmatrix}3\\4\\5\\6\end{pmatrix}+\begin{pmatrix}2\\3\\4\\5\end{pmatrix}\quad(k\in\mathbf{R}).$$

4. 提示：$(\boldsymbol{A},\boldsymbol{b})=\begin{pmatrix}1&-1&0&0&0&a_1\\0&1&-1&0&0&a_2\\0&0&1&-1&0&a_3\\0&0&0&1&-1&a_4\\-1&0&0&0&1&a_5\end{pmatrix}$，将前面各行都加到第 5 行，得

$$(A,\boldsymbol{b})\sim\begin{pmatrix}1&-1&0&0&0&a_1\\0&1&-1&0&0&a_2\\0&0&1&-1&0&a_3\\0&0&0&1&-1&a_4\\0&0&0&0&0&a\end{pmatrix},$$

其中 $a=a_1+a_2+a_3+a_4+a_5$，由定理知该方程组有解的充分必要条件为 $R(\boldsymbol{A})=R(\boldsymbol{A},\boldsymbol{b})=4$，即 $a=0$.

自测题 A

1. (1) $abc=0$； (2) $\boldsymbol{\alpha}=(1,0,-1)^{\mathrm{T}}$； (3) 线性相关； (4) 秩为 3，一个最大无关组为 $\boldsymbol{\alpha}_1,\boldsymbol{\alpha}_2,\boldsymbol{\alpha}_3$； (5) $k(-1,1,0)^{\mathrm{T}}$.

2. (1) D； (2) C； (3) C； (4) B； (5) C.

3. 提示：$(\boldsymbol{\alpha}_1-\boldsymbol{\alpha}_2)+(\boldsymbol{\alpha}_2-\boldsymbol{\alpha}_3)+(\boldsymbol{\alpha}_3-\boldsymbol{\alpha}_1)=\boldsymbol{0}$.

4. 提示：设 $k_1\boldsymbol{\beta}_1+k_2\boldsymbol{\beta}_2+\cdots+k_r\boldsymbol{\beta}_r=\boldsymbol{0}$，则有

$(k_1+k_2+\cdots+k_r)\boldsymbol{\alpha}_1+(k_2+\cdots+k_r)\boldsymbol{\alpha}_2+\cdots+k_r\boldsymbol{\alpha}_r=\boldsymbol{0}$，而由 $\boldsymbol{\alpha}_1,\boldsymbol{\alpha}_2,\cdots,\boldsymbol{\alpha}_r$ 的无关性知，必须 $k_1=k_2=\cdots=k_r=0$.

5. 用初等行变换方法：$\boldsymbol{A}\sim\begin{pmatrix}1&3&4\\0&1&1\\0&0&0\\0&0&0\end{pmatrix}\sim\begin{pmatrix}1&0&1\\0&1&1\\0&0&0\\0&0&0\end{pmatrix}$，所以秩 $R=2$，$\boldsymbol{\alpha}_1,\boldsymbol{\alpha}_2$ 为一个最大无关组，$\boldsymbol{\alpha}_3=\boldsymbol{\alpha}_1+\boldsymbol{\alpha}_2$.

6. 对增广矩阵行变换，$\boldsymbol{B}\sim\begin{pmatrix}1&-2&1&1&1\\0&0&0&1&1\\0&0&0&0&0\end{pmatrix}\sim\begin{pmatrix}1&-2&1&0&0\\0&0&0&1&1\\0&0&0&0&0\end{pmatrix}$，

由此得到 $x=k_1\begin{pmatrix}2\\1\\0\\0\end{pmatrix}+k_2\begin{pmatrix}-1\\0\\1\\0\end{pmatrix}+\begin{pmatrix}0\\0\\0\\1\end{pmatrix}\ (k_1,k_2\in\mathbf{R})$.

7. 由已知，$|\boldsymbol{A}|=0$，由此得 $a=-2$.

8. 记 $\boldsymbol{A}=(\boldsymbol{\alpha}_1,\boldsymbol{\alpha}_2,\boldsymbol{\alpha}_3)$，则由已知 $\boldsymbol{Ax}=\boldsymbol{\beta}_3$ 有解，即 $R(\boldsymbol{A},\boldsymbol{\beta}_3)=R(\boldsymbol{A})$，但

$$(\boldsymbol{A},\boldsymbol{\beta}_3)\sim\begin{pmatrix}1&3&a&b\\0&1&2&(2b-1)/6\\0&0&0&(5-b)/30\end{pmatrix}$$

所以，$b=5$，再根据 $R(\boldsymbol{\beta}_1,\boldsymbol{\beta}_2,\boldsymbol{\beta}_3)=R(\boldsymbol{A})=2$，计算得 $a=15$.

自测题 B

1. (1) $t=3$； (2) $t=6$； (3) 线性相关； (4) $(2,4,6,8)^{\mathrm{T}}$；
(5) $k_1(1,1,0)^{\mathrm{T}}+k_2(-1,0,1)^{\mathrm{T}}+(1,0,0)^{\mathrm{T}}$.

2. (1) A； (2) D； (3) B； (4) C； (5) B.

3. 提示：$\boldsymbol{A}$ 可逆时，$\boldsymbol{AB}$ 相当于对 $\boldsymbol{B}$ 作一系列初等行变换，故秩不变.

4. 提示：由定义，令其线性组合为零，说明组合系数必须全为零即可.

5. 提示：$k_1,k_2,\cdots,k_r$ 全为零时，结论当然成立；若 $k_1,k_2,\cdots,k_r$ 中至少有一个不为零，由题设可知，每一个 k_i 都不等于零.

6. 提示：记 A、B 的最大无关组分别为 $\boldsymbol{\alpha}_1,\boldsymbol{\alpha}_2,\cdots,\boldsymbol{\alpha}_r$ 与 $\boldsymbol{\beta}_1,\boldsymbol{\beta}_2,\cdots,\boldsymbol{\beta}_r$，考察向量组 $\boldsymbol{\alpha}_1,\cdots,\boldsymbol{\alpha}_r,\boldsymbol{\beta}_1,\cdots,\boldsymbol{\beta}_r$，记为 $\boldsymbol{C}$，由已知，$\boldsymbol{\alpha}_1,\boldsymbol{\alpha}_2,\cdots,\boldsymbol{\alpha}_r$ 可由 $\boldsymbol{\beta}_1,\boldsymbol{\beta}_2,\cdots,\boldsymbol{\beta}_r$ 线性表示，所以 $\boldsymbol{\beta}_1,\boldsymbol{\beta}_2,\cdots,\boldsymbol{\beta}_r$ 是向量组 $\boldsymbol{C}$ 的一个最大无关组，因此 $R(\boldsymbol{C})=r$，这又说明 $\boldsymbol{\alpha}_1,\boldsymbol{\alpha}_2,\cdots,\boldsymbol{\alpha}_r$ 也是 $\boldsymbol{C}$ 的一个最大无关组，由此 $\boldsymbol{\alpha}_1,\boldsymbol{\alpha}_2,\cdots,\boldsymbol{\alpha}_r$ 与 $\boldsymbol{\beta}_1,\boldsymbol{\beta}_2,\cdots,\boldsymbol{\beta}_r$ 等价，从而 $\boldsymbol{A}$ 组与 $\boldsymbol{B}$ 组等价.

7. 对增广矩阵行变换，$\boldsymbol{B}\sim\begin{pmatrix}1 & 2 & -1 & 4 & 2\\ 0 & -5 & 3 & -7 & -3\\ 0 & 0 & 0 & 0 & a-5\end{pmatrix}$，由此知 $a=5$；

再继续化为行最简，得 $\boldsymbol{B}\sim\begin{pmatrix}1 & 0 & 1/5 & 6/5 & 4/5\\ 0 & 1 & -3/5 & 7/5 & 3/5\\ 0 & 0 & 0 & 0 & 0\end{pmatrix}$，由此得到通解为

$$\begin{pmatrix}x_1\\x_2\\x_3\\x_4\end{pmatrix}=c_1\begin{pmatrix}-\frac{1}{5}\\ \frac{3}{5}\\ 1\\ 0\end{pmatrix}+c_2\begin{pmatrix}-\frac{6}{5}\\ -\frac{7}{5}\\ 0\\ 1\end{pmatrix}+\begin{pmatrix}\frac{4}{5}\\ \frac{3}{5}\\ 0\\ 0\end{pmatrix}\quad(c_1,c_2\in\mathbf{R}).$$

8. 提示：设 $k_0\boldsymbol{\eta}^*+k_1\boldsymbol{\xi}_1+k_2\boldsymbol{\xi}_2+\cdots+k_{n-r}\boldsymbol{\xi}_{n-r}=\boldsymbol{0}$，则必须 $k_0=0$，因为否则 η^* 可由 $\boldsymbol{\xi}_1,\boldsymbol{\xi}_2,\cdots,\boldsymbol{\xi}_{n-r}$ 线性表示，由此 $\boldsymbol{\eta}^*$ 是齐次方程的解，矛盾. 既然 $k_0=0$，则由基础解系的无关性知其余组合系数也全为 0.

第 4 章

习 题 4.1

1. (1) $[\boldsymbol{\alpha},\boldsymbol{\beta}]=0$；

(2) $\boldsymbol{\alpha}^\circ=\dfrac{\boldsymbol{\alpha}}{\|\boldsymbol{\alpha}\|}=\dfrac{1}{\sqrt{14}}\begin{pmatrix}1\\2\\3\end{pmatrix}$，$\boldsymbol{\beta}^\circ=\dfrac{\boldsymbol{\beta}}{\|\boldsymbol{\beta}\|}=\dfrac{1}{\sqrt{3}}\begin{pmatrix}1\\1\\-1\end{pmatrix}$.

2. (1) $\boldsymbol{b}_1=\begin{pmatrix}1\\1\\1\end{pmatrix}$，$\boldsymbol{b}_2=\begin{pmatrix}-1\\0\\1\end{pmatrix}$，$\boldsymbol{b}_3=\dfrac{1}{3}\begin{pmatrix}1\\-2\\1\end{pmatrix}$；

(2) $\boldsymbol{b}_1=\begin{pmatrix}1\\0\\1\end{pmatrix}$，$\boldsymbol{b}_2=\begin{pmatrix}0\\-2\\0\end{pmatrix}$，$\boldsymbol{b}_3=\dfrac{1}{2}\begin{pmatrix}-1\\0\\1\end{pmatrix}$.

3. 提示：$\boldsymbol{H}^{\mathrm{T}}=(\boldsymbol{E}-2\boldsymbol{X}\boldsymbol{X}^{\mathrm{T}})^{\mathrm{T}}=\boldsymbol{E}^{\mathrm{T}}-2(\boldsymbol{X}\boldsymbol{X}^{\mathrm{T}})^{\mathrm{T}}=\boldsymbol{E}-2(\boldsymbol{X}^{\mathrm{T}})^{\mathrm{T}}\boldsymbol{X}^{\mathrm{T}}=\boldsymbol{E}-2\boldsymbol{X}\boldsymbol{X}^{\mathrm{T}}=\boldsymbol{H}$，所以 $\boldsymbol{H}$ 是对称矩阵；

又因为 $\boldsymbol{H}^{\mathrm{T}}\boldsymbol{H}=\boldsymbol{H}\boldsymbol{H}=(\boldsymbol{E}-2\boldsymbol{X}\boldsymbol{X}^{\mathrm{T}})(\boldsymbol{E}-2\boldsymbol{X}\boldsymbol{X}^{\mathrm{T}})=\boldsymbol{E}-4\boldsymbol{X}\boldsymbol{X}^{\mathrm{T}}+4(\boldsymbol{X}\boldsymbol{X}^{\mathrm{T}})(\boldsymbol{X}\boldsymbol{X}^{\mathrm{T}})=\boldsymbol{E}-4\boldsymbol{X}\boldsymbol{X}^{\mathrm{T}}+4\boldsymbol{X}(\boldsymbol{X}^{\mathrm{T}}\boldsymbol{X})\boldsymbol{X}^{\mathrm{T}}=\boldsymbol{E}-4\boldsymbol{X}\boldsymbol{X}^{\mathrm{T}}+4\boldsymbol{X}\boldsymbol{X}^{\mathrm{T}}=\boldsymbol{E}$，所以 $\boldsymbol{H}$ 又是正交矩阵.

习 题 4.2

1. (1) $|\lambda\boldsymbol{E}-\boldsymbol{A}|=\begin{vmatrix}\lambda-3 & 1 & -1\\ -2 & \lambda & -1\\ -1 & 1 & \lambda-2\end{vmatrix}=(\lambda-2)^2(\lambda-1)$，所以 $\lambda_1=1,\lambda_2=\lambda_3=2$；

$\lambda_1=1$ 时，解方程组 $(\boldsymbol{E}-\boldsymbol{A})\boldsymbol{x}=\boldsymbol{0}$，得到对应的一个特征向量为 $\boldsymbol{p}_1=\begin{pmatrix}0\\1\\1\end{pmatrix}$，

$\lambda_2=\lambda_3=2$ 时，解方程组 $(2\boldsymbol{E}-\boldsymbol{A})\boldsymbol{x}=\boldsymbol{0}$，得到对应的一个特征向量为 $\boldsymbol{p}_2=\begin{pmatrix}1\\1\\0\end{pmatrix}$.

(2) $|\lambda E-A|=(\lambda-2)^3$，所以 $\lambda_1=\lambda_2=\lambda_3=2$；

解方程组 $(2\boldsymbol{E}-\boldsymbol{A})\boldsymbol{x}=0$，得到对应的两个线性无关的特征向量为

$\boldsymbol{p}_1=\begin{pmatrix}1\\1\\0\end{pmatrix},\boldsymbol{p}_2=\begin{pmatrix}-1\\0\\1\end{pmatrix}$.

(3) $|\lambda\boldsymbol{E}-\boldsymbol{A}|=(\lambda-1)(\lambda+2)(\lambda-4)$，所以 $\lambda_1=1,\lambda_2=4,\lambda_3=-2$；

$\lambda=1$ 时，解方程组 $(E-A)x=0$，得到对应的特征向量为 $p_1=\begin{pmatrix}-1\\-\frac{1}{2}\\1\end{pmatrix}$，

$\lambda=4$ 时，解方程组 $(4E-A)x=0$，得到对应的特征向量为 $p_2=\begin{pmatrix}2\\-2\\1\end{pmatrix}$，

$\lambda=-2$ 时，解方程组 $(-2E-A)x=0$，得到对应的特征向量为 $p_3=\begin{pmatrix}1\\2\\2\end{pmatrix}$.

2. (1) 2， −4， 6； (2) 1， $-\frac{1}{2}$， $\frac{1}{3}$.

(提示：若 λ 是 A 的一个特征值，则 $k\lambda,\frac{1}{\lambda}\ (\lambda\neq0)$ 分别是 kA,A^{-1} 的一个特征值.)

3. 提示：若 $\lambda_1,\lambda_2,\cdots,\lambda_n$ 是 n 阶方阵 $\boldsymbol{A}$ 的 n 个特征值(重根按重数计算)，则 $|A|=\lambda_1\lambda_2\cdots\lambda_n$，所以本题为 $|\boldsymbol{A}|=2\times(-2)^3=-16$.

4. 提示：$\boldsymbol{A}$ 可逆则 $|\boldsymbol{A}|\neq0$，而 $|\boldsymbol{A}|=\lambda_1\lambda_2\cdots\lambda_n$.

习 题 4.3

1. 依据相似矩阵的迹相等及行列式也相等，由此可得到两个等式，解得 $x=4,y=5$.
2. 提示：设 $\boldsymbol{B}=\boldsymbol{P}^{-1}\boldsymbol{AP}$，则 $\boldsymbol{P}^{-1}(\boldsymbol{A}+\boldsymbol{E})\boldsymbol{P}=\boldsymbol{P}^{-1}\boldsymbol{AP}+\boldsymbol{P}^{-1}\boldsymbol{EP}=\boldsymbol{B}+\boldsymbol{E}$.
3. 提示：$\boldsymbol{BA}=\boldsymbol{A}^{-1}(\boldsymbol{AB})\boldsymbol{A}$，所以取 $\boldsymbol{P}=\boldsymbol{A}$，则由定义知 $\boldsymbol{BA},\boldsymbol{AB}$ 相似.
4. 由已知，3 阶方阵 $\boldsymbol{B}$ 有 3 个不同的特征值 4,0,1，所以可以对角化.

习 题 4.4

1. 记 $\boldsymbol{P}=(\boldsymbol{p}_1,\boldsymbol{p}_2,\boldsymbol{p}_3)=\begin{pmatrix}1&2&-2\\2&-2&-1\\2&1&2\end{pmatrix}$，则 $\boldsymbol{P}^{-1}\boldsymbol{AP}=\boldsymbol{\Lambda}=\begin{pmatrix}1&0&0\\0&0&0\\0&0&-1\end{pmatrix}$，

用求逆矩阵的初等行变换法知，$\boldsymbol{P}^{-1}=\dfrac{1}{9}\begin{pmatrix}1&2&2\\2&-2&1\\-2&-1&2\end{pmatrix}$，

由此计算得 $\boldsymbol{A}=\boldsymbol{P\Lambda P}^{-1}=\dfrac{1}{3}\begin{pmatrix}-1&0&2\\0&1&2\\2&2&0\end{pmatrix}$.

2. (1) $\lambda_1=1,\lambda_2=4,\lambda_3=-2$；

$\lambda_1=1$ 对应的特征向量为 $\boldsymbol{\xi}_1=\begin{pmatrix}-1\\-\dfrac{1}{2}\\1\end{pmatrix}$，$\lambda_2=4$ 对应的特征向量为 $\boldsymbol{\xi}_2=\begin{pmatrix}2\\-2\\1\end{pmatrix}$，

$\lambda_3=-2$ 对应的特征向量为 $\boldsymbol{\xi}_3=\begin{pmatrix}\dfrac{1}{2}\\1\\1\end{pmatrix}$，

不同特征值对应的特征向量已经正交，故此只需单位化：

$\boldsymbol{p}_1=\dfrac{1}{3}\begin{pmatrix}-2\\-1\\2\end{pmatrix}$，$\boldsymbol{p}_2=\dfrac{1}{3}\begin{pmatrix}2\\-2\\1\end{pmatrix}$，$\boldsymbol{p}_3=\dfrac{1}{3}\begin{pmatrix}1\\2\\2\end{pmatrix}$，

所以，$\boldsymbol{P}=\dfrac{1}{3}\begin{pmatrix}-2&2&1\\-1&-2&2\\2&1&2\end{pmatrix}$，$\boldsymbol{P}^{-1}\boldsymbol{AP}=\begin{pmatrix}1&&\\&4&\\&&-2\end{pmatrix}$.

(2) $\lambda_1=10,\lambda_2=\lambda_3=1,\lambda_1=10$ 对应的特征向量为 $\boldsymbol{\xi}_1=\begin{pmatrix}\dfrac{1}{2}\\1\\-1\end{pmatrix}$，$\lambda_2=\lambda_3=1$ 对应的两个线性无关的特征向量为 $\begin{pmatrix}-2\\1\\0\end{pmatrix}$，$\begin{pmatrix}2\\0\\1\end{pmatrix}$，正交化后得 $\boldsymbol{\xi}_2=\begin{pmatrix}-2\\1\\0\end{pmatrix}$，$\boldsymbol{\xi}_3=\begin{pmatrix}2\\4\\5\end{pmatrix}$，再对 $\boldsymbol{\xi}_1,\boldsymbol{\xi}_2,\boldsymbol{\xi}_3$ 单位化，最终得

$$\boldsymbol{P}=\frac{1}{3\sqrt{5}}\begin{pmatrix}\sqrt{5}&-6&2\\2\sqrt{5}&3&4\\-2\sqrt{5}&0&5\end{pmatrix},\boldsymbol{P}^{-1}\boldsymbol{AP}=\begin{pmatrix}10&&\\&1&\\&&1\end{pmatrix}.$$

3. $|\lambda\boldsymbol{E}-\boldsymbol{A}|=(\lambda-4)(\lambda-2)(\lambda+2)$，因此 $\boldsymbol{A}$ 有 3 个不同的特征值，因而可以对角化.

4. 提示：设 $\boldsymbol{A}=\boldsymbol{P}^{-1}\boldsymbol{\Lambda P}$，其中 $\boldsymbol{P}$ 为正交矩阵，$\boldsymbol{\Lambda}$ 为对角阵，由此 $\boldsymbol{P}^{-1}=\boldsymbol{P}^{\mathrm{T}}$，$\boldsymbol{\Lambda}^{\mathrm{T}}=\boldsymbol{\Lambda}$，

从而 $\boldsymbol{A}^{\mathrm{T}}=(\boldsymbol{P}^{\mathrm{T}}\boldsymbol{\Lambda}\boldsymbol{P})^{\mathrm{T}}=\boldsymbol{P}^{\mathrm{T}}\boldsymbol{\Lambda}^{\mathrm{T}}(\boldsymbol{P}^{\mathrm{T}})^{\mathrm{T}}=\boldsymbol{P}^{\mathrm{T}}\boldsymbol{\Lambda}\boldsymbol{P}=\boldsymbol{A}$,即 $\boldsymbol{A}$ 对称.

自测题 A

1. (1) $\cos\alpha+\sin\alpha$; (2) 12; (3) -108; (4) $-\dfrac{5}{3}$; (5) $\boldsymbol{A}$ 有 n 个线性无关的特征向量.

2. (1) A; (2) C; (3) A; (4) D; (5) B.

3. 用施密特正交化公式得:$\dfrac{1}{\sqrt{2}}(1,1,0)^{\mathrm{T}}$,$\dfrac{1}{\sqrt{6}}(-1,1,2)^{\mathrm{T}}$,(答案不唯一).

4. (1) $\lambda_1=7,\lambda_2=-2$,对应 $\lambda_1=7$ 的特征向量为 $\boldsymbol{\xi}_1=\begin{pmatrix}1\\1\end{pmatrix}$;对应 $\lambda_2=-2$ 的特征向量为 $\boldsymbol{\xi}_2=\begin{pmatrix}4\\-5\end{pmatrix}$;

(2) $\lambda_1=\lambda_2=1$, $\lambda_3=-1$, 对应 $\lambda_1=\lambda_2=1$ 的特征向量为

$$\boldsymbol{p}_1=\begin{pmatrix}0\\1\\0\end{pmatrix},\quad \boldsymbol{p}_2=\begin{pmatrix}1\\0\\1\end{pmatrix};$$

对应 $\lambda_3=-1$ 的特征向量为 $\boldsymbol{p}_3=\begin{pmatrix}-1\\0\\1\end{pmatrix}$.

5. 提示:$\boldsymbol{A}^*=|\boldsymbol{A}|\boldsymbol{A}^{-1}=|\boldsymbol{A}|\boldsymbol{A}^{\mathrm{T}}$,所以$(\boldsymbol{A}^*)^{\mathrm{T}}\boldsymbol{A}^*=|\boldsymbol{A}|\cdot\boldsymbol{A}\cdot|\boldsymbol{A}|\cdot\boldsymbol{A}^{\mathrm{T}}=|\boldsymbol{A}|^2\boldsymbol{E}=\boldsymbol{E}$.

6. $|\lambda\boldsymbol{E}-\boldsymbol{A}|=(\lambda-1)(\lambda-3)(\lambda-4)$,

$\lambda=1$ 对应的一个特征向量为 $\begin{pmatrix}-1\\0\\1\end{pmatrix}$,$\lambda=3$ 对应的一个特征向量为 $\begin{pmatrix}1\\0\\1\end{pmatrix}$,$\lambda=4$ 对应的一个特征向量为 $\begin{pmatrix}0\\1\\0\end{pmatrix}$,所以单位化后取 $\boldsymbol{P}=\dfrac{1}{\sqrt{2}}\begin{pmatrix}-1&1&0\\0&0&\sqrt{2}\\1&1&0\end{pmatrix}$,$\boldsymbol{P}^{-1}\boldsymbol{A}\boldsymbol{P}=\begin{pmatrix}1&&\\&3&\\&&4\end{pmatrix}$.

7. 提示:设 $\boldsymbol{A}=\boldsymbol{P}^{-1}\boldsymbol{B}\boldsymbol{P}$,则 $|\boldsymbol{A}|=|\boldsymbol{B}|$,所以 $\boldsymbol{A},\boldsymbol{B}$ 可逆性相同.

若二者都可逆,则 $\boldsymbol{A}^{-1}=(\boldsymbol{P}^{-1}\boldsymbol{B}\boldsymbol{P})^{-1}=\boldsymbol{P}^{-1}\boldsymbol{B}^{-1}\boldsymbol{P}$,所以 $\boldsymbol{A}^{-1},\boldsymbol{B}^{-1}$ 也相似.

8. $|\lambda\boldsymbol{E}-\boldsymbol{A}|=(\lambda-2)^3(\lambda+2)$,所以 $\lambda_1=\lambda_2=\lambda_3=2,\lambda_4=-2$;

计算得 $\boldsymbol{A}^{\mathrm{T}}\boldsymbol{A}=4\boldsymbol{E}$,所以$\dfrac{1}{2}\boldsymbol{A}$ 正交.

自测题 B

1. (1) 3; (2) $\dfrac{3}{\lambda}+1$; (3) -6; (4) -3; (5) 不正确.

2. (1) **B**; (2) **B**; (3) **D**; (4) **B**; (5) **D**.

3. 设二重根 3 对应的特征向量为 $\boldsymbol{q}=(a,b,c)^{\mathrm{T}}$,则由正交性知 $\boldsymbol{q}^{\mathrm{T}}\boldsymbol{p}_1=0$,即 $a+b+c=0$,任取其中的两个无关解 $\boldsymbol{q}_2=\begin{pmatrix}1\\-1\\0\end{pmatrix}$,$\boldsymbol{q}_3=\begin{pmatrix}1\\0\\-1\end{pmatrix}$,正交化得 $\boldsymbol{p}_2=\begin{pmatrix}1\\-1\\0\end{pmatrix}$,$\boldsymbol{p}_3=\dfrac{1}{2}\begin{pmatrix}1\\1\\-2\end{pmatrix}$,由此单

位化后得 $\boldsymbol{P}=\begin{pmatrix}\frac{1}{\sqrt{3}} & \frac{1}{\sqrt{2}} & \frac{1}{\sqrt{6}}\\ \frac{1}{\sqrt{3}} & -\frac{1}{\sqrt{2}} & \frac{1}{\sqrt{6}}\\ \frac{1}{\sqrt{3}} & 0 & -\frac{2}{\sqrt{6}}\end{pmatrix}$，$\boldsymbol{P}^{-1}\boldsymbol{AP}=\begin{pmatrix}6 & & \\ & 3 & \\ & & 3\end{pmatrix}$，

$$\boldsymbol{A}=\boldsymbol{P}\begin{pmatrix}6 & & \\ & 3 & \\ & & 3\end{pmatrix}\boldsymbol{P}^{-1}=\boldsymbol{P}\begin{pmatrix}6 & & \\ & 3 & \\ & & 3\end{pmatrix}\boldsymbol{P}^{\mathrm{T}}=\begin{pmatrix}4 & 1 & 1\\ 1 & 4 & 1\\ 1 & 1 & 4\end{pmatrix}.$$

4. 提示：若 $\boldsymbol{A}$ 的特征值全为 0，则 $\boldsymbol{P}^{-1}\boldsymbol{AP}=\begin{pmatrix}0 & & & \\ & 0 & & \\ & & \ddots & \\ & & & 0\end{pmatrix}$，所以 $\boldsymbol{A}=\boldsymbol{0}$；

若 $\boldsymbol{A}=\boldsymbol{0}$，则 $|\lambda\boldsymbol{E}-\boldsymbol{A}|=|\lambda\boldsymbol{E}|=\lambda^n=0$，所以 $\lambda_1=\lambda_2=\cdots=\lambda_n=0$.

5. 提示：(1) 记 $k_1\boldsymbol{p}_1+k_2\boldsymbol{p}_2=\boldsymbol{0}$，两端左乘 $\boldsymbol{p}_1^{\mathrm{T}}$，注意 $\boldsymbol{p}_1^{\mathrm{T}}\boldsymbol{p}_2=0$，由此得 $k_1=0$，进而 $k_2=0$，所以 p_1,p_2 线性无关；

(2) 反证，设 $A(\boldsymbol{p}_1+\boldsymbol{p}_2)=\lambda(\boldsymbol{p}_1+\boldsymbol{p}_2)$，则有 $(\lambda-\lambda_1)\boldsymbol{p}_1+(\lambda-\lambda_2)\boldsymbol{p}_2=\boldsymbol{0}$，

由 $\boldsymbol{p}_1,\boldsymbol{p}_2$ 的无关性知 $\lambda=\lambda_1=\lambda_2$，矛盾.

6. 提示：只需证明 $\boldsymbol{A}$ 的特征值全为 0 即可. 反证，设存在 $\lambda\neq 0$ 使得 $\boldsymbol{Ap}=\lambda\boldsymbol{p}$，则 $\boldsymbol{p}^{\mathrm{T}}\boldsymbol{Ap}=\lambda\boldsymbol{p}^{\mathrm{T}}\boldsymbol{p}\neq 0$，矛盾.

7. 提示：设 $\boldsymbol{A}=\boldsymbol{P}^{-1}\boldsymbol{BP}$，$\boldsymbol{C}=\boldsymbol{Q}^{-1}\boldsymbol{DQ}$，则 $\begin{pmatrix}\boldsymbol{A} & \boldsymbol{0}\\ \boldsymbol{0} & \boldsymbol{C}\end{pmatrix}=\begin{pmatrix}\boldsymbol{P} & \boldsymbol{0}\\ \boldsymbol{0} & \boldsymbol{Q}\end{pmatrix}^{-1}\begin{pmatrix}\boldsymbol{B} & \boldsymbol{0}\\ \boldsymbol{0} & \boldsymbol{D}\end{pmatrix}\begin{pmatrix}P & \boldsymbol{0}\\ \boldsymbol{0} & Q\end{pmatrix}$.

8. 提示：若 $\boldsymbol{Ax}=\lambda\boldsymbol{x}$，则 $\boldsymbol{x}=\boldsymbol{A}^2\boldsymbol{x}=\lambda^2\boldsymbol{x}$，所以 $\lambda^2=1$，$\lambda=\pm 1$.

第 5 章

习 题 5.1

1. 关键是正确写出二次型对应的矩阵：主对角线元素是平方项的系数，其余元素是混合项的系数的一半.

(1) $f=(x_1,x_2,x_3)\begin{pmatrix}0 & -2 & 1\\ -2 & 0 & 1\\ 1 & 1 & 0\end{pmatrix}\begin{pmatrix}x_1\\ x_2\\ x_3\end{pmatrix}$；

(2) $f=(x_1,x_2,x_3)\begin{pmatrix}1 & 1 & -\frac{1}{2}\\ 1 & 0 & 0\\ -\frac{1}{2} & 0 & 2\end{pmatrix}\begin{pmatrix}x_1\\ x_2\\ x_3\end{pmatrix}$.

2. $f=(x_1,x_2,x_3,x_4)\boldsymbol{A}\begin{pmatrix}x_1\\x_2\\x_3\\x_4\end{pmatrix}$，对给定的矩阵 $\boldsymbol{A}$，按照矩阵乘法乘开即可.

(1) $f=x_1^2-2x_1x_2-6x_1x_3+2x_1x_4-4x_2x_3+x_2x_4+\frac{1}{3}x_3^2-3x_3x_4$；

(2) $f=2x_1x_2+x_1x_3-3x_1x_4-2x_2x_3-2x_2x_4+6x_3x_4$.

习 题 5.2

1. (1) $\boldsymbol{A}=\begin{pmatrix}2&0&0\\0&3&2\\0&2&3\end{pmatrix}$，$\lambda=1,2,5$，

$\lambda=1$ 时求得一个特征向量为 $\boldsymbol{\xi}_1=\begin{pmatrix}0\\-1\\1\end{pmatrix}$，$\lambda=2$ 时求得一个特征向量为 $\boldsymbol{\xi}_2=\begin{pmatrix}1\\0\\0\end{pmatrix}$，$\lambda=5$，求得一个特征向量为 $\boldsymbol{\xi}_3=\begin{pmatrix}0\\1\\1\end{pmatrix}$，上述 3 个特征向量已经正交. 将其单位化后得

$$\begin{pmatrix}x_1\\x_2\\x_3\end{pmatrix}=\begin{pmatrix}0&1&0\\-\frac{\sqrt{2}}{2}&0&\frac{\sqrt{2}}{2}\\\frac{\sqrt{2}}{2}&0&\frac{\sqrt{2}}{2}\end{pmatrix}\begin{pmatrix}y_1\\y_2\\y_3\end{pmatrix}, f=y_1{}^2+2y_2{}^2+5y_3{}^2;$$

(2) $\boldsymbol{A}=\begin{pmatrix}1&1&0&-1\\1&1&-1&0\\0&-1&1&1\\-1&0&1&1\end{pmatrix}$，$|\lambda\boldsymbol{E}-\boldsymbol{A}|=-(\lambda-1)^2(\lambda-3)(\lambda+1)$，

所以 $\lambda_1=\lambda_2=1,\lambda_3=3,\lambda_4=-1$；

$\lambda_1=\lambda_2=1$ 时，求得两个线性无关的特征向量 $\boldsymbol{\xi}_1=\begin{pmatrix}1\\0\\1\\0\end{pmatrix}$，$\boldsymbol{\xi}_2=\begin{pmatrix}0\\1\\0\\1\end{pmatrix}$，且二者同时正交，

$\lambda_3=3,\lambda_4=-1$ 都是单根，各自对应一个无关的特征向量，求解方程组 $(\lambda\boldsymbol{E}-\boldsymbol{A})\boldsymbol{x}=\boldsymbol{0}$ 得

$\boldsymbol{\xi}_3=\begin{pmatrix}-1\\-1\\1\\1\end{pmatrix}$，$\boldsymbol{\xi}_4=\begin{pmatrix}1\\-1\\-1\\1\end{pmatrix}$，将上述 4 个特征向量单位化后，得

$$\begin{pmatrix}x_1\\x_2\\x_3\\x_4\end{pmatrix}=\begin{pmatrix}\frac{\sqrt{2}}{2} & 0 & -\frac{1}{2} & \frac{1}{2}\\ 0 & \frac{\sqrt{2}}{2} & -\frac{1}{2} & -\frac{1}{2}\\ \frac{\sqrt{2}}{2} & 0 & \frac{1}{2} & -\frac{1}{2}\\ 0 & \frac{\sqrt{2}}{2} & \frac{1}{2} & \frac{1}{2}\end{pmatrix}\begin{pmatrix}y_1\\y_2\\y_3\\y_4\end{pmatrix},\ f=y_1{}^2+y_2{}^2+3y_3{}^2-y_4{}^2.$$

2. (1) $f=(x_1+x_2-2x_3)^2+(2x_2+x_3)^2-(3x_3)^2$，所以令 $y_1=x_1+x_2-2x_3$，$y_2=2x_2+x_3$，$y_3=3x_3$，即

$$\begin{cases}x_1=y_1-\frac{1}{2}y_2+\frac{5}{6}y_3,\\ x_2=\qquad\ \frac{1}{2}y_2-\frac{1}{6}y_3\ ,\\ x_3=\qquad\qquad\quad \frac{1}{3}y_3,\end{cases}$$

则有 $f=y_1^2+y_2^2-y_3^2$.

(2) 令 $x_1=z_1+z_2$，$x_2=z_1-z_2$，$x_3=z_3$，则

$f=z_1^2-z_2^2+2z_1z_3-10z_2z_3=(z_1+z_3)^2-(z_2-5z_3)^2+24z_3^2$，

再令 $y_1=z_1+z_3$，$y_2=z_2-5z_3$，$y_3=2\sqrt{6}z_3$，则有

$$\begin{cases}x_1=y_1+y_2+\frac{2}{\sqrt{6}}y_3,\\ x_2=y_1-y_2-\frac{\sqrt{6}}{2}y_3,\\ x_3=\qquad\quad \frac{1}{2\sqrt{6}}y_3,\end{cases}\qquad f=y_1^2-y_2^2+y_3^2.$$

习 题 5.3

1. (1) 负定； (2) 正定.

（提示：先写出二次型对应的矩阵，然后考察其各阶顺序主子式的正负性.）

2. 提示：因为 $\boldsymbol{A},\boldsymbol{B}$ 正定，所以对任意列向量 $\boldsymbol{x}\neq 0$，有 $\boldsymbol{x}^{\mathrm{T}}\boldsymbol{A}\boldsymbol{x}>\boldsymbol{0}$，$\boldsymbol{x}^{\mathrm{T}}\boldsymbol{B}\boldsymbol{x}>\boldsymbol{0}$，从而也有 $\boldsymbol{x}^{\mathrm{T}}(\boldsymbol{A}+\boldsymbol{B})\boldsymbol{x}=\boldsymbol{x}^{\mathrm{T}}\boldsymbol{A}\boldsymbol{x}+\boldsymbol{x}^{\mathrm{T}}\boldsymbol{B}\boldsymbol{x}>\boldsymbol{0}$，即 $\boldsymbol{A}+\boldsymbol{B}$ 正定.

3. 提示：首先正定矩阵的充分必要条件是特征值全为正；其次若 $\lambda\neq 0$ 是 $\boldsymbol{A}$ 的一个特征值，则 $\frac{|\boldsymbol{A}|}{\lambda}$，$\lambda^k$ 分别是 $\boldsymbol{A}^*$，$\boldsymbol{A}^k$ 的一个特征值.

自测题 A

1. (1) $\begin{pmatrix}1 & 3 & 2\\ 3 & 2 & 4\\ 2 & 4 & 3\end{pmatrix}$；

(2) 各顺序主子式应大于 0，由此得 $-2<a<\frac{2}{3}$；

(3) $|\boldsymbol{A}|=\lambda_1\lambda_2\lambda_3=36$； (4) 正确； (5) $\boldsymbol{P}^{\mathrm{T}}\boldsymbol{A}\boldsymbol{P}$.

2. (1) C；　(2) C；　(3) B；　(4) A；　(5) D.

3. 新二次型对应的矩阵为

$$P^{\mathrm{T}}AP=\begin{pmatrix}1&0&0\\-1&1&0\\2&-1&1\end{pmatrix}\begin{pmatrix}1&1&-1\\1&2&0\\-1&0&0\end{pmatrix}\begin{pmatrix}1&-1&2\\0&1&-1\\0&0&1\end{pmatrix}=\begin{pmatrix}1&0&0\\0&1&0\\0&0&-2\end{pmatrix},$$

所以新二次型为 $y_1^2+y_2^2-2y_3^2$.

4. 令 3 个顺序主子式大于 0，得 $-3<a<1$.

5. 二次型对应的矩阵为 $A=\begin{pmatrix}5&2&-1\\2&1&-1\\-1&-1&a\end{pmatrix}$，前两个主子式皆为正，所以令 $|A|>0$，得 $a>2$.

6. (1) $f=(x_1\quad x_2\quad x_3)\begin{pmatrix}0&2&-2\\2&4&4\\-2&4&-3\end{pmatrix}\begin{pmatrix}x_1\\x_2\\x_3\end{pmatrix}$；

(2) $|\lambda E-A|=-(\lambda-1)(\lambda-6)(\lambda+6)$，

$\lambda=1$ 时，对应的一个特征向量为 $\begin{pmatrix}2\\0\\-1\end{pmatrix}$，

$\lambda=6$ 时，对应的一个特征向量为 $\begin{pmatrix}1\\5\\2\end{pmatrix}$，

$\lambda=-6$ 时，对应的一个特征向量为 $\begin{pmatrix}1\\-1\\2\end{pmatrix}$，

经单位化得

$$P=\begin{pmatrix}\frac{2}{\sqrt{5}}&\frac{1}{\sqrt{30}}&\frac{1}{\sqrt{6}}\\0&\frac{5}{\sqrt{30}}&-\frac{1}{\sqrt{6}}\\-\frac{1}{\sqrt{5}}&\frac{2}{\sqrt{30}}&\frac{2}{\sqrt{6}}\end{pmatrix},\qquad f=y_1^2+6y_2^2-6y_3^2.$$

7. $A=\begin{pmatrix}2&0&0\\0&3&a\\0&a&3\end{pmatrix}$，$\lambda_1=1$，$\lambda_2=2$，$\lambda_3=5$，由 $|A|=\lambda_1\lambda_2\lambda_3=10$ 得 $a=2$；

经过计算，3 个特征值对应的特征向量可分别取为 $\begin{pmatrix}0\\1\\-1\end{pmatrix}$，$\begin{pmatrix}1\\0\\0\end{pmatrix}$，$\begin{pmatrix}0\\1\\1\end{pmatrix}$，所以单位化后得

$$P=\frac{1}{\sqrt{2}}\begin{pmatrix}0&\sqrt{2}&0\\1&0&1\\-1&0&1\end{pmatrix}.$$

8. 提示：首先 $\boldsymbol{B}^{\mathrm{T}}=\lambda\boldsymbol{E}^{\mathrm{T}}+(\boldsymbol{A}^{\mathrm{T}}\boldsymbol{A})^{\mathrm{T}}=\lambda\boldsymbol{E}+\boldsymbol{A}^{\mathrm{T}}\boldsymbol{A}=\boldsymbol{B}$，所以 $\boldsymbol{B}$ 对称；

其次，当 $x\neq 0$ 时，$\boldsymbol{x}^{\mathrm{T}}\boldsymbol{B}\boldsymbol{x}=\lambda\boldsymbol{x}^{\mathrm{T}}\boldsymbol{x}+\boldsymbol{x}^{\mathrm{T}}\boldsymbol{A}^{\mathrm{T}}\boldsymbol{A}\boldsymbol{x}=\lambda\boldsymbol{x}^{\mathrm{T}}\boldsymbol{x}+(\boldsymbol{A}\boldsymbol{x})^{\mathrm{T}}(\boldsymbol{A}\boldsymbol{x})\geqslant\lambda\boldsymbol{x}^{\mathrm{T}}\boldsymbol{x}>0$.

自测题 B

1. (1) $a=1$； (2) $-y_1^2+y_2^2+3y_3^2$； (3) 2； (4) $\begin{pmatrix}9&-3&0\\-3&1&-3\\0&-3&0\end{pmatrix}$； (5) 正确.

2. (1) C； (2) B； (3) A； (4) D； (5) A.

3. 提示：$\boldsymbol{A}=\begin{pmatrix}5&-1&3\\-1&5&-3\\3&-3&c\end{pmatrix}\sim\begin{pmatrix}-1&5&3\\0&24&-12\\0&12&c-9\end{pmatrix}$，所以 $c-9=-6$，$c=3$.

4. 提示：$\boldsymbol{A}\begin{pmatrix}1\\1\\\vdots\\1\end{pmatrix}=\begin{pmatrix}5\\5\\\vdots\\5\end{pmatrix}=5\begin{pmatrix}1\\1\\\vdots\\1\end{pmatrix}$，所以一个特征向量为 $\begin{pmatrix}1\\1\\\vdots\\1\end{pmatrix}$，对应的一个特征值为 $\lambda_1=5$，

因为秩为 1，所以其余特征值为 $\lambda_2=\cdots=\lambda_n=0$，所以经正交变换后可化为标准形 $f=5y_1^2$.

5. 提示：对任意向量 $\boldsymbol{z}=\begin{pmatrix}\boldsymbol{x}\\\boldsymbol{y}\end{pmatrix}$，其中 $\boldsymbol{x},\boldsymbol{y}$ 分别为 m,n 维向量，若 $\boldsymbol{z}\neq\boldsymbol{0}$，则 $\boldsymbol{x},\boldsymbol{y}$ 中必有一个

不为 $\boldsymbol{0}$，由此 $\boldsymbol{z}^{\mathrm{T}}\boldsymbol{C}\boldsymbol{z}=(\boldsymbol{x}^{\mathrm{T}},\boldsymbol{y}^{\mathrm{T}})\begin{pmatrix}\boldsymbol{A}&\boldsymbol{0}\\\boldsymbol{0}&\boldsymbol{B}\end{pmatrix}\begin{pmatrix}\boldsymbol{x}\\\boldsymbol{y}\end{pmatrix}=\boldsymbol{x}^{\mathrm{T}}\boldsymbol{A}\boldsymbol{x}+\boldsymbol{y}^{\mathrm{T}}\boldsymbol{B}\boldsymbol{y}>0$.

(因为 $\boldsymbol{A},\boldsymbol{B}$ 正定，$\boldsymbol{x}^{\mathrm{T}}\boldsymbol{A}\boldsymbol{x},\boldsymbol{y}^{\mathrm{T}}\boldsymbol{B}\boldsymbol{y}$ 必有一个为正).

6. 提示：记经过正交变换 $\boldsymbol{x}=\boldsymbol{P}\boldsymbol{y}$ 后，$f=\boldsymbol{x}^{\mathrm{T}}\boldsymbol{A}\boldsymbol{x}=\lambda_1\boldsymbol{y}_1^2+\lambda_2\boldsymbol{y}_2^2+\cdots+\lambda_n y_n^2$，不妨设最大特征值为 λ_i，则当 $\|\boldsymbol{x}\|=1$ 时，由正交变换的保持长度不变性知 $\|\boldsymbol{y}\|=1$，由此

$f\leqslant\lambda_i(y_1^2+y_2^2+\cdots+y_n^2)=\lambda_i\ \|\boldsymbol{y}\|^2=\lambda_i$.

7. 提示：因 $\boldsymbol{U}$ 可逆，所以只要 $\boldsymbol{x}\neq\boldsymbol{0}$，则 $\boldsymbol{U}\boldsymbol{x}\neq\boldsymbol{0}$，由此

$\boldsymbol{x}^{\mathrm{T}}\boldsymbol{A}\boldsymbol{x}=\boldsymbol{x}^{\mathrm{T}}\boldsymbol{U}^{\mathrm{T}}\boldsymbol{U}\boldsymbol{x}=(\boldsymbol{U}\boldsymbol{x})^{\mathrm{T}}(\boldsymbol{U}\boldsymbol{x})>0$.

8. 提示：由已知，存在正交矩阵 $\boldsymbol{P}$，使得 $\boldsymbol{P}^{\mathrm{T}}\boldsymbol{A}\boldsymbol{P}=\boldsymbol{P}^{-1}\boldsymbol{A}\boldsymbol{P}=\begin{pmatrix}\lambda_1&&&\\&\lambda_2&&\\&&\ddots&\\&&&\lambda_n\end{pmatrix}$，再由正定

性知各特征值皆为正，所以

$$\boldsymbol{A}=\boldsymbol{P}\begin{pmatrix}\lambda_1&&&\\&\lambda_2&&\\&&\ddots&\\&&&\lambda_n\end{pmatrix}\boldsymbol{P}^{-1}=\boldsymbol{P}\begin{pmatrix}\sqrt{\lambda_1}&&&\\&\sqrt{\lambda_2}&&\\&&\ddots&\\&&&\sqrt{\lambda_n}\end{pmatrix}\begin{pmatrix}\sqrt{\lambda_1}&&&\\&\sqrt{\lambda_2}&&\\&&\ddots&\\&&&\sqrt{\lambda_n}\end{pmatrix}\boldsymbol{P}^{\mathrm{T}}=\boldsymbol{U}^{\mathrm{T}}\boldsymbol{U},$$

其中 $\boldsymbol{U}=\begin{pmatrix}\sqrt{\lambda_1}&&&\\&\sqrt{\lambda_2}&&\\&&\ddots&\\&&&\sqrt{\lambda_n}\end{pmatrix}\boldsymbol{P}^{\mathrm{T}}$.

附录Ⅴ 总测试题答案和提示

总测试题一

1. (1) 8； (2) 0； (3) 2； (4) (0,1,2)； (5) $x=k(u_2-u_1)+u_1(k\in\mathbf{R})$.

2. (1) D； (2) D； (3) C； (4) A； (5) D.

3. 用矩阵的初等变换法：$(\boldsymbol{A}\,\boldsymbol{E})\xrightarrow{\text{行}}(\boldsymbol{E}\,\boldsymbol{A}^{-1})$，得 $\boldsymbol{A}^{-1}=\begin{pmatrix}-3&-4&1\\-3&-5&1\\4&6&-1\end{pmatrix}$.

4. **解** $\boldsymbol{A}=(\boldsymbol{\alpha}_1,\boldsymbol{\alpha}_2,\boldsymbol{\alpha}_3,\boldsymbol{\alpha}_4)=\begin{pmatrix}-1&2&3&-3\\3&-1&2&1\\5&0&7&-1\end{pmatrix}\xrightarrow{\text{行}}\begin{pmatrix}1&0&\frac{7}{5}&-\frac{1}{5}\\0&1&\frac{11}{5}&-\frac{8}{5}\\0&0&0&0\end{pmatrix}$，

可见 $R(\boldsymbol{\alpha}_1,\boldsymbol{\alpha}_2,\boldsymbol{\alpha}_3,\boldsymbol{\alpha}_4)=2$，$\boldsymbol{\alpha}_1,\boldsymbol{\alpha}_2$ 是一个最大无关组，

且
$$\boldsymbol{\alpha}_3=\frac{7}{5}\boldsymbol{\alpha}_1+\frac{11}{5}\boldsymbol{\alpha}_2,\boldsymbol{\alpha}_4=-\frac{1}{5}\boldsymbol{\alpha}_1-\frac{8}{5}\boldsymbol{\alpha}_2.$$

5. **解** (1) $(\boldsymbol{A},\boldsymbol{b})=\begin{pmatrix}1&1&1&1&1\\3&2&1&1&0\\0&1&2&2&t\end{pmatrix}\xrightarrow{\text{行}}\begin{pmatrix}1&0&-1&-1&-2\\0&1&2&2&3\\0&0&0&0&t-3\end{pmatrix}$，

故知 $t=3$ 时，方程组有解.

(2) 通解为：
$$\begin{pmatrix}x_1\\x_2\\x_3\\x_4\end{pmatrix}=\begin{pmatrix}-2\\3\\0\\0\end{pmatrix}+k_1\begin{pmatrix}1\\-2\\1\\0\end{pmatrix}+k_2\begin{pmatrix}1\\-2\\0\\1\end{pmatrix}.$$

6. **证** 设有 $k_1\boldsymbol{\beta}_1+k_2\boldsymbol{\beta}_2+k_3\boldsymbol{\beta}_3=0$，$\Rightarrow k_1(\boldsymbol{\alpha}_1+\boldsymbol{\alpha}_2)+k_2(\boldsymbol{\alpha}_2+\boldsymbol{\alpha}_3)+k_3(\boldsymbol{\alpha}_3+\boldsymbol{\alpha}_1)=0$，

即 $(k_1+k_3)\boldsymbol{\alpha}_1+(k_1+k_2)\boldsymbol{\alpha}_2+(k_2+k_3)\boldsymbol{\alpha}_3=0$，

因为 $\boldsymbol{\alpha}_1,\boldsymbol{\alpha}_2,\boldsymbol{\alpha}_3$ 线性无关，故得
$$\begin{cases}k_1+k_3=0\\k_1+k_2=0\\k_2+k_3=0\end{cases},\quad\Rightarrow k_1=k_2=k_3=0,$$

所以向量组 $\boldsymbol{\beta}_1,\boldsymbol{\beta}_2,\boldsymbol{\beta}_3$ 线性无关.

7. **解** $\boldsymbol{\alpha},\boldsymbol{\beta}$ 的内积 $[\boldsymbol{\alpha},\boldsymbol{\beta}]=0$，$\boldsymbol{\alpha},\boldsymbol{\beta}$ 单位化向量分别为
$$\frac{\boldsymbol{\alpha}}{||\boldsymbol{\alpha}||}=\frac{1}{\sqrt{14}}\begin{pmatrix}1\\2\\3\end{pmatrix},\frac{\boldsymbol{\beta}}{||\boldsymbol{\beta}||}=\frac{1}{\sqrt{3}}\begin{pmatrix}1\\1\\-1\end{pmatrix}.$$

8. **解** 由$|\lambda \boldsymbol{E}-\boldsymbol{A}|=(\lambda-5)(\lambda-2)^2$,得特征值为$\lambda_1=5,\lambda_2=\lambda_3=2$,

所求正交矩阵$\boldsymbol{P}=\begin{pmatrix}\frac{1}{\sqrt{3}} & -\frac{1}{\sqrt{2}} & -\frac{1}{\sqrt{6}}\\ \frac{1}{\sqrt{3}} & \frac{1}{\sqrt{2}} & -\frac{1}{\sqrt{6}}\\ \frac{1}{\sqrt{3}} & 0 & \frac{2}{\sqrt{6}}\end{pmatrix}$,有$\boldsymbol{P}^{-1}\boldsymbol{AP}=\begin{pmatrix}5 & & \\ & 2 & \\ & & 2\end{pmatrix}$.

总测试题二

1. (1) $-$； (2) $\begin{pmatrix}0 & 0 & 1\\ 1 & 0 & 0\\ 0 & 1 & 0\end{pmatrix}$； (3) 1； (4) $\left(\frac{\sqrt{3}}{3}, \frac{\sqrt{3}}{3}, \frac{\sqrt{3}}{3}\right)$； (5) 0.

2. (1) C； (2) C； (3) D； (4) B； (5) A.

3. **解** 各列均加至第1列,并按第1列展开有

$$D=\begin{vmatrix}x+\sum_{i=1}^{4}a_i & a_2 & a_3 & a_4\\ 0 & x & 0 & 0\\ 0 & -x & x & 0\\ 0 & 0 & -x & x\end{vmatrix}=(x+\sum_{i=1}^{4}a_i)\begin{vmatrix}x & 0 & 0\\ -x & x & 0\\ 0 & -x & x\end{vmatrix}=x^3(x+\sum_{i=1}^{4}a_i).$$

4. $\lambda=3$时,$R(\boldsymbol{A})=2$;$\lambda\neq 3$时,$R(\boldsymbol{A})=3$.

5. $R(\boldsymbol{\alpha}_1,\boldsymbol{\alpha}_2,\boldsymbol{\alpha}_3,\boldsymbol{\alpha}_4)=3$,$\boldsymbol{\alpha}_1,\boldsymbol{\alpha}_2,\boldsymbol{\alpha}_3$是一个最大无关组,且$\boldsymbol{\alpha}_4=\boldsymbol{\alpha}_1+\boldsymbol{\alpha}_3$.

6. **解** 作$\boldsymbol{A}=\begin{pmatrix}\boldsymbol{\alpha}_1\\ \boldsymbol{\alpha}_2\\ \boldsymbol{\alpha}_3\end{pmatrix}=\begin{pmatrix}1 & 1 & 0\\ 1 & 3 & -1\\ 5 & 3 & t\end{pmatrix}$,计算$|\boldsymbol{A}|=\begin{vmatrix}1 & 1 & 0\\ 1 & 3 & -1\\ 5 & 3 & t\end{vmatrix}=2t-2$,

因此当$t\neq 1$时,$|\boldsymbol{A}|\neq 0$,向量组$\boldsymbol{\alpha}_1,\boldsymbol{\alpha}_2,\boldsymbol{\alpha}_3$的线性无关,
当$t=1$时,$|\boldsymbol{A}|=0$,向量组$\boldsymbol{\alpha}_1,\boldsymbol{\alpha}_2,\boldsymbol{\alpha}_3$的线性相关.

7. $\begin{pmatrix}x_1\\ x_2\\ x_3\\ x_4\end{pmatrix}=\begin{pmatrix}1\\ 0\\ 1\\ 0\end{pmatrix}+k\begin{pmatrix}-\frac{3}{2}\\ \frac{3}{2}\\ -\frac{1}{2}\\ 1\end{pmatrix}$.

8. 特征值$\lambda_1=\lambda_2=1,\lambda_3=-1$,对应$\lambda_1=\lambda_2=1$的特征向量为$\boldsymbol{p}_1=\begin{pmatrix}0\\ 1\\ 0\end{pmatrix}$,$\boldsymbol{p}_2=\begin{pmatrix}1\\ 0\\ 1\end{pmatrix}$;

对应$\lambda_3=-1$的特征向量为$\boldsymbol{p}_3=\begin{pmatrix}-1\\ 0\\ 1\end{pmatrix}$.

总测试题三

1. (1) 2 和 3； (2) 40； (3) $-\frac{1}{3}(\boldsymbol{A}+2\boldsymbol{E})$； (4) $\boldsymbol{C}$ 与 $\boldsymbol{D}$； (5) 2,2,5.

2. (1) A； (2) A； (3) B； (4) C； (5) D.

3. 用矩阵的初等变换法：$(\boldsymbol{A}\ \boldsymbol{E})\xrightarrow{行}(\boldsymbol{E}\ \boldsymbol{A}^{-1})$，得

$$\boldsymbol{A}^{-1}=\begin{pmatrix}\frac{3}{5} & 0 & -\frac{2}{5}\\ 0 & \frac{1}{2} & 0\\ \frac{1}{5} & 0 & \frac{1}{5}\end{pmatrix}.$$

4. **解** 由 $\boldsymbol{AX}+\boldsymbol{E}=\boldsymbol{A}^2+\boldsymbol{X}$，得 $(\boldsymbol{A}-\boldsymbol{E})\boldsymbol{X}=\boldsymbol{A}^2-\boldsymbol{E}$，即 $(\boldsymbol{A}-\boldsymbol{E})\boldsymbol{X}=(\boldsymbol{A}-\boldsymbol{E})(\boldsymbol{A}+\boldsymbol{E})$，

$$\Rightarrow \boldsymbol{X}=\boldsymbol{A}+\boldsymbol{E}=\begin{pmatrix}2&0&1\\0&3&0\\1&0&2\end{pmatrix}.$$

5. **证** 由题知 $\boldsymbol{\beta}_1,\boldsymbol{\beta}_2,\boldsymbol{\beta}_3$ 可由 $\boldsymbol{\alpha}_1,\boldsymbol{\alpha}_2,\boldsymbol{\alpha}_3$ 线性表示，反过来 $\boldsymbol{\alpha}_1=\boldsymbol{\beta}_1,\boldsymbol{\alpha}_2=\boldsymbol{\beta}_2-\boldsymbol{\beta}_1,\boldsymbol{\alpha}_3=\boldsymbol{\beta}_3-\boldsymbol{\beta}_2$，故 $\boldsymbol{\beta}_1,\boldsymbol{\beta}_2,\boldsymbol{\beta}_3$ 与 $\boldsymbol{\alpha}_1,\boldsymbol{\alpha}_2,\boldsymbol{\alpha}_3$ 等价，从而秩相等. 若 $\boldsymbol{\alpha}_1,\boldsymbol{\alpha}_2,\boldsymbol{\alpha}_3$ 线性无关，则 $R(\boldsymbol{\beta}_1,\boldsymbol{\beta}_2,\boldsymbol{\beta}_3)=R(\boldsymbol{\alpha}_1,\boldsymbol{\alpha}_2,\boldsymbol{\alpha}_3)=3$，知 $\boldsymbol{\beta}_1,\boldsymbol{\beta}_2,\boldsymbol{\beta}_3$ 也线性无关；若 $\boldsymbol{\alpha}_1,\boldsymbol{\alpha}_2,\boldsymbol{\alpha}_3$ 线性相关，则 $R(\boldsymbol{\beta}_1,\boldsymbol{\beta}_2,\boldsymbol{\beta}_3)=R(\boldsymbol{\alpha}_1,\boldsymbol{\alpha}_2,\boldsymbol{\alpha}_3)<3$，知 $\boldsymbol{\beta}_1,\boldsymbol{\beta}_2,\boldsymbol{\beta}_3$ 也线性相关，故二者的线性相关性相同.

6. **证** 由题知存在可逆矩阵 $\boldsymbol{P}$，使 $\boldsymbol{P}^{-1}\boldsymbol{AP}=\boldsymbol{B}$，

(1) 若 $\boldsymbol{A}$ 可逆，此时有 $\boldsymbol{B}^{-1}=(\boldsymbol{P}^{-1}\boldsymbol{AP})^{-1}=\boldsymbol{P}^{-1}\boldsymbol{A}^{-1}\boldsymbol{P}$，故 $\boldsymbol{B}$ 也可逆.

(2) 由于 $\boldsymbol{A},\boldsymbol{B}$ 相似，故有 $|\boldsymbol{A}|=|\boldsymbol{B}|$，从而有 $|\boldsymbol{B}|\boldsymbol{B}^{-1}=\boldsymbol{P}^{-1}(|\boldsymbol{A}|\boldsymbol{A}^{-1})\boldsymbol{P}$，

即 $\boldsymbol{B}^*=\boldsymbol{P}^{-1}\boldsymbol{A}^*\boldsymbol{P}$，故 $\boldsymbol{A}^*,\boldsymbol{B}^*$ 也相似.

7. $\boldsymbol{A}=\begin{pmatrix}-\frac{1}{3} & 0 & \frac{2}{3}\\ 0 & \frac{1}{3} & -\frac{2}{3}\\ \frac{2}{3} & -\frac{2}{3} & 0\end{pmatrix}$，$\boldsymbol{A}^{2n+1}=\boldsymbol{A}$. 提示：记 $\boldsymbol{P}=(\boldsymbol{\alpha}_1,\boldsymbol{\alpha}_2,\boldsymbol{\alpha}_3)\begin{pmatrix}1&-2&2\\-2&1&2\\2&2&1\end{pmatrix}$，

$\boldsymbol{\Lambda}=\begin{pmatrix}1&&\\&-1&\\&&0\end{pmatrix}$，则有 $\boldsymbol{P}^{-1}\boldsymbol{AP}=\boldsymbol{\Lambda}$，$\boldsymbol{A}=\boldsymbol{P\Lambda P}^{-1}$，$\boldsymbol{A}^{2n+1}=\boldsymbol{P\Lambda}^{2n+1}\boldsymbol{P}^{-1}$.

8. **解** $\boldsymbol{A}=\begin{pmatrix}2&0&0\\0&2&-1\\0&-1&2\end{pmatrix}$，各阶顺序主子式都大于零，故 $\boldsymbol{A}$ 正定.

由 $|\lambda\boldsymbol{E}-\boldsymbol{A}|=(\lambda-2)(\lambda-1)(\lambda-3)$，得特征值为 $\lambda_1=2,\lambda_2=1,\lambda_3=3$，

构造正交矩阵 $\boldsymbol{P}=\begin{pmatrix}1&0&0\\0&\frac{1}{\sqrt{2}}&-\frac{1}{\sqrt{2}}\\0&\frac{1}{\sqrt{2}}&\frac{1}{\sqrt{2}}\end{pmatrix}$，

所求正交变换 $\boldsymbol{X}=\boldsymbol{PY}$ 下，二次型的标准形为 $f=2{y_1}^2+{y_2}^2+3{y_3}^2$.

总测试题四

1. (1) 32； (2) $\begin{pmatrix}3 & -3\\0 & -3\end{pmatrix}$； (3) $abc\neq 0$； (4) $\begin{pmatrix}1\\0\\0\end{pmatrix}$； (5) 3.

2. (1) A (2) C (3) A (4) D (5) C.

3. $a=-1$ 时，$R(\boldsymbol{A})=2$；$a\neq -1$ 时，$R(\boldsymbol{A})=3$.

4. **证** 由 $\boldsymbol{AB}=\boldsymbol{A}+\boldsymbol{B}$，得 $\boldsymbol{AB}-\boldsymbol{A}-\boldsymbol{B}+\boldsymbol{E}=\boldsymbol{E}$，$(\boldsymbol{A}-\boldsymbol{E})(\boldsymbol{B}-\boldsymbol{E})=\boldsymbol{E}$，
故知 $\boldsymbol{A}-\boldsymbol{E}$ 可逆，且 $(\boldsymbol{A}-\boldsymbol{E})^{-1}=\boldsymbol{B}-\boldsymbol{E}$.

5. **证** (1) 因为 $\boldsymbol{A}$ 可逆，由 $\boldsymbol{AC}=\boldsymbol{0}$，$\Rightarrow \boldsymbol{A}^{-1}\boldsymbol{AC}=\boldsymbol{0}$，故 $\boldsymbol{C}=\boldsymbol{0}$.
(2) 设 $\boldsymbol{B}=\begin{pmatrix}1 & -1\\1 & -1\end{pmatrix}$，$\boldsymbol{C}=\begin{pmatrix}1 & 1\\1 & 1\end{pmatrix}$，则有 $\boldsymbol{BC}=\boldsymbol{0}$，但 $\boldsymbol{C}\neq\boldsymbol{0}$.

6. **解** 由相似条件，得 $a_{11}+a_{22}+a_{33}=b_{11}+b_{22}+b_{33}$，且 $|\boldsymbol{A}|=|\boldsymbol{B}|$，
即有 $\begin{cases}2+0+x=2+y+(-1)\\ -2=-2y\end{cases}$，解得 $x=0$，$y=1$.

7. **证** 因为 $\boldsymbol{A}$，$\boldsymbol{B}$ 为正交矩阵，故 $\boldsymbol{A}^{\mathrm{T}}\boldsymbol{A}=\boldsymbol{AA}^{\mathrm{T}}=\boldsymbol{E}$， $\boldsymbol{B}^{\mathrm{T}}\boldsymbol{B}=\boldsymbol{BB}^{\mathrm{T}}=\boldsymbol{E}$
所以 $\boldsymbol{A}(\boldsymbol{A}^{\mathrm{T}}+\boldsymbol{B}^{\mathrm{T}})\boldsymbol{B}=\boldsymbol{AA}^{\mathrm{T}}\boldsymbol{B}+\boldsymbol{AB}^{\mathrm{T}}\boldsymbol{B}=\boldsymbol{B}+\boldsymbol{A}=\boldsymbol{A}+\boldsymbol{B}$.

8. **解** 特征值为 $\lambda_1=-1$，$\lambda_2=2$，$\lambda_3=5$，

所求正交矩阵为 $\boldsymbol{P}=(\boldsymbol{p}_1\quad \boldsymbol{p}_2\quad \boldsymbol{p}_3)=\begin{pmatrix}\frac{2}{3} & -\frac{2}{3} & \frac{1}{3}\\ \frac{2}{3} & \frac{1}{3} & -\frac{2}{3}\\ \frac{1}{3} & \frac{2}{3} & \frac{2}{3}\end{pmatrix}$，

$$\boldsymbol{P}^{-1}\boldsymbol{AP}==\begin{pmatrix}-1 & & \\ & 2 & \\ & & 5\end{pmatrix}.$$

总测试题五

1. (1) $\begin{pmatrix}1 & -1 & -2\\0 & 1 & 1\\0 & 0 & -1\end{pmatrix}$； (2) 0； (3) 相； (4) 3； (5) $-2,-1,2$.

2. (1)B； (2) D； (3) D； (4) C； (5) A.

3. **解** 将其余各行都加到第一行，提出公因子.

$$D=\begin{vmatrix}1 & 1 & 1 & 0\\1 & 1 & 0 & 1\\1 & 0 & 1 & 1\\0 & 1 & 1 & 1\end{vmatrix}=3\times\begin{vmatrix}1 & 1 & 1 & 1\\1 & 1 & 0 & 1\\1 & 0 & 1 & 1\\0 & 1 & 1 & 1\end{vmatrix}=3\times\begin{vmatrix}1 & 1 & 1 & 0\\0 & 0 & -1 & 0\\0 & -1 & 0 & 0\\-1 & 0 & 0 & 0\end{vmatrix}=3\times(-1)^3=-3.$$

4. **证** 由 $\boldsymbol{A}^2=\boldsymbol{A}$，得 $(\boldsymbol{A}-2\boldsymbol{E})(\boldsymbol{A}+\boldsymbol{E})=-2\boldsymbol{E}$，故 $\boldsymbol{A}-2\boldsymbol{E}$ 可逆，且 $(\boldsymbol{A}-2\boldsymbol{E})^{-1}=-\dfrac{\boldsymbol{A}+\boldsymbol{E}}{2}$.

5. **解** $\boldsymbol{A}=(\boldsymbol{\alpha}_1,\boldsymbol{\alpha}_2,\boldsymbol{\alpha}_3)=\begin{pmatrix}1&1&1\\1&1&2\\1&k&1\\k&1&1\end{pmatrix}\xrightarrow{\text{行}}\begin{pmatrix}1&1&1\\0&0&1\\0&k-1&0\\k-1&0&0\end{pmatrix}$，

当 $k\neq1$ 时，$R(\boldsymbol{A})=3$，最大无关组为 $\boldsymbol{\alpha}_1,\boldsymbol{\alpha}_2,\boldsymbol{\alpha}_3$；
当 $k=1$ 时，$R(\boldsymbol{A})=2$，最大无关组为 $\boldsymbol{\alpha}_1,\boldsymbol{\alpha}_3$.

6. **解** 增广矩阵 $(\boldsymbol{A},\boldsymbol{b})=\begin{pmatrix}2&2&-1&1&1\\1&2&1&-1&2\\1&1&2&1&3\end{pmatrix}\xrightarrow{\text{行}}\begin{pmatrix}1&0&0&\frac{12}{5}&1\\0&1&0&-\frac{9}{5}&0\\0&0&1&\frac{1}{5}&1\end{pmatrix}$，

同解方程组为 $\begin{cases}x_1=-\frac{12}{5}x_4+1\\x_2=\ \ \frac{9}{5}x_4\\x_3=-\frac{1}{5}x_4+1\\x_4=\ \ x_4\end{cases}$，一般解为 $\boldsymbol{x}=k\begin{pmatrix}-\frac{12}{5}\\\frac{9}{5}\\-\frac{1}{5}\\1\end{pmatrix}+\begin{pmatrix}1\\0\\1\\0\end{pmatrix}(k\in\mathbf{R})$.

对应的齐次线性方程组的一个基础解系为 $\boldsymbol{\xi}=(-\frac{12}{5},\frac{9}{5},-\frac{1}{5},1)^{\mathrm{T}}$.

7. **解** $\boldsymbol{AP}=\boldsymbol{A}(\boldsymbol{\alpha}_1,\boldsymbol{\alpha}_2)=(\boldsymbol{A\alpha}_1,\boldsymbol{A\alpha}_2)=(\boldsymbol{0},2\boldsymbol{\alpha}_1+\boldsymbol{\alpha}_2)=(\boldsymbol{\alpha}_1,\boldsymbol{\alpha}_2)\begin{pmatrix}0&2\\0&1\end{pmatrix}=\boldsymbol{P}\begin{pmatrix}0&2\\0&1\end{pmatrix}$，

由题 $\boldsymbol{P}$ 可逆，故有 $\boldsymbol{P}^{-1}\boldsymbol{AP}=\begin{pmatrix}0&2\\0&1\end{pmatrix}=\boldsymbol{B}$，

$\boldsymbol{A},\boldsymbol{B}$ 有相同的特征值，$|\lambda\boldsymbol{E}-\boldsymbol{B}|=\begin{vmatrix}\lambda&-2\\0&\lambda-1\end{vmatrix}=\lambda(\lambda-1)$，

$\lambda_1=0,\lambda_2=1$，故非零特征值为 1.

8. **解** $|\boldsymbol{A}-\lambda\boldsymbol{E}|=(1-\lambda)(3-\lambda)(4-\lambda)$，故得 $\lambda_1=1,\lambda_2=3,\lambda_3=4$.

所求正交矩阵为 $\boldsymbol{P}=\begin{pmatrix}-\frac{1}{\sqrt{2}}&\frac{1}{\sqrt{2}}&0\\0&0&1\\\frac{1}{\sqrt{2}}&\frac{1}{\sqrt{2}}&0\end{pmatrix}$，$\boldsymbol{P}^{-1}\boldsymbol{AP}=\begin{pmatrix}1&&\\&3&\\&&4\end{pmatrix}$.

总测试题六

1. (1) $-abcd$； (2) $\begin{pmatrix} 0 & 0 & \frac{1}{4} \\ \frac{1}{2} & 0 & 0 \\ 0 & -\frac{1}{3} & 0 \end{pmatrix}$； (3) $m-n$； (4) $-\frac{27}{2}$； (5) $\lambda>2$.

2. (1) A； (2) A； (3) D； (4) D； (5) C.

3. **解** $D=[b+(n-1)a]\begin{vmatrix} 1 & 1 & \cdots & 1 & 1 \\ a & a & \cdots & b & a \\ \cdots & \cdots & \cdots & \cdots & \cdots \\ a & b & \cdots & a & a \\ b & a & \cdots & a & a \end{vmatrix}$

$$=[b+(n-1)a]\begin{vmatrix} 1 & 1 & \cdots & 1 & 1 \\ 0 & 0 & \cdots & b-a & 0 \\ \cdots & \cdots & \cdots & \cdots & \cdots \\ 0 & b-a & \cdots & 0 & 0 \\ b-a & 0 & \cdots & 0 & 0 \end{vmatrix}$$

$$=(-1)^{\frac{n(n-1)}{2}}(b-a)^{n-1}[b+(n-1)a].$$

4. **解** 由 $\boldsymbol{AX}=\boldsymbol{BX}+\boldsymbol{A}+\boldsymbol{B}$，得 $(\boldsymbol{A}-\boldsymbol{B})\boldsymbol{X}=\boldsymbol{A}+\boldsymbol{B}$，故 $\boldsymbol{X}=(\boldsymbol{A}-\boldsymbol{B})^{-1}(\boldsymbol{A}+\boldsymbol{B})$

对 $(\boldsymbol{A}-\boldsymbol{B},\boldsymbol{A}+\boldsymbol{B})$ 进行初等行变换，有

$$(\boldsymbol{A}-\boldsymbol{B},\boldsymbol{A}+\boldsymbol{B})=\begin{pmatrix} 1 & 0 & 0 & 5 & 4 & 2 \\ 1 & 1 & 0 & 7 & 5 & 4 \\ 1 & 1 & 1 & 9 & 7 & 5 \end{pmatrix} \to \begin{pmatrix} 1 & 0 & 0 & 5 & 4 & 2 \\ 0 & 1 & 0 & 2 & 1 & 2 \\ 0 & 0 & 1 & 2 & 2 & 1 \end{pmatrix},$$

得 $\boldsymbol{X}=\begin{pmatrix} 5 & 4 & 2 \\ 2 & 1 & 2 \\ 2 & 2 & 1 \end{pmatrix}$.

5. **解** 对 $(\boldsymbol{\alpha}_1,\boldsymbol{\alpha}_2,\boldsymbol{\alpha}_3,\boldsymbol{\alpha}_4)$ 进行行变换，

有 $(\boldsymbol{\alpha}_1,\boldsymbol{\alpha}_2,\boldsymbol{\alpha}_3,\boldsymbol{\alpha}_4)=\begin{pmatrix} 1 & 2 & 1 & 3 \\ 1 & 1 & -1 & 1 \\ 1 & 3 & 3 & 5 \\ 4 & 5 & -2 & 6 \end{pmatrix} \to \begin{pmatrix} 1 & 0 & -3 & -1 \\ 0 & 1 & 2 & 2 \\ 0 & 0 & 0 & 0 \\ 0 & 0 & 0 & 0 \end{pmatrix}$,

所以，最大无关组为 $\boldsymbol{\alpha}_1,\boldsymbol{\alpha}_2$ 且 $\boldsymbol{\alpha}_3=2\boldsymbol{\alpha}_2-3\boldsymbol{\alpha}_1$，$\boldsymbol{\alpha}_4=2\boldsymbol{\alpha}_2-\boldsymbol{\alpha}_1$.

6. **解** 令 $\boldsymbol{P}=(\boldsymbol{\alpha}_1,\boldsymbol{\alpha}_2,\boldsymbol{\alpha}_3)$，由题知，则 $\boldsymbol{P}^{-1}\boldsymbol{AP}=\boldsymbol{\Lambda}=\begin{pmatrix} 1 & & \\ & -1 & \\ & & 0 \end{pmatrix}$，由于 $\boldsymbol{\alpha}_1,\boldsymbol{\alpha}_2,\boldsymbol{\alpha}_3$ 两两正交，故 $\frac{\boldsymbol{P}}{3}$ 为正交阵，所以

$$\boldsymbol{A}=\boldsymbol{P\Lambda P}^{-1}=\frac{\boldsymbol{P}}{3}\boldsymbol{\Lambda}\left(\frac{\boldsymbol{P}}{3}\right)^{-1}=\frac{\boldsymbol{P}}{3}\boldsymbol{\Lambda}\left(\frac{\boldsymbol{P}}{3}\right)^{\mathrm{T}}=\frac{1}{9}\boldsymbol{P\Lambda P}^{\mathrm{T}}=\begin{pmatrix}-\frac{1}{3} & 0 & \frac{2}{3}\\ 0 & \frac{1}{3} & -\frac{2}{3}\\ \frac{2}{3} & -\frac{2}{3} & 0\end{pmatrix}.$$

7. **解** 系数行列式为 $|\boldsymbol{A}|=\begin{vmatrix}1+\lambda & 1 & 1\\ 1 & 1+\lambda & 1\\ 1 & 1 & 1+\lambda\end{vmatrix}=(\lambda+3)\lambda^2$，

当 $\lambda\neq 0$ 且 $\lambda\neq -3$ 时，有唯一解；

$\lambda=-3$ 时，$R(\boldsymbol{A})=2<R(A,b)=3$，无解；

$\lambda=0$ 时，$R(\boldsymbol{A})=R(\boldsymbol{A},\boldsymbol{b})=1<3$，有无穷解.

通解为 $\begin{pmatrix}x_1\\ x_2\\ x_3\end{pmatrix}=k_1\begin{pmatrix}-1\\ 1\\ 0\end{pmatrix}+k_2\begin{pmatrix}-1\\ 0\\ 1\end{pmatrix}$，$k_1,k_2\in\mathbf{R}$.

8. **解** 二次型的矩阵为 $\boldsymbol{A}=\begin{pmatrix}2 & -1 & -1\\ -1 & 2 & -1\\ -1 & -1 & 2\end{pmatrix}$，由 $|\boldsymbol{A}-\lambda\boldsymbol{E}|=-\lambda(\lambda-3)^2$，

故 $\boldsymbol{A}$ 的特征值是 $\lambda_1=0,\lambda_2=\lambda_3=3$.

所求正交矩阵 $\boldsymbol{P}=\begin{pmatrix}\frac{1}{\sqrt{3}} & -\frac{1}{\sqrt{2}} & -\frac{1}{\sqrt{6}}\\ \frac{1}{\sqrt{3}} & \frac{1}{\sqrt{2}} & -\frac{1}{\sqrt{6}}\\ \frac{1}{\sqrt{3}} & 0 & \frac{2}{\sqrt{6}}\end{pmatrix}$，正交变换为 $\boldsymbol{x}=\boldsymbol{Py}$，标准形为 $f=3y_2^2+3y_3^2$.